Karl-Josef Kuschel
»Ich glaube nicht, daß ich Atheist bin«

SERIE PIPER
Band 1561

Zu diesem Buch

Nach dem erfolgreichen Band »Weil wir uns auf dieser Erde nicht ganz zu Hause fühlen« (Serie Piper 414) legt der Tübinger Theologe und Germanist Karl-Josef Kuschel hiermit zehn weitere Schriftstellergespräche vor. Er hat namhafte Autoren der deutschen Gegenwartsliteratur über »Gott und die Welt«, über ihren persönlichen Glauben ebenso wie zu ihrer Stellung zur Kirche, zur christlichen Botschaft und zur Person Jesu Christi befragt. Dabei dient ihm als konkreter Ausgangspunkt das individuelle Werk, Selbstzeugnisse oder literarische Texte der einzelnen Schriftsteller, die im persönlichen Gespräch erläutert und vertieft werden. Jedes Gespräch beginnt mit einer einleitenden, biographisch-bibliographischen Hinführung, die wichtige Gesichtspunkte andeutet und zum Verständnis des nachfolgenden Gesprächs beiträgt. So gewinnt jedes Autorengespräch individuelles Profil, zugleich kann der Leser, der die Gespräche im Zusammenhang liest, ohne Mühe Konsonanzen und Dissonanzen heraushören, Parallelen und Abweichungen entdecken.

Karl-Josef Kuschel, geboren 1948 in Oberhausen / Rheinland. Studium der Germanistik und Katholischen Theologie an den Universitäten von Bochum und Tübingen. 1977 Promotion bei Hans Küng und Walter Jens. Seit 1990 Privatdozent für »Ökumenische Theologie und Theologische Ästhetik« an der Katholisch-Theologischen Fakultät der Universität Tübingen. Neben den Taschenbüchern lieferbar: »Geboren vor aller Zeit? – Der Streit um Christi Ursprung« (1990) und »Gegenentwürfe – 24 Lebensläufe für eine andere Theologie« (Hrsg., 1988).

Karl-Josef Kuschel

»Ich glaube nicht,
daß ich Atheist bin«

Neue Gespräche
über Religion und Literatur

Piper
München Zürich

Von Karl-Josef Kuschel liegen in der
Serie Piper außerdem vor:
Weil wir uns auf dieser Erde nicht ganz
zu Hause fühlen (414)
Der andere Jesus (Hrsg., 625)
Jesus in der deutschsprachigen Gegenwartsliteratur (627)
Lust an der Erkenntnis: Die Theologie
des 20. Jahrhunderts (Hrsg., 646)
(Zus. mit U. Baumann:)
Wie kann denn ein Mensch schuldig werden? (1292)

ISBN 3-492-11561-6
Originalausgabe
August 1992
© R. Piper GmbH & Co. KG, München 1992
Umschlag: Federico Luci
Gesamtherstellung: Clausen & Bosse, Leck
Printed in Germany

Inhalt

Vorwort

Wie gehen Schriftsteller unserer Zeit mit dem Thema Religion um? Welche Rolle spielt die Auseinandersetzung mit Religion in ihrem Werk, und welche Bedeutung kommt der Religion in der eigenen Lebensgeschichte zu? Das waren die Leitfragen eines ersten Bandes mit zwölf Schriftsteller-Gesprächen, die ich 1985 vorlegen konnte unter dem Titel: »Weil wir uns auf dieser Erde nicht ganz zu Hause fühlen« (Gespräche mit Kurt Marti, Walter Jens, Luise Rinser, Peter Härtling, Karin Struck, Heinrich Böll, Ingeborg Drewitz, Wolf-Dietrich Schnurre, Stefan Heym, Barbara Frischmuth, Adolf Muschg und Martin Walser). Dies sind auch die Leitfragen der hier vorgelegten »Neuen Gespräche über Religion und Literatur«, in denen noch einmal zehn weitere Autoren zu Wort kommen.

Die Methode, die schon für den ersten Band angewandt wurde, hat sich auch hier bewährt. Es wurden keine abstrakten Katechismus-Fragen an die Autoren herangetragen. Ausgegangen wurde konkret vom individuellen Werk, von Selbstzeugnissen oder literarischen Texten, die dann im Gespräch erläutert oder vertieft wurden.

Mein Interesse als Theologe an diesen Gesprächen war auch hier nicht der theologische Streit, der Widerspruch, die Profilierung der Gegenposition, obwohl es in der Dynamik des Gespräches nicht selten dazu kam. Mein Interesse war auch hier in erster Linie: verstehen, nachfragen, zuhören. Gerade als Theologe wollte ich die Autoren so lange wie möglich ausreden lassen, ohne ihnen gleich ins Wort zu fallen.

In einem unterscheidet sich freilich die Edition der »Neuen Gespräche« von der der »alten«. Ich habe diesmal nicht die Notwendigkeit gesehen, eine Art synoptischer Bilanz der verschiedenen Äußerungen unter systematischen Gesichtspunkten zu erstellen, also noch einmal zusammenzutragen, was die einzelnen Autoren zur Kirche, zur Person Jesu, zur Frage nach Gott oder zum Verständnis der Religion allgemein zu sagen hatten. Mutatis mutandis treffen die im ersten Band genannten Gesichtspunkte auch für die hier befragten Schriftsteller zu. Nach wie vor wird Religion als doppelgesichtiges Phänomen erlebt, nach wie vor bleibt die Konfrontation mit dem Nazarener gesellschafts- und kirchenkritisch, nach wie vor wird die Frage nach Gott von vielen kritisch offengehalten oder von einigen negativ beantwortet, nach wie vor kann von einer religionskritischen Resistenz der Religiosität die Rede sein.

Ich habe mich vielmehr dazu entschlossen, dem individuellen Autor noch mehr Profil zu geben. Jedes Gespräch beginnt mit einleitenden Hinführungen. Sie leuchten den biographisch-bibliographischen Hintergrund des einzelnen Schriftstellers aus, verweisen auf Paralleläußerungen (im Werk oder in Selbstzeugnissen), deuten wichtige Gesichtspunkte an, die zum Verständnis des nachfolgenden Gesprächs entscheidend sind. Wer die Gespräche dann im Zusammenhang liest, kann ohne Mühe Konsonanzen und Dissonanzen selber heraushören, kann Parallelen und Abweichungen entdecken, kann Gesprächsfäden hinüber- und herüberziehen.

Alle Gespräche – von den Autoren autorisiert – waren zuvor in der Zeitschrift »Publik-Forum« veröffentlicht worden. Ich bin dieses Mal Herrn Wigbert Tocha zu besonderem Dank verpflichtet, der als Vertreter der Zeitschrift die Konzeption der Gespräche mit mir vorher absprach, an den Gesprächen teilnahm und für die technische Realisierung Sorge trug. Die Gespräche selber wurden von mir inhaltlich vorbereitet und in eigenem Namen geführt. Dankbar erinnere ich mich der kollegialen Zusammenarbeit, die nun schon viele Jahre andauert.

Tübingen, 6. März 1992   *Karl-Josef Kuschel*

Schreiben, um die Sehnsucht wachzuhalten

Gespräch mit *Ulla Hahn*

Als das Gespräch mit Ulla Hahn Anfang 1986 geführt wurde, war die 1946 in Brachthausen (Sauerland) geborene Autorin durch drei Lyrik-Bände bereits bekannt geworden: »Herz über Kopf« (1981), »Spielende« (1983) und »Freudenfeuer« (1985). Auffällig war, daß in allen drei Gedichtbänden religiös-biblische Sprachspuren erkennbar waren, ja, daß der Band »Freudenfeuer« sogar als Motto einen Satz aus dem 2. Korintherbrief enthielt: »Als die Sterbenden und siehe, wir leben... als die Traurigen, aber allezeit fröhlich.«

Auffällig war auch, daß sich Ulla Hahn als Autorin der Nachkriegszeit um das Werk einer fast vergessenen, ja verpönten traditionellen »christlichen« Autorin bemüht hatte: um *Gertrud von le Fort*. Für die 1985 erfolgte Neuausgabe einer Erzählung der le Fort in der Bibliothek Suhrkamp (»Die Tochter Farinatas«) hatte Ulla Hahn ein Nachwort beigesteuert. Das Gespräch setzt deshalb nicht zufällig mit diesem überraschenden Phänomen ein. In dem Nachwort hatte Ulla Hahn die christliche Autorin gegen eine allzu flache Kritik in Schutz genommen. Sie hatte erkannt, daß man es bei Gertrud von le Fort mit einer Frau zu tun habe, deren Dichtung zwar von Religiosität »durchtränkt« sei, daß diese Religiosität aber sowohl »allen Formen bigotter Klerikalität« als auch »der heutigen sozialen und gesellschaftlichen Ausrichtung der Kirche« zuwiderliefe. Die »mystische Welt- und Gotteserfahrung« dieser Frau schiene »indianischer Weisheit und asiatischen Heilslehren« ähnlich. Und Ulla Hahn wandte kritisch ein: »Wir verwenden viel Mühe darauf, die Mythen fremder Völker und ferner Epochen zu entziffern. Das Christentum liegt uns näher. Halten wir uns deshalb fern? Machen wir deshalb vor den Sprachbarrieren im Werk Gertrud von le Forts so bereitwillig halt?«

Bemerkenswert auch dies: Gerade unter dem Aspekt heutiger

Frauenbewegung war das Werk der le Fort für Ulla Hahn von Bedeutung: »Diese Frau versucht nicht, etwa im Sinne der Gleichberechtigung, es dem Manne gleichzutun, ihn zu überflügeln womöglich. Die Welt des männlichen Aktionismus bleibt ihr fremd, ja die Möglichkeit weiblicher Einflußnahme liegt gerade in dieser Fremdheit, liegt darin, daß die Frau die Gesetze dieser männlichen Welt zwar erkennt, aber nicht anerkennt.« Und insbesondere die Erzählung »Die Tochter Farinatas«, die im Florenz des 13. Jahrhunderts spielt und den Versuch macht, auf Machtdenken beruhende Feindschaft zwischen Familien zu überwinden, drücke dieses Glaubensbekenntnis der christlichen Autorin aus: »Gebrochen wird dieser Zerstörungswille durch die Frau, die Gewaltlosigkeit gegen Gewalt, Liebe gegen Haß, Verzeihen gegen Rache setzt. Machtlosigkeit besiegt die Ordnung der Welt der Macht. Nicht auf die Macht, auf die Kraft eines Menschen kommt es an, auf die Kraft des Schwachen. Und so liegt die Stärke dieser Erzählung darin, daß sie ein Bild der Frau entwirft, die hilf-reich in ihrer Hilfsbedürftigkeit, stark in ihrer Schwachheit, rebellisch in ihrer Gewaltlosigkeit, sich auflehnend in ihrer Hingabe ist. Ein Bild, typisch für die Frauengestalten Gertrud von le Forts.«

Grund genug also, nach der *Rolle christlicher Tradition* und christlicher Motive bei Ulla Hahn zu fragen. Kreative, originelle Verarbeitung von Traditionen war von Anfang an ein Signum ihrer lyrischen Arbeiten. Schon früh hatte die Kritik bemerkt: »Ihr gelingt (scheinbar mühelos) die Einschmelzung des Überlieferten in die eigene Diktion, in eine eigene Sprache. In allvertrauten Reimen und Rhythmen, Formen und Formulierungen wird ein Lebensgefühl artikuliert, in dem wir, allen Verfremdungen und Verkleidungen zum Trotz, uns wiedererkennen, unsere Zeit und unsere Welt. So besingt Ulla Hahn ihr Elend mit Anmut, ihre Passion mit Schwermut, ihr Glück mit Übermut. Ein artistisches Bewußtsein und ein leidendes Temperament beglaubigen sich hier gegenseitig, Virtuosität und Spontaneität, Schmerz und Stil finden zu einer poetischen Einheit« (M. Reich-Ranicki). Und als ihr 1985 der Friedrich-Hölderlin-Preis der Stadt Bad Homburg verliehen wird, nimmt Ulla Hahn selbst zum Problem der Tradition Stellung: »Ich habe weder Sympathie für die Spezies der Kraftmeier, die mit jeder Zeile die Dichtung neu zu erfinden glauben, noch für diejenigen, die das Andersartige des Überlieferten nicht spüren und es daher für überflüssig halten, ein neues Verhältnis zu ihm zu suchen. Das Vergangene wird nicht automatisch gegenwärtig, es genügt nicht, bestimmte Regeln zu kennen und einzuhalten, dies wäre ein sehr bequemer, rein mechanischer, konventioneller Kontakt. Nein, Regeln und Formen zu erkennen, ist nützlich nur, um gegen sie verstoßen zu können, jedes Neue ist ein Verstoß gegen das Alte, ein Vorwärtsstoßen des Alten, ein Erweitern des Spielraums. Denn Erfindungen, auch die der Poesie, sind für den Gebrauch bestimmt und zur Weiterentwicklung.«

Was die Verarbeitung christlicher Traditionen betraf, so findet man in der Lyrik der Ulla Hahn tatsächlich dieses *Wechselspiel von Regeln und Verstoß*, Formen und Verwandlungen, finden wir ein virtuoses Spiel mit bewußt anachronistisch verwendeten Elementen, mit Bildern, Metaphern, Zitaten und Paraphrasen. Im Band »Herz über Kopf« findet man etwa ein »Weihnachtslied«:

»Oh Fest des seligen Gebens
niemand und nichts hält sich fest
ich warte auch nicht vergebens
schließlich gibst du mir den Rest
mit halben Rosen die Dornen
sammeltest du für mich
ich bekränz dir die Stirn mit Schüssen
und sing ein Te Deum für dich«

Oder im Band »Spielende« ein Gedicht mit dem Titel »Lieber Gott«:

»Kurz hinter Salzburg erschaff ich
die Welt noch einmal. Klapp die
Alpen auf laß den See ein. Drapier
das Ufer mit Bäumen und Bank.
Zieh die Sonne hoch hefte den Mond
schräglinks überm Dachstein an.
Dann erfinde ich noch ein Vierquadrat
meterbett Halleluja und himmlische Heerscharen
schaffe Tod und Teufel und Telefon ab.

Sogar einen lieben Gott
gefühlsecht und elektronisch geprüft
kann ich mir zwei Wochen leisten
in der Nachsaison
zu ermäßigten Preisen.«

Solche Verse waren durchaus nicht bloß religionskritisch gemeint. Im Gespräch weist die Autorin auf zwei Komponenten hin. Erstens: religiöse Traditionen liefern archetypische Bilder: »Dieses Denken in Bildern, wie es uns die Bibel vormacht – das ist eine wunderbare Sprache, die mich immer wieder fasziniert«, so Ulla Hahn selber. Und zweitens: Hinter dem Aufgreifen biblischer Bilder steckt »die Sehnsucht nach etwas, was es in der Wirklichkeit nicht gibt, aber doch in der Bibel verheißen ist«. Damit ist die Schlüsselkategorie genannt, um die das ganze Gespräch kreist: *Sehnsucht*. Immer wieder kommt Ulla Hahn auf diese Kategorie zu sprechen, hinter der ihre ganz persönliche Lebenserfahrung und -erwartung steckt. Und selbst wenn ihre Gedichte noch so distanziert klingen, so ist hinter ihnen doch diese Sehnsucht nach Ganzheit, nach Durchbrechen von Leistungszusammenhängen, nach Versöhntheit mit der Welt erkennbar. So etwa in dem Gedicht »Auf Erden« aus »Freudenfeuer«:

»Gelassen schau ich diesen Himmel an.
Natur. Natürlich fallen mir Vergleiche ein.
Ein Alpenveilchentöpfchen könnt es sein
was hochhinaus am Horizont erglüht.

Es ist mir trotzdem kalt. Die Wiesen weiß
vereist. Die Sonne schwach. Aufs Autodach
fiel Schnee und auf die Felder fallen
strenge Metaphern ohne Reim herein.

Die Krähen schrein. Natürlich ziehn
sie schwirren Flugs zur Stadt. Wer
keine Heimat hat schaut sich
den Himmel an.«

Aus dieser Kategorie »Sehnsucht« ergibt sich bei Ulla Hahn eine andere Schlüsselkategorie, die den zweiten Teil des Gespräches beherrscht: die Figur des »*als ob*« und des *punktuellen Glücks-augenblicks*. Charakteristisch für das Leben im »als ob« ist eines der Liebesgedichte der Autorin, etwa das Gedicht »Zu schwer« in: »Spielende«:

> »Bleib bei mir als wärst du
> lang für mich da
> laß wachsen dein weißes
> in meinem Haar
>
> Lieb mich als ob
> das gut für dich wär
> als gäben wir
> Leben um Leben her
>
> Ertrag mich als trügest
> du nicht zu schwer
> behüt mich als ob
> ich verloren wär.«

Die Erfahrung der punktuellen Glückshaftigkeit dagegen kommt in dem Gedicht »Gibt es eine weibliche Ästhetik« (in: »Herz über Kopf«) zum Ausdruck. Hier fängt Ulla Hahn den Moment einer neuen Wahrnehmung ein, den verwandelnden Blick auf einen Menschen, der etwas vermeindlich Häßliches schön erscheinen läßt.

> »Ich sehe deine Augen
> mit den hängenden
> Lidern am Kinn
> Fettfalten die Stirn
> gefurcht deine
> dünnen spitzen
> Ohren überm fahlen
> Haar die
> kahle Stelle
> am Hinterkopf ich
> denke du bist
> von allen Männern
> der schönste.«

Am eindrücklichsten findet sich dieser Glücksmoment wohl in dem Gedicht »Als er zurückkam« (in: »Freudenfeuer«) beschrieben:

»Als er zurückkam mein Freund mein Geliebter
blaß mager mich in den Arm nahm
begriff ich augenblicks daß er sterblich ist
mitten in seinem lebendigen Kuß. Wie noch nie
versicherte ich mich seiner Lippen der Zunge
ja mir war ich müßte mein Leben einfauchen
dem der mich so warm und verläßlich umschloß. ·
Wunder gebaren mir plötzlich all seine vierzig
Jahr alten Arme und Beine seine schöne Brust
sein Bauch sein Geschlecht sah ich mit eigenen Augen
nach Jahren so wie sie sind. Nein ich liebte ihn nicht
wie beim ersten Mal blindlings verschlossen. Nein ich liebte
ihn offenen Auges Blutes mit allen Kräften zum ersten Mal.
Seither denke ich anders an ihn wenn er nicht bei mir und
bei mir ist: er ist ein sehr kostbarer
sehr vergänglicher Mensch.«

In der Zwischenzeit ist ein neuer Gedichtband von Ulla Hahn erschienen: »Unerhörte Nähe« (1988), aber auch der erste Roman »Ein Mann im Haus« (1991), dessen Schauplatz eine katholische Kleinstadt am Rhein ist. In ihm versucht Ulla Hahn die Fassade christlicher Tugendhaftigkeit durch Beschreibung sexueller Doppelmoral zu entlarven. Im neuesten Gedichtband setzt sich die Linie der Auseinandersetzung mit religiösen Traditionen fort (»Selig sind die Wartenden«, »Selig sind die Enttäuschten«), aber auch die Erfahrung punktueller Glückhaftigkeit wie in dem Gedicht »Fast«:

»Abend im März. Glückselige Musik
von Amseln und alten Meistern.
Er rief an. Ich hätte ihm fast
die verbotenen Drei Wörter gesagt.«

Auch das Motiv der Sehnsucht kehrt wieder, so im Gedicht
»Vorgeschrieben«:

> »Diese Sehnsucht
> dich beim Namen zu nennen
> Diese Angst
> dich beim Namen zu nennen
>
> Diese Sehnsucht
> Wort zu halten
> Diese Angst
> nur Wort zu halten
>
> Diese Sehnsucht nach einem Leben
> das kein Gedicht wird
> Diese Angst vor einem Gedicht
> das ein Leben vorwegnimmt.«

Dieser letzte Gedichtband enthält überdies einen Anhang, in
dem Ulla Hahn zu Standardfragen ihrer Leser Stellung nimmt,
Fragen wie: »Warum schreiben Sie?«, »Haben Sie das alles selbst
erlebt?«. Unter der Überschrift »Darf ein Gedicht schön sein?«
antwortet sie: »Der Apfel von früher, den es nicht mehr gibt,
glänzt am schönsten, schmeckt am besten und macht groß und
stark. Jedes Gedicht ist der Versuch, diesen Apfel zu erreichen.
Der hängt aber im Paradies. Jenseits des Erdenlebens. Daher
spüren wir in jedem auf irdische Weise vollkommenen Kunstwerk beides: das Paradies und den Tod. Das vollendete Gedicht
wäre der Tod der Dichtung. Die Dichtung ist unsterblich, weil
sie irdisch ist. Um das Unmögliche – das vollendete Gedicht – nie
zu erreichen, muß der Dichter immer sein möglichstes tun. Er
streckt die Hand aus nach dem Apfel aus Eden und trachtet damit nach nichts Geringerem als der Versöhnung von Erkenntnis
und Schönheit, Sinn und Sinnlichkeit, Gehalt und Form. Denn
als Dichtung bewährt und bewahrt sich alle Erkenntnis in der
Form. Auch von der Gestaltung des Unglücks kann Glück aus-
gehen, wenn die Gestaltung vollendet ist.«

Das nachfolgende Gespräch erschien am 22. August 1986.

Frau Hahn, Sie sind alles andere als eine christliche Lyrikerin. Aber Sie haben einmal ein Nachwort geschrieben zur Erzählung einer der bekanntesten christlichen Dichterinnen, nämlich Gertrud von le Fort. Es hat mich erstaunt, daß eine Schriftstellerin des Jahrgangs 1946 sich mit Gertrud von le Fort befaßt. Was bedeutet diese Schriftstellerin für Sie?

Das muß man im Zusammenhang mit meinem Verhältnis zur literarischen Tradition sehen. Ich habe mich mit verschiedenen Dichterinnen beschäftigt: Mit Else Lasker-Schüler, mit Gertrud Kolmar, mit Ricarda Huch. Und dann auch mit Gertud von le Fort. Ich betrachte diese Beschäftigung als eine Art Wiedergutmachung. Gertrud Kolmar ist eine deutsche Jüdin, sie ist höchstwahrscheinlich in Auschwitz ermordet worden – man weiß es nicht genau. Ich habe eine Auswahl ihrer Gedichte neu herausgegeben und ein Nachwort dazu geschrieben.

Bei Gertrud von le Fort hat mich geärgert, daß sie als »katholische Dichterin« abgestempelt wird und irgendwo in Borromäus-Bibliotheken verstaubt. Bei Reinhold Schneider etwa ist das anders, er ist viel stärker eingebunden in das literarische Bewußtsein. Ich habe mir daraufhin Gertrud von le Fort noch einmal genau angesehen, gerade auch, weil sie eine Frau ist. Ich habe gesehen, daß auf ihren Werken sich viel Patina angesetzt hat, und mich hat es gereizt, sie zu entrosten.

Wenn der Rost abgekratzt ist, dann fasziniert mich an ihr, daß sie schon in den 50er Jahren viel von dem registriert hat, was heute zum Beispiel in der Frauenbewegung und in der ökologischen Bewegung wieder modern ist. Große Teile der Frauenbewegung stellen der Welt der Männer, die vom Logos, von der Ratio, vom Verstand und vom Machen beherrscht wird, die ganz und gar andere Welt der Frau gegenüber, die Schwäche, Sensibilität und Hingabebereitschaft umfaßt – und das finde ich im Werk von Gertrud von le Fort alles schon präzise ausgesprochen, etwa in der Novelle »Die Tochter Farinatas«, zu der ich das Nachwort geschrieben habe. Beeindruckend finde ich den Aufruf, Machtstrukturen abzubauen. Das ist ungeheuer modern: ein Beitrag zur Friedensbewegung, den Gertrud von le Fort damals schon, in den 50er Jahren, geschrieben hat. Auch finden wir in den 50er Jahren ihren Namen immer wieder unter Appellen gegen die atomare Aufrüstung, so zum Beispiel 1957 unter dem Aufruf »Frauen gegen die Atombewaffnung«.

Wo sind die Grenzen von Gertrud von le Fort, die man heute vielleicht deutlicher sieht als in den 50er Jahren?

Die Rezeption wird sehr erschwert durch die Sprache, sie ist überladen mit »Gutgemeintem«. Ich glaube, das ist eine Gefahr, der Schriftsteller erliegen können, die sich einer bestimmten Ideologie zuordnen. Auch in den späten Werken von Anna Seghers beispielsweise finden wir ähnliche Erscheinungen, wenn die Sprache zuviel Weltanschauung transportieren soll.

Sie setzen sich mit Gertrud von le Fort eher politisch auseinander, aus der Sicht der Frauenbewegung, und nicht religiös. Sie haben andererseits selbst durchaus Texte geschrieben, die auf eine christliche Tradition hinweisen. Ich denke etwa an ein Gedicht mit dem Titel »Weihnachtslied«. Das legt die Frage nahe: Wo kommen Sie selber religiös her? Sind Sie religiös aufgewachsen?

Wenn ich jetzt sage, daß ich das »Weihnachtslied« schreibe oder Zitate aus der Bibel verwende, weil ich katholisch erzogen bin, dann ist das sicher verkürzt. Ich komme aus einer ganz armen Familie vom Dorf, die von ihrer Stellung her unterhalb einer Arbeiterfamilie einzuordnen ist. Die katholische Kirche war auf dem Dorf der Kulturträger schlechthin. Ich bin zu Hause nie mit Büchern in Berührung gekommen. Bücher gab es in der Borromäus-Bibliothek, und ich verdanke zweifellos der katholischen Kirche und der katholischen Volksschule, in die ich damals gegangen bin, sehr viel. Wahrscheinlich verdanke ich ihr die Tatsache, daß Sie jetzt hier sitzen und mich interviewen. Es waren Pfarrer und Lehrer, die immer wieder gesagt haben: »Oh, dieses begabte Kind, das muß doch gefördert werden!« Wichtig war auch die finanzielle Unterstützung, damals mußte man ja noch Schulgeld bezahlen.

Ich bin dann auf die Realschule gegangen, nach einer Bürolehre habe ich auf dem zweiten Bildungsweg das Abitur gemacht und studiert. Während dieser Zeit habe ich die Kirche immer stärker aus dem Blick verloren, was sicherlich auch – es ist ja nichts Neues – mit der Pubertät zu tun hat: Man wehrt sich gegen einengende Strukturen, die in meinem Fall besonders bigott waren. Das war keine echte Gläubigkeit. Man ging halt in die Kirche. Es hat sich mir nie vermittelt, daß da etwas anderes dahinterstecken könnte. Die Kirche wurde für mich immer unwichtiger. An den Platz, den Religion hätte einnehmen können, ist ganz schnell die Literatur getreten.

Was suchten Sie in der Literatur, wenn jetzt die Literatur die Stelle der Kirche einnahm? Ich will jetzt nicht auf »Religionsersatz« hinaus, sondern auf die Frage: Was fanden Sie in der Literatur ausgedrückt, was Ihnen wichtig war?

Die Literatur war mein Refugium. Da konnte ich alles, was mit Elternhaus und Dorf zu tun hatte, vergessen. Literatur war eine Gegenwelt, die ich brauchte, um immer wieder in der wirklichen Welt einen Schritt weitergehen zu können. Das war so etwas wie eine Heimat – ich weiß, das ist ein großes Wort –, etwas, wo man sich Kraft herholt. Das hat sicher viel mit Religion zu tun. Und es war – das ist mir später klargeworden – auch die Sprache, die mich sofort gereizt hat, seit ich lesen konnte, weil bei uns zu Hause nur Dialekt gesprochen wurde. Schon als Kind habe ich unter diesem Dialektsprechen sehr gelitten, weil es mich von allen anderen Gesellschaftsschichten ausschloß. Ich habe mit der Literatur auch sprechen gelernt.

Wie gehen Sie in Ihren Texten mit religiöser Sprache um? Sie haben ein Gedicht geschrieben mit dem Titel »Lieber Gott«. Sie haben ein Paulus-Zitat zum Motto eines Ihrer Bände, »Freudenfeuer« gemacht. Sie haben in einem Gedicht mit dem Titel »Ja – früher« von Jesus gesprochen: »Verläßlich hing da einer am Kreuz.« Beerben Sie da bewußt die biblische Tradition, ohne in Ihren Gedichten den Kontrast zu dieser vergangenen Welt deutlich zu machen? Oder fließen solche Sprachbilder mehr unbewußt ein, sind es Prägungen, über die Sie sich vielleicht gar nicht bewußt Rechenschaft geben?

Beide Komponenten spielen eine Rolle. Zweifellos bin ich stark geprägt von dieser christlichen Bilderwelt; ich finde sie auch sehr schön. In den letzten Jahren versuche ich auch mehr, wieder darauf zurückzukommen, was da in Kindheit und Jugend angelegt ist. Dieses Denken in Bildern, wie es uns die Bibel vormacht – das ist eine wunderbare Sprache, die mich immer wieder fasziniert. In meinen Gedichten habe ich einige dieser schönen Sprachfiguren aufgegriffen, etwa: »Eure Rede aber sei: Ja, ja;

nein, nein. Was darüber ist, das ist von Übel« oder das Bild: Sitzen zur Rechten des Herrn; oder die Stelle – und da geht es wirklich um ein Bild –, wo Gott einen Menschen nach seinem Ebenbild formt. In meinem saloppen Gedicht »Lieber Gott« mit den Versen »Kurz hinter Salzburg erschaff ich die Welt noch einmal« greife ich auf die biblische Allmachtsvorstellung zurück, dieses alles Noch-einmal-von-neuem-Beginnen.

Greifen Sie also aus ästhetischen Gründen, wegen der Schönheit der Sprache, auf die Bibel zurück?

Da ist einmal der formale, der ästhetische Aspekt. Der zweite Gesichtspunkt ist die Sehnsucht nach etwas, was es in der Wirklichkeit nicht gibt, aber doch in der Bibel verheißen ist. Ich glaube, schreiben hat viel damit zu tun. Ich schreibe, um diese Sehnsucht wachzuhalten. Ich glaube, niemand würde schreiben – und auch nicht lesen –, wenn er mit dem, was hier auf der Welt passiert, zufrieden wäre. Wenn ich ein Gedicht schreibe mit den Zeilen »Verläßlich hing da einer am Kreuz«, dann ist das vielleicht salopp ausgedrückt. Aber es drückt sich darin auch eine Sehnsucht nach einer Gestalt aus, nach einem Ort – ganz gleich, wie Sie Gott beschreiben wollen –, wo ich so aufgehoben sein kann, wie ich wirklich bin, ohne etwas leisten zu müssen, ohne mich dauernd selber wieder unter Beweis stellen zu müssen. In dem Bild liegt auch eine Sehnsucht, ungebrochen glauben zu können. Ja, früher: da gingen die Frauen ins Kloster. Ich traue denen natürlich nicht. Aber es ist im 18. und 19. Jahrhundert ein wichtiges literarisches Muster: Wenn es in der Welt nicht klappte, dann gingen die Frauen ins Kloster: »Verläßlich hing da einer am Kreuz.« Heute gehen die Frauen nicht mehr ins Kloster, aber die Sehnsucht ist geblieben und drückt sich wohl auch in solchen christlichen Bildern aus.

Was Sie als Sehnsucht nach Ganzheit beschreiben, erscheint mir als etwas durchaus Christliches.

Ja, das ist es auch, aber ich hätte auch gegen das Wort »human« nichts einzuwenden, denn diese Haltung finden wir auch in anderen Religionen.

Ich finde als Theologe urchristliche Grundhaltungen bei Ihnen wieder. Mich interessiert, wie es möglich ist, daß Sie als Lyrikerin indirekt etwas Christliches zum Ausdruck bringen, ohne di-

19

rekt eine christliche Aussage machen zu wollen. Fühlen Sie sich vereinnahmt, wenn ich über Ihre Texte sage: Da steht oft etwas, was man auch in christlicher Sprache zum Ausdruck bringen kann?

Nein, überhaupt nicht. In dem Augenblick, wo das Gedicht den Raum hier verläßt und irgendwo gedruckt erscheint, kann jeder damit machen, was er will. Das ist das Spannende an Literatur, daß sie in einem anderen Kopf auch wieder zu einem neuen Gebilde wird. Wenn, wie auch immer, mit meinen Gedichten produktiv weitergearbeitet werden kann, finde ich das schön.

Was steht hinter dem Satz aus dem Gedicht »Auf Erden«: »Wer / keine Heimat hat schaut sich / den Himmel an«? Ist das religionskritisch gemeint?

Nein, er drückt eher eine Sehnsucht aus. Das Gedicht hat viele Ebenen. Da ist eine Nietzsche-Anspielung, die Krähen, die zur Stadt ziehen. Man schaut in den Himmel und sieht nichts anderes als schreiende Krähen. Aber das wäre mir dann doch zu wenig, und deshalb hebe ich dieses Bild mit den schreienden Krähen noch einmal auf und schaue mir den Himmel an und lasse dabei vollkommen offen, was da gefunden werden kann. Die Basis für dieses Gedicht ist das Gefühl, daß es mehr geben muß als diese vereiste Erde – »die Wiesen weiß vereist« heißt es in dem Gedicht –, es enthält die Sehnsucht nach etwas Wärmerem, nach etwas Schönerem.

Viele kritisieren an Ihren Gedichten, sie hätten rein privaten Charakter und Sie schilderten nur die Binnenwelt zwischenmenschlicher Beziehungen. Sie benutzen ja mit Vorliebe Natur- und Landschaftsbilder; als Jahreszeit dominiert der Sommer. Ist Ihre Lyrik eine Lyrik des Rückzugs?

Sicherlich nicht. Solchen Einschätzungen liegen eine Reihe von Mißverständnissen zugrunde. Einmal ist den Kritikern entgegenzuhalten, daß man die Aussage eines Gedichtes nicht an der Bilderwelt festmachen kann, die es benutzt. Wichtiger ist aber ein anderer Punkt: Es wird immer getrennt zwischen Privatem und Politischem. Das halte ich für absolut falsch und unfruchtbar. Ich denke, daß es eine solche Trennung überhaupt nicht gibt, sondern daß sich diese beiden Pole pausenlos aufeinander beziehen. Es ist eines der großen Verdienste der Frauenbewegung, daß sie das wieder stark im Bewußtsein verankert hat. Wenn Beziehungen im allerprivatesten Rahmen nicht funktionieren: wie können dann Beziehungen auf gesellschaftspolitischer Ebene funktionieren? Nehmen Sie eine Beziehung mit dauernden Reibereien. Das pflanzt sich fort. Das Ende ist das, was wir jetzt in der Zeitung lesen, das ist Tschernobyl, und das sind die Atomraketen.

Das heißt, Sie müssen nicht unbedingt Gedichte auf Tschernobyl und Atomraketen schreiben, um politisch zu sein?

Ja. Um politisch zu sein, muß jeder bei sich anfangen. Nehmen wir einen Satz aus der Bibel: Liebe deinen Nächsten wie dich selbst. Das erscheint so privat: sich zunächst einmal selbst annehmen und dann sehen, daß man das auch mit dem Nächsten machen kann. Wenn jeder nach diesem höchst privaten Satz leben würde, gäbe es keinen Haß und keine Furcht vor dem »Nächsten« und also keine Notwendigkeit, sich vermeintlich vor ihm schützen zu müssen; es hätte nie Kriege und eine Entwicklung zu den heutigen Waffensystemen gegeben.

Wir haben jetzt viel über Religion im allgemeinen Sinn und über biblische Traditionen und Sprachbilder gesprochen. Jetzt möchte ich Sie einmal direkt fragen: Was bedeutet »Gott« für Sie, das Wort Gott, die Wirklichkeit Gottes?

Ich möchte gerne glauben, daß es so etwas gibt. Ja, so etwas, was schöner ist als alles, das ich hier erfahren kann, müßte es eigentlich geben. Manchmal habe ich eine Ahnung davon: wenn ich wirklich einmal punktuell glücklich bin. Dann möchte ich Gott als Bundesgenossen erleben. Oder wenn ich dankbar sein will, dann habe ich manchmal die Vorstellung, daß da noch jemand sein müßte, dem ich meinen Dank ausdrücken kann. Wenn es mir schlechtgeht, empfinde ich so etwas überhaupt nicht. Ich könnte nicht um etwas beten, etwa: Oh, ich möchte, daß es mir jetzt wieder bessergeht.

Aber Sie können in Glücksmomenten beten?

Vielleicht ist das Beten. Ich weiß es nicht. Ich kann danken in solchen Momenten.

Mir ist aufgefallen, daß Sie oft, gerade auch in Beziehungsgedich-

ten, Erfahrungen in der Form des »Als-ob« beschreiben: Man
lebt, als ob es noch Leben gäbe; man vertraut, als ob es Vertrauen
gäbe; man liebt, als ob es Liebe gäbe…

Mir wird jetzt selbst im Laufe unseres Gespräches immer deutlicher, daß hinter all diesen Sprachfiguren ein Moment von Sehnsucht liegt: Weil ich es gerne hätte, mißtraue ich dem, was ich habe. Das geschieht wohl auch aus einer großen Angst heraus und aus der Gewißheit, immer wieder enttäuscht zu werden. Diese Enttäuschung fängt das Sprachbild von der Liebe, als ob es Liebe gäbe, auf.

Gibt es für Sie als Zeitgenossin aller möglichen Krisen und Katastrophen keine andere Möglichkeit mehr, als in dieser bewußten Zurücknahme zu reden? Gibt es keine Möglichkeit, im Gedicht die Liebe direkt zu bejahen?

Doch, ich habe auch solche Gedichte geschrieben. Ich halte es für gefährlich, wenn ein großer Teil der Literatur heute immer nur warnt und die Katastrophen wieder und wieder an die Wand malt und vorwegnimmt. Man beginnt, sich daran zu gewöhnen, es für möglich zu halten.

Ich finde es wichtiger, die Alternativen aufzuzeigen. Das gelingt mir in meiner Literatur auch selten, und die Figur des Als-ob überwiegt – leider. Ich wünschte, daß es mir gelingen würde, wirklich zu preisen, zu loben und zu zeigen, was von der Schönheit doch noch übriggeblieben ist, zu zeigen, warum wir leben wollen. Also nicht zu sagen: Wir wollen leben, weil die Katastrophe vor der Tür steht, sondern: Wir wollen leben, weil Leben an sich ein Wert ist und weil Liebe an sich ein Wert ist. Das literarisch umzusetzen ist ungeheuer schwierig.

Lassen Sie mich den Gedanken, daß man das Positive auch im religiösen Sinn nur gebrochen, indirekt sagen kann, noch konkretisieren. Sie haben ein Gedicht geschrieben mit dem Titel »Gibt es eine weibliche Ästhetik«. Ich will jetzt nicht auf den Hintergrund der Frauenbewegung hinaus, den das Gedicht möglicherweise haben könnte. In diesem Gedicht sehe ich wiederum einen urchristlichen Gedanken zum Ausdruck gebracht, obwohl Sie auch hier kein christliches Bekenntnis ablegen. Es ist der Gedanke, daß sich Häßlichkeit in Schönheit verwandeln kann, wenn man einen Menschen in Liebe anschaut.

Nicht Häßlichkeit verwandelt sich in Schönheit, sondern wenn man einen Menschen mit Liebe betrachtet, findet man überall etwas, was auch wirklich schön ist. Bloßes Verwandeln wäre Blindheit. Und blind möchte ich nicht lieben, ich möchte sehend sein, aber eben die Schönheit auch sehen. Und: Kann etwas, was lebendig ist, überhaupt häßlich sein?

Für mich ist das die Sichtweise Jesu, sind das jesuanische Augen, jemanden so anzusehen, daß er sich positiv verwandelt. Das findet sich literarisch wieder in einer Gestalt wie dem Fürsten Myschkin (in »Der Idiot« von Dostojewski). Myschkin schaut Menschen an, und die Dirne auf der Straße fühlt sich plötzlich wie eine Königin. Dieses Umwerten der Werte sehe ich als einen zweiten Grundzug in Ihrer Lyrik. Also nicht nur das Leben »als ob«, sondern auch: Wenn man einmal Vertrauen gefaßt hat, kann das verwandeln, sich selber und vielleicht auch den anderen.

Ja, aber nur punktuell. Und deswegen suche ich immer weiter.

Das läßt sich gerade an einem Ihrer schönsten Gedichte zeigen, an »Als er zurückkam«. Sie beschreiben die Rückkehr eines geliebten Menschen. Im Augenblick des Glücks, in der Umarmung des Zurückgekehrten, begreift die Frau, von der hier die Rede ist, daß dieser Mensch ganz und gar vergänglich ist:

»Als er zurückkam mein Freund und mein Geliebter / blaß mager mich in den Arm nahm / begriff ich augenblicks daß er sterblich ist.«

Ich hoffe, daß ich aus dieser Haltung heraus weiterschreiben kann. In meinen ersten beiden Gedichtbänden, »Herz über Kopf« und »Spielende«, mußte ich mich noch sehr stark wehren, nicht immer wieder auf die Rollenklischees zurückzufallen, wie wir sie vorhin bei Gertrud von le Fort erwähnt haben: hier der starke Mann, dort die schwache Frau. Das ist sicher für beide Teile eine sehr bequeme Position, sie ist aber letzten Endes unproduktiv. In diesen beiden Büchern ist deswegen immer noch sehr viel Ironie enthalten. Ironie ist aber immer etwas, womit man sich zur Wehr setzen will, und diese Haltung möchte ich nicht beibehalten. Ich möchte den Mut finden zu sagen: Ich bin ein Mensch und ich habe Hoffnung. Da bekommt man ja oft gleich die Antwort, Hoffnung zu haben sei dumm…

Hier möchte ich noch einmal auf die Bibel und den Satz zurückkommen: »Liebe deinen Nächsten wie dich selbst.« Das ist für mich ein ganz zentraler Satz geworden. Die Aussage wird immer verzerrt, als ob man nur den Nächsten lieben sollte. Je mehr ich von mir selber weiß, je mehr ich erfahren habe über das Schreiben, je mehr ich mich mit Lesern über die Gedichte auseinandergesetzt habe, desto mehr vertraue ich mir. Je mehr ich mir vertraue, vertraue ich auch meinem Gegenüber und den Menschen, die ich liebe. Ich glaube, ich liebe jetzt anders als früher. Das ist die Lebenserfahrung, sehr vieles abstreifen zu können von der Angst, sich selber zu begegnen, um so andern näherzukommen.

Haben Ihre Gedichte stark autobiographischen Charakter?

Meist sind sie nicht direkt autobiographisch, sondern sehr stark verwandelt. Ich möchte ein Beispiel erzählen. In einem Gedicht von einer toten Frau beschreibe ich, daß ich zu spät gekommen bin, in den Leichenkeller gehe und die Leiche dort noch einmal betrachte. Auf dieses Gedicht hin habe ich verschiedene Kondolenzbriefe zum Tode meiner Mutter bekommen, die sich Gott sei Dank bester Gesundheit erfreut. Ich kann nur davor warnen, Gedichte direkt auf die Biographie des Verfassers zu beziehen. Viele Leser tun das wohl auch, um sich selbst vor der eigenen Erfahrung mit dem Gedicht zu entlasten. Sie fragen dann lieber: Was hat sie denn nun damit gemeint?, als sich zu fragen: Wie verstehe ich das Gedicht? Was hat mir das Gedicht zu sagen?

Sie haben einmal gesagt, daß Ihre Texte bei Lesern so eine Art Beichte auslösen, also das Aussprechen von eigener Erfahrung. Sind Sie als Autorin so etwas wie eine weltliche Seelsorgerin?

Eine ganz überraschende Erfahrung war für mich, wie heftig die Leserinnen und Leser auf meine Texte reagiert haben. Man hat sich sehr stark damit identifiziert. Mit den Texten haben sich Leserinnen und Leser über sich selbst verständigt, das finde ich sehr produktiv. Obwohl sie dann nicht so weit gehen sollten, mich als Verfasserin gewissermaßen zur Verantwortung zu ziehen: Hier, bitte sehr, das haben Sie in mir ausgelöst, nun helfen Sie mir auch! Wenn ich aber merke, da ist jemand, der Rat sucht, ohne mich für etwas verantwortlich machen zu wollen, der fragt, was er machen soll in einer Situation, dann bin ich natürlich bereit, mit ihm in Verbindung zu treten.

24

Die Menschen benutzen Ihre Texte für ihre eigenen Probleme?

Ja. In dem Wort »benutzen« liegt etwas Abwertendes. Das finde ich nicht richtig. Viele verurteilen es, Literatur als Lebenshilfe zu betrachten. Ich kann da nur sagen: Warum nicht? Die sogenannte Verständigungsliteratur hat ja sehr großen Erfolg. Ein solches Herangehen an Literatur ist natürlich nicht alles, aber ich habe nichts gegen die Funktion dieser Verständigungsliteratur, die Menschen seelisch zu entlasten, das passiert mit Literatur in irgendeiner Form immer. Wenn dabei gleichzeitig ein gutes Stück Literatur gelesen wird, kann ich es nur begrüßen. Auch Goethes »Faust« lese ich nicht, um zu wissen, wie es Faust geht, sondern um etwas über mich zu erfahren.

Ich möchte zum Schluß auf Ihr Gedicht »Freudenfeuer« zu sprechen kommen. Sie verfremden da ein Kirchenlied, und in der letzten Strophe heißt es: »Laßt uns den Lobgesang schüren / solange wir leben sind wir / zum Feuer verurteilt, zum / Jüngsten Gericht: Jeden Tag / jetzt.« Ist das eine Art lyrisch umgesetzte Selbstverpflichtung von Ulla Hahn?

Ja. Mir war aufgegangen, daß wir das Jüngste Gericht immer, um uns gewissensmäßig zu entlasten, in die allerfernste Zukunft verlegen, wo es uns eigentlich überhaupt nicht erreicht. Wenn man aber das Wort »jüngstes« betrachtet, wie es normalerweise gemeint ist, dann bezeichnet es immer das, was mir am allernächsten steht. Das Jüngste Gericht ist das, was eigentlich immer ist. Unter diesem Aspekt zu leben würde schon eine ganze Menge Verantwortung bedeuten: daß ich nicht mehr so leichtfertig umgehe mit anderen Menschen, mit mir und mit dem, was ich tue.

Können Sie den Anlaß für dieses Gedicht beschreiben?

Ich habe einmal bei Kafka den Satz gelesen: »Nur unser Zeitbegriff läßt uns das Jüngste Gericht so nennen, eigentlich ist es ein Standrecht«, und habe darüber nachgedacht. Die Verbindung mit dem Standrecht finde ich nicht annehmbar. Denn das läßt keine Möglichkeiten mehr offen. Ich finde die offene Variante produktiver und lebendiger. Denn es ist nichts entschieden und die Verdammung nicht schon besiegelt: Das Leben ist weiter möglich, aber es ist ein Leben, das bewußter und verantwortungsvoller ist.

Das »metaphysische Bedürfnis« ist unerfüllt

Gespräch mit *Günter Kunert*

Daß der am 6. März 1929 in Berlin geborene Günter Kunert, der zunächst als Schriftsteller in der ehemaligen DDR Karriere machte (1948/49 Eintritt in die SED, 1950 Entdeckung und Förderung durch Johannes R. Becher), dann aber sich zunehmend von der SED-Herrschaft entfremdete (1976 Mitunterzeichner der Petition gegen die Ausbürgerung W. Biermanns) und seit Oktober 1979 in Westdeutschland lebt, kein affirmatives Verhältnis zur Religion hatte, war zu Beginn des Gespräches klar. Zu häufig hatte er sich in seinen Lyrik- und Prosaarbeiten »antimetaphysisch« festgelegt, Arbeiten, die oft schon vom Titel erkennen ließen, daß Kunert keine affirmative Literatur schrieb, sondern »Abtötungsverfahren« (1980) inszenierte, »Vor der Sintflut« (1985) sich befand, »Verspätete Monologe« (1981) mit sich selbst führte, »Stilleben« (1983) nachzeichnete und sich überhaupt in dieser Welt »Fremd daheim« (1990) fühlte. Und Günter Kunert stellte denn auch gleich zu Beginn des Gesprächs in aller Deutlichkeit klar, daß er »in einem völlig religions- und glaubensleeren Raum aufgewachsen« sei und warum weder das Christentum noch das Judentum für ihn jemals eine Bedeutung gehabt hätten.

Aber mir war aufgefallen, daß in zahlreichen seiner Gedichte Risse und Brüche erkennbar waren, welche die *Frage nach Sinn und Hoffnung*, die Urfragen also aller Religion, nicht abgetan sein ließen. Grund genug also, das Gespräch zu suchen, um weiterzufragen. Welche Erfahrungen steckten etwa hinter einem solchen Gedicht wie »Fiktion« (aus dem Gedichtband »Unterwegs« 1977), das die Sehnsucht nach »Ewigkeit« ausdrückt:

> »Es gibt eine Ewigkeit
> wie ich sie mir vorstelle
> als fortgesetzte Bewegung

als Tanz
zu einem alten Schlager im Halbdunkel
eines ganz verbrauchten Lokales
im Duft von Schweiß und Puder
einer Partnerin
fremder und doch inniger Körper
umarmt in immergleicher Melodie
langsamer Walzer vielleicht
etwas schwungvoll Schleppendes
nur daß manchmal eine versteckte Stimme
sänge: Dream a little dream of me
und sich unsere Lippen küßten
so als wären sie
von uns selber Jahrtausende fern
unter sonst ganz gewöhnlichen Lampen
die mein Auge blenden.«

Wie war ein solches Gedicht zu vereinbaren mit einem Text, der sich in dem Gedichtband »Stilleben«, sechs Jahre später (1983), findet: »Ohne Pathos«:

»Zu subjektiv – schreib es
nicht auf: Dieses jämmerliche Klagen
und es ist dennoch der Grundton
aller
Stetig andere Gesichter
stetig dieselben Sehnsüchte:
Einmal sein wie es sein müßte

Aufrichtig zum Beispiel und
wenigstens den baren Rest von Liebe
nicht in immer kleinere Münze
wechseln

Sich selber geben

Aus sich heraus
aus diesem maßgerecht vertrockneten
Lehmklotz
der höflich grüßt bevor er

in Gottes Namen oder dem eigenen
in ein paar vorgeschriebene
letzte Worte zerfällt«

Hier taten sich Spannungen auf zwischen der Sehnsucht nach
»Ewigkeit« und der Endgültigkeit, mit der die stets gleichen
»Sehnsüchte« lapidar aufgegeben zu sein schienen. Die Frage
war: War Günter Kunert im Laufe seiner geistigen Entwicklung
immer stärker zu einem metaphysischen Verneiner, zu einem des-
illusionierten Skeptiker geworden, der die Fragen nach Sinn und
Hoffnung ein für allemal ad acta gelegt und für sinnlos erklärt hat?
Doch auch im Band »Stilleben« gab es Gedichte, die in sich – was
diese Frage betraf – nicht endgültig abgeschlossen zu sein schienen. Da gibt es etwa das Gedicht »Götterdämmerung«:

»Nicht festzuhalten: Dieser Tag. Das Leben.
Gewebe löst sich auf und schwindet hin.
Was auch geschieht, du suchst den Sinn.
Zumindest wirst du danach streben.

Du kannst die Einsicht nicht ertragen:
Aus Dreck und Feuer eine Spottgeburt,
die haltlos durch das Universum tourt,
stets auf der Flucht vor solchen Fragen.

Erkenntnis die: Wir können uns nicht fassen.
Und finden keinen, der uns Göttern gleicht.
Und keinen, der uns Hilfe reicht.
Wir sind uns ohne Gnade überlassen.«

In diesem Gedicht sind Spannungen ja unverkennbar. Zugegeben wird, daß der Mensch den Sinn sucht und immer danach
streben wird, einen Sinn zu finden. Auch der Grund wird benannt: die Unerträglichkeit der Einsicht, nichts als eine »Spottgeburt« aus »Dreck und Feuer zu sein«, die »haltlos« durch das
Universum fahre. Erkannt wird also, daß Menschen sich »nicht
fassen« können, was ja im Klartext heißt: Menschen sind sich
selber ein *bleibendes* Rätsel, eine *offene* Frage. Gleichzeitig aber
wird in diesem Gedicht behauptet, daß es keine »Hilfe« (gemeint
ist wohl eine Hilfe transzendenten Ursprungs) gäbe, daß der

Mensch sich somit endgültig »ohne Gnade« überlassen sei. Wie freilich waren beide Erkenntnisse logisch miteinander vereinbar? Der Mensch ist sich bleibende Frage, seine letzte Bestimmung ist also offen, und zugleich soll der Mensch völlig ohne »Hilfe« und »Gnade« sein! Wie also gehen bleibende Fraglichkeit und die Auflösung der Fraglichkeit in einer definitiven Behauptung zusammen?

Eine ähnliche Spannung besteht auch zwischen anderen Texten im gleichen Gedichtband. Im Gedicht »Symbolisches Seestück« heißt es noch: »Einmal ergreift jeden / die schwarze Woge / und schleppt ihn mit / und wirft ihn nieder / am Kap / der guten Hoffnungslosigkeit.« Im Gedicht »Namen« dagegen liest man: »Am Ausklang deiner oder aller Tage / sagt dir ein Name gar nichts mehr. / Und doch ist jeder eine Lebensfrage. / Die Antwort aber fällt dir schwer.« Auch hier fällt die Spannung zwischen Frage und Behauptung, Zurückhaltung der Antwort und eindeutiger Festlegung (auf die Hoffnungslosigkeit) auf. Solche Spannungen aber machen auch die theologische Bedeutsamkeit der lyrischen Arbeiten von Günter Kunert aus, deren Spezifikum gerade darin liegt, daß sie die Grundfragen nach Sinn und Bedeutung menschlicher Existenz immer wieder thematisieren. Und auffällig ist denn auch gerade in den Gedichtbänden der 80er Jahre, wie sehr Kunert religiöse Traditionen beerbt, um sie umzukehren, zu konterkarieren, inhaltlich auszutauschen. Das gilt für »Stilleben« (Texte wie »Verlorene Söhne«, »Abendgebet«, »Die befleckte Empfängnis«, »Erwartung«) genauso wie für den 1987 publizierten Band »Berlin beizeiten« (»Totenbeschwörung«, »Requiem«, »Salvator mundi«) und ebenfalls noch für den 1990 erschienenen Band »Fremd daheim« (Texte wie »Weihnacht«, »Standpunkt«, »Blasphemie«, »Bekenntnis«). Nein, wer so oft über die Conditio humana nachdenkt wie Kunert, auch wenn er dies mit einer radikalen Absage an jeden metaphysischen Trost verbindet, dem ist die Bedeutung menschlicher Existenz, der Sinn schriftstellerischen Arbeitens noch eine *Frage*.

Im Gespräch weicht Günter Kunert denn auch keinen Zentimeter von seiner Grundposition ab: »Die Antwort fällt schwer, weil es keine Antwort gibt.« Andererseits aber fällt in diesem

Gespräch ein Satz, der aufhorchen läßt: »Ich bin kein Propagandist des Atheismus.« Kunert war also bereit, jenseits der Alternative Theismus – Atheismus von der *Funktion von Religion* zu sprechen. Er gab zu, daß es einen »positiven Einfluß der Religion in der Geschichte« gegeben habe. Ja, daß es auch heute noch ein »metaphysisches Bedürfnis« gäbe, das »unerfüllt sei« und durch eine »rein innerweltliche Theorie«, die allein »auf die Funktionalität einer Gesellschaft« gerichtet sei, »nicht befriedigt werden« könne. Ja, Kunert war bereit, über die Funktion von Religion zumindest religionsgeschichtlich zu reflektieren, wie seine Anspielung auf die Erfahrungswelt der Indianer und der Schamanen deutlich macht.

Was Kunert zu diesem Aspekt ausführte, hatte er einige Jahre zuvor schon in einem Essay »Die letzten Indianer Europas« (1983) ausgeführt. Die »indianische Welterfahrung« fand er in verblüffender Weise analog zur Erfahrung »bei den letzten ›Naturmenschen‹ der alten Welt, bei den Dichtern«. Das »indianische Bewußtsein« sei noch »ganz und gar archaisch«. In diesem Bewußtsein sei noch nicht die Fähigkeit abgestorben oder von der Ratio ausgetrieben worden, »umfassende Bedeutungen an den Dingen der Umwelt wahrzunehmen«. *Ungeschiedenheit* sei ein *Kennzeichen des archaischen Bewußtseins*, wie z. B. auch dem Kind die Welt noch ungeschieden sei. Und wie dem Kinde Wolken und Formen als Fratzen und Ungetüme erschienen, so spiegle dem archaischen Bewußtsein die Natur das wider, was es in ihr erblicke. Für das archaische Bewußtsein sei die Umwelt somit ganz und gar bildhafter Natur. Und wörtlich: »Allüberall entbargen sich aus den Erscheinungen Bilder, die unmittelbar als Sinnbild verstanden wurden. Als Symbol. Und zwar als Symbol, das in Beziehung zum eigenen Schicksal stand. Vielleicht ist Walter Benjamins ›Aura‹ der Dinge nur ein Nachglanz dessen, was vordem ihre Symbol- und Bedeutungsträchtigkeit war. Das Mysteriöse bestand im übrigen darin, daß das Symbol, als welches sich die Sache zeigte, auf die Sache selber zurückzuwirken imstande schien. Wenn der Häuptling Smohalla von der Erde als seiner Mutter sprach, und zwar keineswegs im übertragenen Sinne, so wie wir etwa heute von ›Muttersprache‹ reden, so meinte er mehr als nur ein rhetorisches Gleichnis… Er spricht von der Beständigkeit indianischer Generationen... Auf uns wirkt die Formulierung von der Erde als Mutter exaltiert. Aber indem etwas bildlich-konkret benannt wird, ist ein wesentlicher Umstand, eben die Dauer des indianischen Volkes, gemeint – und dieser Vorgang, der Vorgang des indirekten Sprechens, wiederholt sich nahezu gleichartig im Gedicht. Auch für das Gedicht besteht die Notwendigkeit solcher Übersetzung. Wir aber, mit unserer direkten Denk- und Sprechweise, nehmen alles wörtlich und begreifen daher nichts.«

Es ist wichtig zu sehen, daß Kunert im Gespräch dann auch vom *gleichen Ursprung von Religiosität und Literatur* reden kann. Sein Widerstand, ja Widerwille gegen Religion ist also ein Widerstand vor allem gegen die »institutionell eingeengte, hierarchisch verbreitete und sprachlich festgelegte Religion«. Ein Zurück zu dieser Form von Religion gibt es für ihn nicht. Aber so wie sich der religiöse Mensch mit dem »archaischen Bewußtsein« noch etwas von dieser »ursprünglichen Lebenserfahrung« bewahrt hat, so auch der Lyriker des 20. Jahrhunderts. In Gedichten ist für Kunert auch unter den Bedingungen der Gegenwart noch ein Stück dessen gerettet, was ursprünglich die Funktion von Religion war: Transzendierung des Konkret-Sinnlichen. Dieser Gedanke steckt hinter so bemerkenswerten Aussagen von Kunert, wie sie im Gespräch fallen: »Der kognitive Horizont des Menschen ist genetisch beschränkt. Das ist der Punkt. Und alle Religiosität, all unser Glauben und Ahnen, ist der Versuch, über diesen beschränkten Horizont hinauszugelangen. Das ist natürlich etwas ganz Wesentliches, was uns vom Tier unterscheidet und uns überhaupt erst mit einem inneren Leben versieht.«

Von daher versteht sich auch, was Günter Kunert in seinen Frankfurter Vorlesungen, erschienen unter dem Titel »Vor der Sintflut. Das Gedicht als Arche Noah« bereits 1985 gesagt hatte: »Im Augenblick bedrohlicher Beängstigung vor der individuellen Leere, die der allgemeinen korrespondiert, ist uns, wie ich mir vorstellen könnte, das Gedicht am nächsten. Ja, das Verlangen nach einem anderen, unkorrumpierbaren Bewußtsein, das nicht aus politischem Zement, materieller Verblendung und gewalttätigem Vorurteil sich zusammensetzt, müßte naturnotwendig an das Gedicht geraten. Das Gedicht, so subjektiv es scheinen mag, kann ein Beleg des objektiv gewordenen Bewußtseins sein. Unsere Mühe, es zu entschlüsseln, ist der Preis, den wir zu entrichten haben, wenn wir wissen wollen, wohin wir gelangt sind, innerlich wie äußerlich, als einzelne und als Gattung. Und noch eine Möglichkeit bietet uns das Gedicht, obgleich eine unheimliche: Es besitzt die Fähigkeit der Witterung, der Vorahnung, der Prophetie, wobei ich, um seine Wirkung zu charakterisieren, sofort auf Kassandra verweise. Sie hat den Untergang Trojas vorausgesagt, ohne daß irgendeiner im Ort die Vorhersage ernst genommen hätte. Dieses Schicksal erleidet auch das Gedicht bzw. erleiden jene Gedichte, in denen Zukunft wie Zukunftslosigkeit schon stattfinden.«

»Verlangen nach einem anderen, unkorrumpierbaren Bewußtsein«: das ist ein Grundthema der literarischen Arbeiten von Günter Kunert. Gerade seine Lyrik ist dabei ein einzigartiger Balanceakt zwischen schonungsloser Desillusionierung und dem Glauben an das eigene Schreiben, zwischen Hoffnungsverweigerung und Hoffnungssehnsucht, zwischen der Erfahrung von Sinnlosigkeit und Rätselhaftigkeit menschlicher Existenz und der bleibenden Suche nach Sinn und Bedeutung. Diese delikate, stets fragile und gefährdete Situation hat er in seinem letzten Gedichtband »Fremd daheim« in Form eines »apokryphen Selbstporträts« noch einmal beschrieben:

»Nun bin ich ganz entfremdet
von Baum und Strauch und Blatt.
Fühllos: die kleine Maschine
die jeder in sich hat

Die Welt: Ein Chaos von Bildern
von Menschen die man vergaß.
Die Tage aus Apparaten:
Ganz nach Mittelmaß

Bin nicht obschon ich denke.
Leb nicht obschon noch hier.
Weiß nichts durch alles Wissen.
Sterbe und bin kein Tier.

Müde des eigenen Rätsels
von drohender Zukunft krank
wehrlos in jeder Lage
verpflichtet keinem. Zu Dank.«

Das nachfolgende Gespräch erschien am 30. Januar 1987.

*Herr Kunert, obwohl in vielen Ihrer Texte religiöse Sprachspuren
erkennbar sind, gehen Sie in Ihrem Werk nur wenig auf die Bedeutung der Religion für Ihren geistigen Werdegang ein. Hatte
die Religion eine Bedeutung für Sie?*
Nein, überhaupt keine. Ich bin in einer Familie aufgewachsen, in
der die Religion keine Rolle gespielt hat. Die Familie war zwar
nicht aktiv oder maßlos atheistisch, aber der Glaube war für sie
uninteressant. Ich bin dagegen in einer politisierten Atmosphäre
aufgewachsen. Die Familie meiner Mutter unterstützte die Sozialdemokratie, und meine Mutter ist sehr früh, im Jahre 1918
oder 1919, in die SPD eingetreten. Mein Vater war dagegen politisch desinteressiert. Er war ein aus der Kirche ausgetretener Katholik, den der Katholizismus überhaupt nicht berührte. Seine
politischen Ansichten liefen denen meiner Mutter völlig entgegen. So bin ich als Kind zu Hause den erstaunlichsten Auseinandersetzungen begegnet. Ich saß in einer Ecke und horchte den
Auseinandersetzungen zu. Sie waren durch die Hitlerzeit ausgelöst. Meine Mutter war Jüdin, und meine Familie war von der
Politik der Nazis direkt betroffen. Ich erinnere mich an all die
rückwärtsgewandten Überlegungen, die von der Frage ausgingen: Was hätte man tun müssen, um Hitler zu verhindern? Das
waren Diskussionen, die rational argumentierten und von den
wirtschaftlichen und gesellschaftlichen Bedingungen der Weimarer Republik ausgingen. Vielleicht zeigte sich an diesen Auseinandersetzungen ein Mangel an psychologischem Einfüh-
lungsvermögen, während die Einsichtsfähigkeit und die Vernunft von Menschen überschätzt wurden. Man war »aufge-
klärt«. Die Angehörigen meiner Mutter und meine Mutter selbst
waren assimilierte Juden, der deutschen Kultur angepaßt, und sie
sind in der Tradition der Aufklärung aufgewachsen. Auch ich

habe schon als Kind Heinrich Heine gelesen. Ich habe immer im Bücherschrank meiner Mutter gekramt und, obwohl ich nur die Hälfte davon verstand, sehr viel gelesen: von Frank Wedekind bis zu Erich Weinert.

In der Weimarer Republik spielten die assimilierten Juden eine außerordentlich fruchtbare Rolle im Kulturleben Deutschlands und insbesondere in Berlin. Ich kannte diese Zeit selbst allerdings gar nicht direkt, sondern nur vom Erzählen. Da wurde so etwas wie ein verlorenes Paradies beschworen: Damals, das war ja noch die gute Zeit, hieß es immer. Und von dieser Zeit habe ich nicht nur durch die Familie viel erfahren, sondern auch durch die Literatur und aus Dokumenten. Ich habe schon als Kind angefangen, alte Zeitschriften zu sammeln, die alten Magazine der zwanziger Jahre, etwa den »Querschnitt«. Da habe ich also in der Welt des Dritten Reiches gelebt und gleichzeitig in dieser kulturellen Gegenwelt einen Zufluchtsort gefunden. Ich war als Kind sehr häufig krank, das war psychosomatisch bedingt. In meinen Zeugnissen stand immer: Die Leistungen des Schülers Kunert können nicht beurteilt werden, da er von 330 Schultagen 270 gefehlt hat. Ich habe in dieser Zeit im Bett gelegen und habe Kästner gelesen, habe in alten Zeitschriften geblättert. Meine Mutter fuhr, wenn ich krank war – und ich war fast immer krank, es war so eine Art Proustscher Krankheit – zu einem Antiquar, einem Antifaschisten. Sie kaufte bei ihm Einkaufstaschen voller Bücher, auch verbotene Literatur, und brachte sie mir mit. So habe ich zwar auch draußen leben müssen, in der Welt des Terrors und der drohenden Vernichtung, aber zugleich in einer merkwürdigen kulturellen Abkapselung. Meine Jugend hat sich zwischen der außen drohenden und erfahrenen Angst, die mit Vorsicht und Wachsamkeit verbunden war, und dieser merkwürdigen Zeitkapsel, in der ich auflebte und mich wohlfühlen konnte, abgespielt. Zwischen diesen beiden Polen war kein Platz für Glauben. Ich bin in einem völlig religions- und glaubensleeren Raum aufgewachsen. Weder das Christentum noch das Judentum haben für mich jemals eine Bedeutung gehabt.

Es war also bei Ihnen nicht so wie bei vielen anderen Schriftstellern, die Texte von Friedrich Nietzsche oder Arthur Schopen-

hauer lasen und dadurch zu einer atheistischen Haltung gelangten, die vorher noch nicht vorhanden war?

Nein, ich war – um es mit einem Wort zu bezeichnen, das seine Bedeutung später völlig verändert hat, ein »Dissident«. Dieses Wort stand damals in den Schulzeugnissen geschrieben, es tauchte in der Spalte »Religion« auf, wenn man ungetauft und religionsfrei war.

Hat es Sie je interessiert, den jüdischen Anteil in Ihrer Lebensgeschichte aufzuarbeiten?

In mir machten sich nach dem Krieg sehr starke sozialistische, auch marxistische Vorstellungen geltend, die alles andere überdeckten. Es kommt allerdings für jeden einmal der Moment, in dem er sich umwendet, um seine Kindheit und frühe Jugend noch einmal anzusehen, um sich auf die Suche nach der verlorenen Zeit zu machen. Dabei habe ich mich dann auch mit der Frage befaßt, was das Judentum eigentlich ist und wie es sich in Deutschland historisch entwickelt hat. Für mich war dabei aber eher die menschliche Seite, die Frage der Entwicklung unter dem Assimilationsdruck, wichtiger als die religiöse Seite. Ich habe als Kind die jüdischen Feiertage miterlebt; sie wurden so gefeiert, wie der Durchschnittsbürger heute Weihnachten begeht: als traditionelles Fest mit Geschenken, aber an den Ursprung und an den Sinn des Festes wird dabei nicht gedacht. Bei den jüdischen Festen kam man zusammen und aß traditionell, aber sie ließen nicht einen Hauch von Transzendenz verspüren.

Ist vielleicht die jüdische Tradition indirekt in Ihre Arbeit eingewandert? Kann es sein, daß gerade bei den sehr kritischen und pessimistischen Texten vielleicht so etwas wie eine Kohelet-Tradition eingewandert ist, eine Vanitas-Tradition, möglicherweise auch so etwas Rebellenhaftes wie bei Hiob? Protestieren Sie, anders als Hiob, vielleicht nicht gegen Gott, sondern gegen die geschundene Welt? Gibt es solche Einwanderungen in Ihr Werk?

Das ist durchaus denkbar. Es gibt ja zwei Wege im Judentum. Der im Glauben verhaftete Weg ist weltzugewandt: Die religiös gebundenen Juden sehen die Welt, oft entgegen allen persönlichen und geschichtlichen Erfahrungen, voller Hoffnung und Optimismus. Daneben ist ein Seitensprung mit einer eher kritischen, intellektuellen Weltsicht entstanden. Das ist schon bei

Heine zu beobachten, in seinen Zweifeln und in seiner Ironie, wenn bei ihm auch immer noch eine weltliche Hoffnung mitschwingt, daß die Gesellschaft sich positiv verändern ließe. Die zweifelnde, kritische und negierende Weltsicht ist dann in den zwanziger Jahren bei vielen jüdischen Intellektuellen ganz deutlich geworden. In der Philosophie etwa bei Theodor Lessing, im Feuilleton bei Siegfried Kracauer, in der Satire bei Kurt Tucholsky, Alfred Polgar oder bei Karl Kraus. Das sind Strömungen, die den Messias nicht mehr erwartet haben. Die Haltung dieser Autoren hat natürlich auch auf einen sich zum Schreiben berufen fühlenden jungen Menschen abgefärbt, der durch seine persönliche Lebensgeschichte ohnehin nicht gerade zu einer optimistischen Weltsicht neigte.

Ich empfinde Ihre Auseinandersetzung mit Religion, gerade wenn Sie aus einer ironischen Haltung heraus schreiben, als etwas ungerecht. Kann es nicht Menschen geben, die die Welt eben darum realistisch und kritisch sehen, weil sie religiös sind? Ich denke an Figuren wie Blaise Pascal, Søren Kierkegaard oder Dostojewski, deren Glauben man jedenfalls nicht mit den vier klassischen Vorwürfen der Religionskritik – nämlich Projektionsverdacht, Ideologieverdacht, Irrationalitätsverdacht und Ignoranzverdacht – aus den Angeln heben kann. Ganz im Gegenteil: Die Hellsichtigkeit für die Brüche und Widersprüche der Welt kam aus ihrem Gottesglauben. Aber Sie nehmen diese andere Komponente der Religion, nämlich die der Aufklärung im Namen der Religion, genausowenig in den Blick wie den Einsatz von Christen für die Veränderung der Welt – genannt seien die Stichworte der Befreiungstheologie oder der Kampf Martin Luther Kings. Warum tun Sie das nicht?

Einerseits tue ich es deshalb nicht, weil für mich die Auseinandersetzung mit der sogenannten »Aufklärung« und dem sogenannten »Rationalismus« viel stärker im Vordergrund steht. Andererseits ist für mich der Begriff des Religiösen zu stark belastet. Da schwingt für mich leider auch die ganze unsägliche Geschichte der Kirche mit. Sie läßt sich nicht wegdenken. Diese historische Last verdeckt den positiven Einfluß der Religion in der Geschichte, der zweifellos auch immer vorhanden war. Ich bin kein Propagandist des Atheismus.

Ich möchte noch einen Bereich nennen, in dem sich für mich die Bedeutung der Religion zeigt. Ich habe vor längerer Zeit angefangen, mich mit den sogenannten primitiven Völkerschaften, den »Wilden«, zu beschäftigen. Dabei bin ich darauf gestoßen, daß etwa die Indianer die Welt als belebte und beseelte ansehen und in allen Erscheinungen der Umwelt etwas mitsehen und miterkennen, was wir »animistisch« nennen. Diese Art der Welterfahrung kommt der des Lyrikers nahe. Denn auch dem Lyriker erscheinen die Dinge »anders«, nämlich als Metapher oder Gleichnis, als eine Art Bild, das ihm etwas sagt. Er sieht zwar nicht die Werke Gottes in der Natur oder in der Umwelt, aber er sieht etwas, was eine über den Gegenstand selbst hinausgehende Bedeutung hat, die er dann in seine Gedichte hineinzunehmen versucht. Dieser Bedeutungsüberschuß gehört auch zur Umwelterfahrung der sogenannten Primitiven. Die ursprüngliche Lebenserfahrung ist dann in der institutionell eingeengten, hierarchisch verbreiteten und sprachlich festgelegten Religion verlorengegangen. Jedenfalls ist aber der Ursprung von Religiosität der gleiche wie der von Literatur. Mein Widerstand – Widerwille wäre zuviel gesagt – zur Religion ist darin begründet, daß ich die religiösen Erscheinungsweisen, die sich historisch geformt haben, für mich selber für unbrauchbar halte. Aber ich verkenne nicht, daß da ursprünglich etwas bestand, was für mich als Lyriker heute noch ganz wesentlich ist.

Könnte diese Erkenntnis für Sie in Zukunft vielleicht auch wieder eine neue Bedeutung gewinnen? Ist das Zurück zu den Ursprüngen, das Zurück zu den Indianern, zugleich auch ein Blick nach vorn in eine neu zu gewinnende Zukunft, in der »Religion« eine neue Rolle spielen und die Gleichnishaftigkeit der Welt aufnehmen könnte?

Schon jetzt wird ja Literatur, insbesondere Lyrik, als eine Art Religionsersatz aufgenommen, insbesondere in Gegenden, die von Amts wegen total auf alles Transzendente verzichtet haben. Das gilt für die sozialistischen Länder wie die DDR, wo der Marxismus über einen langen Zeitraum hinweg bestimmte geistige und seelische Erwartungen nicht erfüllt hat. Das »metaphysische Bedürfnis« – ich weiß nicht, ob man es so nennen kann – ist unerfüllt und kann durch eine rein innerweltliche Theorie, die allein auf die Funktionalität einer Gesellschaft gerichtet ist, nicht befriedigt werden. Viele versuchen zur Zeit, das Vakuum, das schmerzlich Vermißte, mit Hilfe von Literatur und Lyrik aufzufüllen.

Sie bewerten das nicht negativ, wenn ich Sie richtig verstehe?

Nein, ich weiß allerdings, daß die Literatur und die Lyrik das nicht leisten kann.

Was mich an Ihrer Wendung vom »metaphysischen Bedürfnis der Menschen« stört, ist die unsolidarische Weise, in der sie formuliert ist. Man beschreibt es als ein Phänomen, das die Masse betrifft, aber einen selber nicht. Eigentlich steht man aber doch auch als Schriftsteller in diesem großen Vakuum, das die Aufklärung hinterlassen hat. Es ist also nicht nur das metaphysische Bedürfnis der Masse da draußen, sondern auch das eigene Problem. In diesem Zusammenhang möchte ich nach Ihrem Gedicht »Fiktion« fragen, das Sie 1977 in dem Gedichtband »Unterwegs« veröffentlicht haben. Die ersten Zeilen heißen: »Es gibt eine Ewigkeit, wie ich sie mir vorstelle, als fortgesetzte Bewegung, als Tanz.« Wenn ich das mit Gedichten aus Ihrem Band »Stilleben« vergleiche, die rund zehn Jahre später entstanden sind, in denen vom »Zerfall« die Rede ist, von der »Lüge«, von dem »Lehmklotz Mensch«, der in ein paar vorgeschriebene letzte Worte zerfällt, dann bemerke ich da einen Bruch zu jener religiösen Bildwelt, mit der Sie die Ewigkeit beschrieben haben.

Sie finden auch in den Gedichtbänden aus den siebziger Jahren ähnliche Gedichte wie aus den achtzigern. Was das von Ihnen erwähnte Gedicht über die Ewigkeit angeht, so hat es ja einen bezeichnenden Titel: Fiktion. Daraus geht hervor, daß die Ewigkeit nur als Einbildung erscheint, so, wie man sich vielleicht einmal vorstellt, wie es denn wäre, wenn man auf dem Mars zu Hause wäre. Die Ewigkeit wird als Fiktion gekennzeichnet, wie auch Literatur fiktiv ist. Da ist kein Bruch. Das ist ein Spiel mit einem schwerwiegenden und lange wirksamen Begriff. Ich benutze diesen Begriff für eine eher private Vorstellung, für einen Traum von einem Tanz bei einer bestimmten Musik in einem Lokal. Mit dem, was man sonst mit diesem Begriff verbindet, mit der »Ewigkeit, du Donnerwort«, hat das nicht gerade viel zu tun. Es ist eher die ironische Variante davon.

Aber dahinter verbergen sich Wunschvorstellungen?
Wer möchte nicht ewig leben? Das gehört ja zu unseren großen Sehnsüchten, Ewigkeit und Dauer zu haben. Ich habe einmal eine Geschichte über Steine geschrieben. Der Stein ist für mich ein ganz wichtiges Sinnbild. Der Stein, der naturhaft geformte wie der für Bauten benutzte Stein, drückt für mich Ewigkeit oder zumindest Dauer aus, obwohl auch Stein nicht ewig hält. In einem meiner Gedichte heißt es: »Wenigstens so wie der Stein dauerhaft sein.« Der Stein, auch der Backstein legt ja Zeugnis ab von den Menschen, die ihn verwendet haben, er verlängert so gewissermaßen ihr Dasein. Er ist ein weltliches Mittel der Transzendenz. Er ist unser Schneckenhaus, das wir hinterlassen, mit dem wir Zeugnis ablegen, wenn auch nur für uns selber und unser Dagewesensein.

Sie haben einmal gesagt, Literatur sei das »transzendente Element« in einem säkularisierten, auf Ängste und Funktionen beschränkten Leben. Mit Transzendenz meinen Sie die metaphorische, sinnbildliche Bedeutung von etwas, was über sich selbst hinausweist. Gibt es eine Parallele zwischen Ihrer Auffassung von Transzendenz und dem, was die Theologen so nennen?
Der wesentliche Unterschied ist ein geschichtlicher. Die frühe, noch nicht schriftlich festgehaltene Literatur war gleichzeitig Beschwörung, Selbstgespräch und Gebet und wandte sich an etwas Allumfassendes, zu dem man selber gehörte. Das war zu einer Zeit, als der Mensch noch nicht aus der Natur herausgetreten war und die Natur und er selber eins waren. Da setzt dann der Bruch ein. Der Mensch verläßt die Natur und steht ihr gegenüber. In diesem Moment teilt sich auch die metaphorische Ebene in zwei Bereiche: Die eine wird mit der Zeit zu Literatur, die andere wird zu Religiosität. Die Religiosität wird dann durch die gesellschaftliche Entwicklung schon sehr früh verwaltet. Schon im Schamanismus bekommt jemand aus der Kleinstgruppe den Auftrag, für die Verbindung zu den Toten zu sorgen, zu jener Welt, die hinter der anderen Welt liegt. Diese Handlung wird sprachlich ritualisiert und festgelegt. Zugleich spaltet sich die Literatur ab: als sprachliche Begleiterscheinung von Jagd, von gemeinsamer Arbeit, von Handwerk, von Liebe, von Tanz. Ein Lied, das man zum Tanz oder zur Arbeit singt, transzendiert

den Tanz und die Arbeit auf nichtreligiöse Weise. Demgegen-
über transzendiert die ritualisierte Sprache des religiösen Be-
reichs, mit der man sich mit etwas Jenseitigem in Verbindung
setzt, das alltägliche Leben auf eine andere Art.

*Lassen Sie mich an diesem Punkt unseres Gesprächs auf Ihre
Gedichte aus »Stilleben« eingehen. Womit ich Schwierigkeiten
habe, ist der schroffe Ton einzelner Gedichte. Denn auf der anderen Seite lassen Sie in vielen Zeilen Ihrer Texte die Frage nach
dem Sinn und nach dem Allumfassenden offen. So heißt es in dem
Gedicht »Götterdämmerung«: »Du suchst den Sinn, zumindest
wirst du danach streben« und gleichzeitig »Wir sind uns ohne
Gnade überlassen«. In einem anderen Gedicht ist vom »Kap der
guten Hoffnungslosigkeit« die Rede und von der »Vergeblich-
keit«, doch ganz zum Schluß heißt es dann, daß einem die Antwort auf die Lebensfrage schwerfiele. In einigen Gedichten treten Sie gewissermaßen als Wissender auf: So und nicht anders;
gleichzeitig herrscht in anderen Texten, manchmal noch im selben Gedicht, die zurückgenommene Frageform vor, das Nicht-
wissen, das Suchen. Wie geht das zusammen?*

Das sind alles Varianten derselben Überzeugung. »Götterdämmerung« bezieht sich auf Frühreligiöses und geht auch auf den
Begriff der Gnade ein. Das Gedicht kommt zu dem Schluß, daß
wir allein gelassen sind, uns selber ausgeliefert – und zwar gna-
denlos. Das können wir ja auch jederzeit in unserer Umwelt sehen. Das »Kap der guten Hoffnungslosigkeit« ist nur ein anderer
Ausdruck dieses Sich-selber-überlassen-Seins. Selbst in dieser
Situation haben wir aber noch die Chance, uns in diesem Zustand zu erkennen. Und was den Satz »Die Antwort aber fällt dir
schwer« angeht, möchte ich sagen: Die Antwort fällt schwer,
weil es keine Antwort gibt. Es sind immer unterschiedliche Facetten dieser prinzipiellen Haltung, die sich in den Gedichten
ausdrückt: Solange wir uns einem falschen Optimismus hinge-
ben, solange wir auf etwas hoffen, werden wir uns nicht freima-
chen können. Nur in dem Moment, wo wir alle Hoffnung fahren-
lassen, daß wir nicht an das Inferno ausgeliefert sind, sondern
erkennen, daß wir schon darinstecken, haben wir vielleicht die
Chance, nicht noch tiefer in das Dilemma hineinzugeraten. Solange wir immer noch hochmütig sind, solange wir die Fähigkeit

und die Kraft nicht aufbringen, uns selber als das zu sehen, was wir sind, nämlich als zerebral, durch unser Gehirn begünstigte Säugetiere, solange werden wir auf dieser schiefen Ebene weiter abwärts gehen. Kürzlich habe ich den Satz gelesen: Der kognitive Horizont des Menschen ist genetisch beschränkt. Das ist der Punkt. Und alle Religiosität, all unser Glauben und Ahnen, ist der Versuch, über diesen beschränkten Horizont hinauszugelangen. Das ist natürlich etwas ganz Wesentliches, was uns vom Tier unterscheidet und uns überhaupt erst mit einem inneren Leben versieht. Darauf können wir nicht verzichten. Nur: Wir sollten wissen, was wir da tun: daß wir über einen Horizont hinauszugreifen versuchen, hinter dem vielleicht gar nichts steckt.

Einerseits bekennen Sie sich zu dem Wunsch: Eigentlich müßte alles ganz anders sein. Andererseits sind Sie konsequent pessimistisch oder unterstreichen die Bedrohung, daß es die Menschheit nicht mehr lange geben wird. Wenn das so ist: Müßte diese Erkenntnis nicht tiefgreifende Folgen haben, Konsequenzen für unser Handeln, für unser Tun, für unser Denken?

Man kann da keine Rezepte geben. Wir haben uns nämlich in einen Mechanismus hineinbegeben, bei dem wir mit der einen Reparatur das andere Unheil wiederherstellen. Ich muß da immer an das Buch »Antiquiertheit des Menschen« von Günther Anders denken, wo es im zweiten Band heißt: Wir bekämpfen vielleicht den Teufel in einem Raum, wo er schon gar nicht mehr ist, während er sich im Nebenzimmer über unsere Mühsal lustig macht. Die Menschen haben sich schon sehr früh auf eine Bahn begeben, von der es keinen Ausstieg mehr gibt.

Das klingt wie die schlichte Umkehrung: Geschichte ist nicht Heilsgeschichte, sondern Geschichte ist Verfallsgeschichte...

...Unheilsgeschichte, auf jeden Fall, ja. Die Geschichte zum Unheil hin, die uns ja kürzlich wieder gestreift hat – ich meine die Katastrophe von Tschernobyl –, und es wird noch schlimmer kommen, setzt mit der Option für die Technik ein, mit der Entscheidung zur Industrie, zur Steigerung körperlicher Kraft mit Hilfe von Maschinen. Da beginnt die Misere. Von da an richtet sich unser ganzes Denken auf vier Dinge: schneller, höher, weiter, mehr. Das sind allesamt quantifizierbare Ziele. Die

Geschichte der Menschheit, der Technik und der entsprechenden Wissenschaft von der Technik, der Technologie, verläuft ungebrochen in diese Richtung.

Ich möchte nicht bestreiten, daß es eine Unheilsgeschichte gibt. So zu reden ist auch gut-christliche Tradition – insofern hat Wolf Biermann vielleicht nicht ganz unrecht, daß er Sie einen christlichen Autor nennt...

... ich fühle mich dadurch nicht gekränkt.

Es gibt durchaus einen christlichen Weltpessimismus vom Sündenfall bis hin zur verderbten Gegenwart. Aber was mich interessiert, ist: Wie begründet man von Ihrer Position den Einsatz für ganz konkrete Verbesserungen? Es geht mir jetzt nicht um die metaphysische Frage, etwa: Ist die Welt im ganzen heil oder unheil, sondern es geht um die Möglichkeit, den Bruder im Bruder und die Schwester in der Schwester zu sehen. Was ist mit den jungen Leuten, die sich für Behinderte einsetzen, mit Kriegsdienstverweigerern, die in Krankenhäusern arbeiten, mit Menschen, die sich in Slums um die Ärmsten der Armen bemühen? Sie tun es nicht, weil sie an die Verbesserbarkeit »der Welt« glauben, aber sie glauben sehr wohl an die Verbesserbarkeit von einem Stück Welt. Was würden Sie denen sagen? Sind das alles Narren, die sich täuschen ließen?

So ein Handeln ist subjektiv ehrbar und auch selbstbefriedigend. Man tut es für den anderen. Aber: Insgesamt gesehen ist es nur soziales Klempnertum, weil die Welt völlig säkularisiert ist und die Auswirkungen solchen menschenfreundlichen Handelns nichts anderes sein können als Schmiermittel im Getriebe der Gesellschaft. So vieles, was wir aus moralischen Antrieben heraus tun, endet zwangsläufig in dieser Maschinerie und verbessert die Funktion vom Rädchen, bewirkt also nicht das, was vielleicht damit beabsichtigt war. Das »instrumentale Denken« ist im Laufe der menschlichen Geschichte immer stärker geworden. Auch Menschenfreundlichkeit und mitmenschliche Fürsorge sinken heute auf ein verkürztes Ursache-Wirkungs-Gefüge ab. Früher war etwa das Verhältnis Arzt–Patient ganz anders als heute. Der Arzt war jemand, der mir geholfen hat. Heute sieht sich der Arzt selber als Reparateur, und der Patient tritt mit dem Anspruch eines Roboters auf: Hier tut es weh, es muß repariert werden. Alles andere, was dazwischen an menschlicher Beziehung bestand, ist völlig verschwunden. Es ist eine auf das rein Funktionale heruntergebrachte Beziehung. Sie spiegelt damit aber nur die allgemeinen Verhältnisse in der Gesellschaft wider.

Ich möchte Ihnen hier entschieden widersprechen. Sosehr diese soziologische Betrachtungsweise, der Blick auf das soziale Gefüge und auf das Funktionieren des Systems zulässig ist, so stellt sich doch die Frage: Reicht diese Sicht aus? Beruht sie nicht auf einer maßlosen Verkürzung der Wirklichkeit? Wenn Sie die Hilfsangebote als Sozialklempnerei bezeichnen...

... sie werden dazu! Ich habe unterschieden zwischen dem subjektiven Motiv und dem objektiven Ergebnis.

Aber ist nicht die subjektive Perspektive die einzige noch sinngebende Perspektive? Denn ich kann ja in der Tat nur zum Zyniker werden, wenn ich meine Tätigkeit als Sozialklempnerei abwerte. Aber: Dem konkreten Patienten, der da hilfsbedürftig ist, ist es gleichgültig, in welchem großen Makrosystem er funktioniert. Für ihn werden ganz einfach ein paar Tage, Wochen oder Monate erträglicher, leichter, umgänglicher. Und ist es wirklich so, daß der Sozialdienst eines Kriegsdienstverweigerers das System schmiert? Der Kriegsdienstverweigerer ist doch gerade aus dem System ausgestiegen...

... und ist woanders wieder eingestiegen...

Ja, aber indem er sich um Menschen kümmert, die als »Nicht-mehr-Funktionierende« abgeschoben worden sind.

Auch das gehört zu unserem System. Wir müssen immer bedenken: Innerhalb eines Systems, dessen Fäden sich zu einem immer engeren Netz verschlingen, wird auch der Aussteiger zu einem notwendigen Bestandteil. Auch der Abweichler vom System ist für das System notwendig. Aber Sie haben völlig recht. Der Sinn kann nur noch subjektiv gefunden werden. Das ist ganz klar. Der einzelne kann das, was man so nebulös »Sinn« nennt, nur in sich selber und in seinem Tun finden. Für mich ist der Sinn meines Daseins der, daß ich schreibe. Einen übergreifenden Sinn gibt es nicht mehr, hat es auch nie gegeben – aber jetzt wissen wir wenigstens, daß es keinen gibt.

Ist dieser Fluch der Existenz das, was man theologisch Erbsünde nennen könnte?

Ja, man kann unseren Austritt aus der Natur so bezeichnen. Denn vom Baum der Erkenntnis zu essen und auch zu wissen, was Tod ist, beschreibt die Legende von Adam und Eva als Erbsünde. Solange man noch Teil der Natur war, weiß man weder, was tot ist, noch kann man andere Erkenntnisse haben, weil man nur ein Stück Natur ist. Das biblische Gleichnis erzählt von der Erbsünde, aber es ist eigentlich keine Sünde. Denn wir haben keine Schuld daran. Die Religion hat eine festgelegte Vorstellung, wie der Anfang gewesen ist: Da werden wir zur Erbsünde verführt, aber in Wirklichkeit hat sich der Austritt aus der Natur ziemlich zufällig ergeben.

Ihre Texte fordern jemanden, der aus religiösen Bedingungen und Traditionen kommt, stark heraus. Besteht bei Ihnen umgekehrt ein Interesse, mit Theologen und mit Menschen zu reden, die kirchlich gebunden sind?

Ich komme ja manchmal mit gläubigen Christen zusammen. Da spüre ich durchaus, daß sich bei manchen von ihnen viel verändert hat, die innere Strenge und Wortgläubigkeit sind verschwunden, die vor zwanzig oder dreißig Jahren noch sehr weit verbreitet waren. Da ist etwas aufgebrochen. Viele Christen sind heute viel aufgeschlossener und nachdenklicher als die meisten Marxisten, die immer noch an die Funktionalität glauben. Sie meinen, es müßte eben nur alles richtig funktionieren, und verkennen, daß die Funktionalität an sich der Grundirrtum ist. Der Kampf für mehr Funktionalität ist ein Kampf gegen Windmühlenflügel. Insofern sind heute vielleicht Christen die besseren Gesprächspartner, weil sie über diese äußere Funktionalität hinaussehen können.

Wir betrügen alle irgendwo den lieben Gott

Gespräch mit *Carl Amery*

Als das Gespräch mit Carl Amery (Pseudonym für Christian Anton Mayer) geführt wurde, hatte dieser 1922 in München geborene Autor, der dort seit 1950 als freier Schriftsteller lebt, soeben eine epische Summe unter dem Titel »Die Wallfahrer« (Roman, 1986) vorgelegt. Alles, was das literarische und essayistische Werk Amerys bis dahin charakterisierte, war hier noch einmal gebündelt: die kritische Auseinandersetzung mit dem politischen Katholizismus, die Neuinterpretation bayerischer Volksfrömmigkeit (Marienverehrung), der Widerstand gegen die verheerenden Selbstzerstörungstendenzen in Politik und Ökologie und nicht zuletzt eine virtuose Erzählkunst, von der ein Kritiker sagen konnte, in diesem Roman werde »ein barockes Spektakel angerichtet für heute«, und so manche »Schrecksignale gerade unseres Jahrhunderts« wehten hier hinein: »Glaube, Magie, Aberglaube, Hexenkünste, Gewalt und Betrug, aber immer auch die vergeblich verleugnete, meist unzulänglich verdrängte Lust am Leben. Ein zeitübergreifendes Lebenstheater, das wissen läßt: Endzeit war schon immer« (H. Vormweg).
Obwohl Carl Amery in den 50er Jahren bereits zwei Romane vorgelegt hatte (»Der Wettbewerb«, 1954, und »Die große deutsche Tour«, 1958), wurde er einer breiteren Öffentlichkeit erst bekannt, nachdem er 1963 eine Streitschrift unter dem Titel »Die Kapitulation oder Deutscher Katholizismus heute« publiziert hatte. Es war die Zeit, als Schriftsteller katholischer Provenienz erstmals nach dem Krieg begannen, sich kritisch vom Milieukatholizismus abzusetzen. Es war die Zeit, in der Rolf Hochhuth sein Drama »Der Stellvertreter« und Heinrich Böll seinen Roman »Ansichten eines Clowns« publizierten. Carl Amery, Sohn des Hochschulprofessors Dr. Anton Mayer, war denn auch ganz und gar im Milieukatholizismus erzogen worden. In Freising

und Passau hatte er humanistische Gymnasien besucht, über seinen Vater war er mit den damals führenden Vertretern des Münchner Kulturkatholizismus (vor allem dem »Hochland«-Kreis) in Verbindung gekommen. Sein Vater hatte außerdem in enger wissenschaftlicher Verbindung mit dem Kloster Maria Laach gestanden, insbesondere mit Pater Odo Casel.

Hier also hatte sich ein Autor zu Wort gemeldet, der das Milieu von innen her kannte und von dem er sich nun schreibend zu befreien trachtete. Äußerst unbequeme Fragen warf er auf – achtzehn Jahre nach Ende des 2. Weltkriegs –, die man längst glaubte ad acta gelegt zu haben: Wo war der organisierte deutsche Katholizismus eigentlich 1933, als Hitlers Schergen an die Macht kamen? Hatte er nicht ganz und gar kapituliert, sowohl während der Zeit der immer brutaleren »Machtergreifung« als auch in der Zeit des massenmordenden Krieges? Hatte er nicht – mit dem Konkordat stillgestellt – zuwenig antifaschistischen Widerstand geleistet? Und welche Rolle hatte dieser Milieukatholizismus nach 1945 gespielt? Welcher Platz kam ihm jetzt im gesellschaftlichen und politischen System der Bundesrepublik zu, die zu Zeiten Adenauers faktisch eine Art CDU-Staat geworden war? War der deutsche Katholizismus nicht in der Tat – wie Heinrich Böll in einem Nachwort zu Amerys Buch sekundierte – nach 1945 in die »geschickte Lage« geraten: »Wird er nach seiner Loyalität gefragt, zeigt er das Konkordat vor, dessen unselige Folgen Carl Amery exakt beschreibt; wird er um seiner Loyalität willen angegriffen, zeigt er die katholischen Widerstandskämpfer vor, aber ich wiederhole: Widerstand war Privatsache, der offizielle Status war der des Konkordats.«

Dabei hatte Carl Amery mit diesem Buch ganz und gar konstruktive Absichten verfolgt und ein Gespräch über das *politische Selbstverständnis des Katholizismus* eröffnen wollen. Es war für ihn aus der Notwendigkeit entstanden, sich seinen persönlichen Schuldanteil als Katholik an Faschismus und Krieg schreibend zu vergegenwärtigen. In dem letzten Kapitel »Ein Wort an den Leser« findet man denn auch folgenden bemerkenswerten autobiographischen Text: »Ich bin in der wärmsten und sichersten katholischen Atmosphäre aufgewachsen, die Deutschland anzubieten hat: in kleinen bayerischen Bischofsstädten. Ich bekam ein Elternhaus geschenkt, das mir Brot gab und nicht irgendwelche Konventionen, die sich als Glaube ausgeben. Ich habe in diesem Elternhaus Menschen kennengelernt – Priester und Laien, die jene weite, menschliche Luft, jene Aura von Güte, Realismus und bajuwarischer Selbstironie umgab, die ich heute noch jedem anderen Duft der großen weiten Welt vorziehe. In den Jahren der Pubertät bin ich mit Aufgaben betraut gewesen, die mich ausfüllten: mit der Arbeit für die Kirche und die katholische Jugend in der Verfolgungszeit. Ich habe während des Krieges einem katholischen Kreis angehört, in den mich meine besten und prächtigsten Freunde hineinholten, und in dem ich weitere gute und prächtige Freunde fand. Und 1946 bin ich aus der Gefangenschaft zurückgekehrt in dem festen, ruhigen Bewußtsein, daß nun, nach den Jahren der Feuerprobe, der christliche Glaube, vor allem aber meine, unsere Kirche dazu berufen seien, das Neue aufzubauen. Es war mir unverständlich, wie sich vernünftige Menschen in dieser Lage auf den Marxismus, auf den Liberalismus, auf den Humanismus zurückziehen konnten – die doch offensichtlich bankrott gemacht hatten.

Es ist üblich geworden, nach dem Anteil unserer Schuld am Nazi-Regime zu fragen. Die Antwort lautet schlicht: Ich habe mich objektiv schuldig gemacht wie alle andern, die in den Krieg zogen, und ich war subjektiv vielleicht einige Grade schuldiger, weil ich von der Unrechtmäßigkeit der ganzen Sache überzeugt war. Ich vertraute dem Wort jenes befreundeten Priesters, der riet, zu überwintern. Zu überwintern: das hieß Schweijk-Technik. Zweimal überlegte ich mir weiterzugehen und zu desertieren; was mich abhielt, waren die bekannten Möglichkeiten der Sippenhaft. Im übrigen habe ich niemanden getötet – nachweislich – und habe der deutschen Wehrmacht sehr viel Geld gekostet – mit anderen Worten, ich war ein Schweijk. Das entschuldigt nichts. Aber ich hatte einiges gelernt; und was ich mir nicht gestattete, das war lediglich der Luxus, meine Erfahrungen zu vergessen. Das war natürlich ein Fehler. Er bewirkte meine Trennung vom Milieu.«

Eine *neue Entwicklung* wurde in Amerys Biographie sichtbar, als er im Jahre 1973 in seinem Buch »Das Ende der Vorsehung« – früher als andere – auf die der Welt drohende ökologische Katastrophe hinwies und einen Zusammenhang zwischen dem biblischen Herrschaftsauftrag an die Menschen (»Macht euch die Erde untertan«) und der gnadenlosen Ausbeutung der Natur herausstellte. Nicht mehr den Katholizismus griff Amery hier an, sondern das Christentum überhaupt: Hatte es sich nicht mitschuldig gemacht an der industriellen Unterjochung und Verwertung der Natur, wie sie soeben in einer Studie des »Club of Rome« nachgewiesen worden war? Hatte der Erfolg des Christentums nicht in der Tat im Aufbau eines »Machtpotentials« bestanden, das »in der Unterwerfung fremder Kulturen, in der Durchsetzung seiner eigenen Denk- und Aktionsformen, in der Beherrschung der Natur« konkret wurde? Und ist dieser Sieg des Christentums im Grunde »nichts anderes als die notwendige Voraussetzung für die Unglückskurve des großen Computers«?

Seinen Höhepunkt finden die Rückfragen des Autors an die »gnadenlosen Folgen des Christentums« (so der Untertitel des Buches) in einem letzten Kapitel, überschrieben mit »Wort des Abwesenden Gottes«, in dem Amery den Schöpfergott selber *Rückfragen an sein Geschöpf, den Menschen*, stellen läßt, einen Menschen, der aus seiner »winzigen Weltecke die Erde erobert« habe, der »die Zeichen seines Sieges und die Zeichen der Vernichtung in die Flanken der Berge, in den Schoß der Erde, auf die Linien des Wassers geschrieben« habe. Und gerade diese Rückfragen zeigen, daß es Carl Amery in diesem Buch nicht um eine Totalverabschiedung des Christentums ging, sondern um eine neue Radikalbesinnung auf die *Natur als einer Schöpfung Gottes*, die nicht beliebig der menschlichen Herrschaft unterworfen werden dürfe: »du fragst: hast Du mir nicht den Sohn geschickt mit der Verheißung einer Zukunft, die alle meine zurüstungen übersteigt? Ich aber sage dir: Er hat dir ein beispiel gegeben, daß du tust wie Er getan hat. geh hin, gib deine untertanen frei und diene, wie Er gedient hat: diene deinen brüdern und schwestern, sonne, mond, ochs, esel, schimpansen, ameisen, bäumen, regen und tau. wen habe Ich je erwählt, den anderes erwartet hat als dienen? gedenke, daß du staub bist und zum staub zurückkehrst. dann – kannst du Mein Sohn sein.«

Da Amery nun immer stärker »Natur als Politik« betrachtete (so der Titel seines 1976 erschienenen Sachbuches), war nun auch sein konkretes politisches Engagement konsequent. 1974 tritt er aus der SPD aus und ist 1979 Kandidat der »Grünen« zur Europawahl. Seine geistige Grundposition aber reduzierte sich nicht auf politischen Pragmatismus. In einer Synthese von Romantik und Neomarxismus, von Franz von Baader und Ernst Bloch, suchte er nach der Möglichkeit eines »Lobgesangs auf die Materie«, zu einer »Hinneigung zum konkret-sinnlich Erfahrenen«, wie er es dann im vorliegenden Gespräch formulieren wird. Konkret also wollte Amery auf einen »ökologischen Materialismus« hinaus, den er in 11 Thesen schon am Ende von »Natur als Politik« begründet hatte. Die erste These lautet hier: »Bisher hat sich der Materialismus damit begnügt, die Welt zu verändern; jetzt kommt es darauf an, sie zu erhalten.«

Dadurch wird deutlich, wo Carl Amery sich geistig ansiedelt: zwischen einem seelenlosen Materialismus marxistischer Provenienz einerseits und einem christlich-katholischen Spiritualismus andererseits, der die Schöpfung zugunsten eines »Seelenprivatismus« des Einzelmenschen verrät und einen ausbeuterischen »Anthropozentrismus« ideologisch abstützt. Statt dessen favorisiert Amery ein *Verständnis von Religion*, bei dem Mensch und Schöpfung nicht länger in Entfremdung, sondern in Versöhntheit leben, eine Form von Religiosität, wie er sie in den »alten Naturreligionen«, die kosmisch orientiert waren, ebenso verwirklicht findet wie in der franziskanischen und benediktinischen Tradition oder in jener Marienfrömmigkeit des Volkes, in der sich immer schon ein Protest gegen die »Vermännlichung des Religiösen und damit auch des mythischen Potentials« ausgedrückt hat.

All dies ist nun in seinen Roman »Die Wallfahrer« eingegangen. Vier Handlungsstränge aus verschiedenen Jahrhunderten verknüpft dieser Roman auf virtuose Weise: die Geschichte des Einsiedlers Gropp gegen Ende des Dreißigjährigen Krieges, die Geschichte einer Laienspielgruppe um Pater Hambucher Ende des 18. Jahrhunderts, die Pilgerfahrt des Grafen Innozenz Maria 1884, dem Initiator der katholischen Bauernbewegung, und schließlich die des Grafen Arco 1924, dem Mörder des Schriftstellers und Politikers Kurt Eisner, Mitträger der linksradikalen

Münchner Räterepublik. Im Mittelpunkt des ganzen Romans steht die seit Jahrhunderten berühmte Gnadenstätte Oberbayerns, Tuntenhausen. Hier laufen alle Lebenslinien zusammen, hier ist der Ort, an dem Amery eine Art apokalyptisches Endzeitszenario mitten in Bayern inszeniert, das die Grundfragen nach dem Sinn der Schöpfung und nach dem Weg des Menschen (die Wallfahrt als ein archetypisches Gleichnis für die Conditio humana des Christenmenschen auf Erden) neu wachruft. Wachruft mit einer schier unerschöpflichen Lust am einfallsreichen, das Skurrile und Groteske einbeziehende Fabulieren, wie er es jüngst noch einmal in seinem Roman »Das Geheimnis der Krypta« (1990) vorexerzierte.

Sein eigenes Glaubensbekenntnis hat der Autor listig-koboldhaft am Ende von »Die Wallfahrer« in zwei Schlußfassungen verbergend offenbart, einem – so wörtlich – »orthodoxen« und einem »häretischen« Schluß. Im orthodoxen bereitet sich ein Herr Engel vor, die Posaunen des Gerichts zu blasen, aber dieser Schluß – so heißt es – kommt »irgendwie« nicht hin. Der »häretische Schluß« wagt einen Sprung in die Zukunft: 50 Millionen Jahre später. Die von den Menschen einst fast zugrunde gerichtete Erde beginnt sich wieder zu erholen, die Evolution erzeugt neuen Artenreichtum, aber der Schwächere wird immer noch vom Stärkeren gefressen. Die letzten Worte des Buches sind: »Kreisläufe. Also?«, wobei das Fragezeichen beachtet werden will. Das vorletzte Kapitel hatte mit einem Novalis-Zitat geendet: »Wahrhafte Anarchie ist das Zeugungselement der Religion. Aus der Vernichtung alles Positiven hebt sie ihr glorreiches Haupt als neue Weltstifterin empor, eine goldne Zeit mit dunklen unendlichen Augen, eine profetische wunderthätige und wundenheilende, tröstende und ewiges Leben entzündende Zeit.«

Das nachfolgende Gespräch erschien am 14. August 1987.

Herr Amery, wenn ich richtig sehe, sind es vier Themenkomplexe, die für Ihr in den letzten 25 Jahren entstandenes Werk charakteristisch sind: die politische Katholizismuskritik, die ökologische Christentumskritik, die Frage nach einer neuen Spiritualität und schließlich Überlegungen zum Selbstverständnis des Schriftstellers, über Macht und Ohnmacht der Literatur. Um mit dem ersten Komplex zu beginnen: 1963 erschien Ihr Buch: »Die Kapitulation oder Deutscher Katholizismus heute«. Es ist eine scharfe Analyse der Kirche im Dritten Reich und der Rolle des Katholizismus bei der Entstehung der Bundesrepublik, und es attackiert den Milieukatholizismus. Was war der biographische Anlaß zu diesem Buch?

So merkwürdig es klingt: Es war ein Versuch, die vielen agnostischen, nichtgläubigen Freunde, die ich damals – vor allem in der »Gruppe 47« – hatte, darüber zu belehren, was der Katholizismus *nicht* ist. Damals war die Vorstellung noch allgemein verbreitet, daß der Katholizismus eine ungeheure Maschine sei, von Rom zentral gesteuert, man denke etwa an die Parole des SPD-Politikers Kurt Schumacher: Bonn – ein Kind der Achse Rom –Washington. Diese völlig überzeichnete Vorstellung von einem machtvollen, finsteren, innengesteuerten Katholizismus fand ich reichlich albern und den Tatsachen nicht mehr entsprechend. Ich habe in Gesprächen versucht, das zu klären. Daraufhin sagte Hans Werner Richter, der Gründer der Gruppe 47, zu mir: »Das mußt du schreiben!« Das Buch war also zunächst nicht zur Aufklärung innerhalb der Kirche gedacht; wie dann die Rezeption zeigte, hat mein Bändchen dann außerhalb und innerhalb der Kirche Interesse gefunden.

Diese Funktion des Buches – den Katholizismus im politischen Kontext verständlicher zu machen – ist in der Tat viel zu wenig bekannt.

Ich habe die Vereiterungen unterschätzt, die mit meinem Thema innerhalb des Katholizismus verbunden waren, gerade was die Rolle der Kirche im Dritten Reich angeht. In dieser Frage enthält das Buch übrigens nichts Neues, Material dazu war bereits reichlich vorhanden, genauso wie auch zur Kritik der bürgerlichen Aspekte des Katholizismus. Daß das Buch so ein Erfolg wurde, erkläre ich mir mit seiner Sprache. Die Sprache war nicht mehr apologetisch, die Kirche letztlich bestätigend, sondern, wenn man so will, aggressiv. Das Buch verzichtete darauf, sich ständig zu verneigen und zu sagen: Aber natürlich, wir sind nach wie vor Söhne und Töchter der Kirche. So hätte das etwa Walter Dirks

51

gemacht. Ich habe diesen Ton bewußt vermieden, und ich glaube, daß dies der Hauptgrund für die teilweise maßlose, feindselige Reaktion war. Dazu kommt, daß 1963 auch das Jahr von Heinrich Bölls Werk »Ansichten eines Clowns« und von Rolf Hochhuths »Der Stellvertreter« war.

Sie sagten damals, das »sentire cum ecclesia«, das Mitfühlen mit der Kirche, könne auch im Bruch mit dem existierenden Katholizismus bestehen. Gab es für Sie je die Versuchung zu einem Bruch im äußerlichen Sinn: Kirchenaustritt, Verweigerung kirchlicher Praxis?

Ich muß ehrlich sagen, wenn ich einmal daran gedacht habe, aus der Kirche auszutreten, dann habe ich das wieder aufgegeben, nachdem der salvadorianische Erzbischof Romero tot in der Kathedrale lag. Da habe ich gemerkt: Ich bin Katholik. Das Blut der Zeugen ist dicker als die Tinte der Weisen.

Wenn Sie jetzt nach 25 Jahren Bilanz ziehen: Was ist von diesem Buch nach wie vor gültig in der Analyse des Milieukatholizismus? Wie sieht das katholische Milieu heute aus?

Ich denke, meine Voraussagen in dem Buch waren richtig. Ich habe vorausgesagt, daß der sogenannte Konservatismus die Kirche »abhängen« wird, und das ist auch eingetreten. Machen wir uns doch nichts vor: Wenn heute die katholische Kirche in Deutschland Strauß oder Kohl zu Antichristen erklären würde, so würde das CDU/CSU bestenfalls drei Prozent der Stimmen kosten.

Aber diese Ablösung der Kirche vom Establishment, vom Milieu – hat sie nicht gleichzeitig auch Chancen zur Erneuerung der Kirche eröffnet?

Das war keine Ablösung der Kirche vom Milieu, das war eine Ablösung des Milieus von der Kirche, das ist der Unterschied.

1973 erschien Ihr Buch »Das Ende der Vorsehung. Die gnadenlosen Folgen des Christentums«. Als einer der ersten thematisieren Sie die Gefahr einer drohenden ökologischen Katastrophe und stellen den fatalen Zusammenhang zwischen dem biblischen Herrschaftsauftrag an die Menschen (»Macht euch die Erde untertan«) und der gnadenlosen Ausbeutung der Natur heraus. Das ist ein entscheidender Schritt weiter in Ihrer politi-

schen Analyse von Christentum und Katholizismus. Können Sie den Hintergrund dieses Buches schildern?

Es gab einen allgemeinen und einen sehr spezifischen Grund. Der allgemeine: Ich bin sehr stark mit Amerika vertraut, meine Frau ist Amerikanerin, ich habe damals für amerikanische Zeitschriften als Korrespondent gearbeitet. Es wurde mir plötzlich bewußt, mit welcher Vitalität die studentische Linke in Amerika das Umweltproblem in den Vordergrund schob. Ich bemerkte auch Trends in der amerikanischen Science-fiction, die unseren Bewußtseinszuständen meistens fünf bis zehn Jahre voraus sind und die in diese Richtung gegangen sind. Gleichzeitig hatte ich aufgrund meines Buches »Die Kapitulation« und aufgrund von ein paar Aufsätzen, die ich danach schrieb, viele Diskussionen im katholischen Bereich. Da wurde mir dauernd gesagt: »Die Wichtigkeit der Evolution, Herr Amery, das ist ja alles ganz recht und schön, aber Ihre Theologie ist trotzdem veraltet.« Tatsächlich war ich noch von meinem Vater her sehr stark an dem Benediktiner und Mysterientheologen Odo Casel orientiert. Ich habe mich daraufhin stärker mit der neueren Theologie befaßt.

Der spezifische Anlaß: Es war – Anfang der 70er Jahre – die Zeit, in der die Gespräche der »Paulus-Gesellschaft« liefen, als Marxisten und christliche Theologen sich zusammensetzten und eine gemeinsame Plattform gesucht haben. Karl Rahner, Yves Congar, Heinrich Fries, Johann Baptist Metz, die großen Marxisten wie Garaudy oder Gardavsky, sie waren alle dabei. Es gab zwei große Tagungen in Karlsbad und in Marienbad, ich habe die Protokolle gelesen, und mir lief es heiß den Buckel herunter. Diese Protokolle basierten auf einer möglichen großen Koalition zwischen Marxismus und Christentum auf der Basis einer sogenannten »Hominisierung« der Biosphäre, der Inbesitznahme der Welt durch den Menschen. Damit wurde abgesegnet, was damals etwa der *Club of Rome* längst erkannt hatte. Aber die Theologen verlegten sich auf ein Säkularisierungs- und ein antianimistisches Programm, um sich den Marxisten annähern zu können. Da habe ich einen Schock erlebt, und aufgrund dessen bin ich dann an die Arbeit gegangen. Ich betone, daß das Buch keine eigentliche Christentumskritik ist, sondern eine Kritik der Erfolgsgeschichte, der Wirkungsgeschichte des Christentums.

Daraus ergab sich bei Ihnen später auch ein konkretes politisches Engagement bei den Grünen. Wie sehen Sie das: Kann man heute als engagierter Christ im Grunde nur noch »grün« sein, grün wählen?

Das bezweifle ich. Man kann aus allen möglichen Gründen grün sein, auch aus christlichen, andererseits kann ich mir durchaus vorstellen, daß jemand sagt: Den Weg in eine eigene parteiliche Formation sehe ich für mich nicht, ich bleibe in der SPD; oder auch, wenn man regional interessiert ist: Ich bleibe in der CDU und mache vor Ort, was möglicherweise zu machen ist. Ich bin alles andere als parteitotalitär.

Aber für Sie gibt es einen notwendigen Zusammenhang zwischen Ihrem Verständnis als Katholik und Ihrem ökologischen Engagement?

Ob mein ökologisches Engagement christlich ist, stelle ich anheim. Ich sehe keinen moralischen, keinen fundamentalistischen Umweg in eine Eschatologie, in ein Jenseits hinein, um sich dann retten zu lassen, nachdem wir die wichtigste Aufgabe der Spezies Mensch verpfuscht haben. Wenn Sie den »dies irae«, den Tag des Zorns und des Jüngsten Gerichts mit dem aufgeschlagenen Schuldbuch nehmen: Ich sehe keinen Richter, der dann sagt: Du hast mir zwar meine Schöpfung ruiniert, aber sonst warst du brav, hast nicht mit deiner Sekretärin geschlafen und bist schön in die Kirche gegangen. Das sehe ich nicht. Die vordringliche Verantwortung des Menschen, des Christen, erwächst zunächst erst einmal dem Glaubensartikel »Ich glaube an Gott, den Schöpfer des Himmels und der Erde«, aber der wird verdrängt, weggezaubert.

Zeigt sich in Ihrem ökologischen Engagement – gewissermaßen in Metamorphose – etwas Katholisches, etwa in Ihrer Nähe zum Rituellen, zum Sakramentalen oder zum Mysterienhaften? Sind die Elemente aus der katholischen Tradition – Sie erwähnten den Mysterientheologen Odo Casel – in Ihr politisch-ökologisches Engagement eingewandert?

Das halte ich für sehr wahrscheinlich, schon aufgrund meines sehr starken regionalen Engagements. Ich bin in einem bayerisch-katholischen Gelehrtenelternhaus aufgewachsen. Mein Vater war Historiker in Bischofsstädten; er war noch sehr stark mit der Verwandtschaft und mit den Menschen auf dem Lande verbunden. Landschaft war auch für mich etwas Selbstverständliches. Es kommt noch etwas hinzu, was wohl spezifisch altbayerisch ist. Ich habe es bei dem Philosophen Franz von Baader wiedergetroffen, und zwar aufgrund eines Hinweises von Ernst Bloch. Bloch hat ein ziemlich kompliziertes Büchlein über die Materie geschrieben, in dem er sehr verblüfft diesen Franz von Baader erwähnt. Baader ist eigentlich ein Romantiker, der die Materie als etwas definiert, was Gott in seiner Barmherzigkeit zwischen uns und das Nichts stellt – Materie in ihrer Schönheit und ihrer Konkretion, in ihrer Eingängigkeit in die Sinne, als etwas, was uns vor dem Sturz in die Verzweiflung rettet. Es ist die Frage, ob das überhaupt romantisch ist, die Romantiker waren ja eher sozusagen »buddhistisch« angehaucht, Materie war für sie weniger bedeutend. Aber dieser altbayerische Mensch Baader singt hier einen Lobgesang auf die Materie. Ich kann mir vorstellen, daß das sehr tief in mir steckt: eine hoffentlich nicht abgöttische Hinneigung zum konkret-sinnlich Erfahrbaren.

Man kann in einem offenen Brief von Ihnen an Martin Gregor-Dellin, in dem es um die Bedeutung der Religion geht, den Satz lesen: »Wir leben sozusagen in einer religiösen Generalpause.« Was meinen Sie damit?

Die Generalpause liegt darin, daß wir heute vor einem Jahrtausend-, wenn nicht vor einem Jahrzehntausend-Schnitt stehen, was die Aufgabe der Religiosität angeht. Ursprünglich ist das religiöse Erlebnis, wenn man an die alten Naturreligionen – die kosmischen Religionen – denkt, das der »Entropie«, des Wärmetods: Die Welt verfällt. Das ist ja eine ganz sinnliche Erfahrung. Ich sehe Laub welken, ich sehe Menschen sterben, ich sehe Metall rosten, ich sehe Häuser zerfallen, ich erlebe, wie Gruppen zerfallen. Ich setze meinen religiösen Impetus, meine religiösen Kräfte dagegen: Ich unterstütze die »Neg-Entropie«, ich unterstütze den Frühling, ich unterstütze die Jugend, ich unterstütze die Fruchtbarkeit, ich unterstütze die Sonne gegen die Sonnenfinsternis. Die älteste Religiosität besteht ja aus magischen Riten, die solche Symbole verwenden.

Nun kommen die Hochreligionen und verändern das Paradigma, sie verändern die Entropie, um die es geht. Den metakosmischen Religionen geht es jetzt um die soziale Entropie, es geht um die Entropie zwischen Menschen, es geht um den Verfall der Gruppen, den Verfall des Kodex; es geht um die Zerbröckelung von Gesellschaften und auch der eigenen Integrität. Das ist das neue religiöse Thema der Hochreligionen. Nun stehen wir vor der unheimlichen Tatsache, daß uns die Welt wahrscheinlich abhanden kommen kann, weil wir das alte Paradigma vernachlässigen.

Das ist eine klassische hegelianische Situation. Ich habe eine These, Religion handelt von der Neg-Entropie der Natur, die ich unterstützen muß. Dann kommt die Antithese: Die Religion braucht sich damit nicht zu befassen, was die Natur betrifft, passiert nichts, das Bildnis Gottes und des Menschen ist festgefügt und konstant. Worum es jetzt geht, ist die Geschichte des Volks Israel, ist der historische Moment der Menschwerdung der zweiten Person Gottes. Auch im Islam oder im Buddhismus entwickelt sich dieses neue religiöse Paradigma. Aber plötzlich stellt sich heraus, daß wir erneut vor dem uralten Thema stehen und in eine hochgefährliche Situation geraten sind.

Das Wort »Generalpause« stammt ja aus dem musikalischen Bereich.

Ja, das ist die Pause in der Symphonie, wo kein Mensch spielt. Es wäre jetzt das fällig, was man eine Synthese nennt. Aber die ist weit und breit noch nicht in Sicht. Deshalb spreche ich von der Generalpause. Damit hängt es auch zusammen, daß so viele Leute wie verrückt auf der Suche sind: Verschiedenste Gurus sind im Kommen. In dieser Situation wäre es wichtig, sich auch darum zu kümmern, was an ökologisch sinnvollen Perspektiven in den christlichen Traditionen steckt. Ich sehe da zwei, über die zu diskutieren wäre: die franziskanische und die benediktinische.

Was steckt hinter Ihrem Begriff »benediktinisch«?

Das Vorgehen der Benediktiner läßt sich so beschreiben: Ich besitze ein Stück Erde, zusammen mit Gefährten, mit denen ich als Gemeinschaft zusammenleben kann, nicht zuletzt dank der Gnaden, die so ein Gemeinschaftsleben wohl braucht und hat. Ich übernehme die Verantwortung für dieses Stück Erde, und zwar auf beträchtliche Zeit – Klostergründungen sind auf Generationen angelegt. Die Benediktiner wie auch die Zisterzienser müssen vernetzt denken. Sie müssen an die Bibel denken, sie müssen an die Landwirtschaft denken, an den Obstbau…

Wie läßt sich von der christlichen Tradition her so etwas wie eine »postmoderne« Spiritualität begründen? In Ihrem jüngsten Roman »Die Wallfahrer« konzentrieren Sie sich auf die Marienfigur. Es ist ja schon kühn, heute einen Marien-Roman zu schreiben. Was wollen Sie damit erreichen?

Einmal gebe ich den Hinweis, daß die Vermännlichung des religiösen und damit auch des mystischen Potentials sehr stark gewesen ist. Das hat auch zur Perversion der Marienfigur beigetragen. Der Triumph in diesem Sinne war das 19. Jahrhundert, in dem die Mutter Gottes plötzlich präpubertär wird, die Statuen und Bilder entsexualisiert und entkörperlicht werden. Darin steckt für mich Geschichte, und zwar eine ganz wichtige Geschichte, vielleicht wichtiger als diese lächerlichen Verträge von Fürsten und Kaisern. Bedeutend ist auch jene Zwiespältigkeit, die ein Ordensgründer in schöner Offenheit völlig antidogmatisch formuliert hat, Alfons von Ligouri, der Gründer der Redemptoristen: Christus behält sich das Reich der Gerechtigkeit vor, das Reich der Barmherzigkeit hat er seiner Mutter anvertraut. Dieses Reich der Barmherzigkeit, das dem Reich der Gerechtigkeit entgegengesetzt ist, wird nun mit der Mutter Gottes besetzt, vor allem auch im späten Mittelalter, wo in der Kirche zahlreiche Juristen tätig waren. Da kann die Mutter Gottes alles, es gibt entsprechende Geschichten, wie sie etwa selbst dem Teufel die schlimmsten Verbrecher entreißt…

Ich möchte noch auf den Themenkomplex Macht und Ohnmacht der Literatur, Verlieren und Gewinnen, Komödie und Untergang zu sprechen kommen. Was ist die Funktion der Literatur im Zeitalter von Katastrophen? Wie lebt man mit der Zwiespältigkeit, daß der Schriftsteller nicht nur in der Krise lebt, sondern auch von der Krise lebt? Wie kann man weiterleben, weiterschreiben, wenn man die Mechanismen des Marktes durchschaut hat?

Selbstverständlich leben wir im Zeitalter der Katastrophen, und sie werden dichter aufeinanderfolgen und schlimmer sein, es wird nicht bei Tschernobyl bleiben. Die Frage ist dabei: Ist Resignation eine Handlungsgrundlage? Ich glaube nicht. Die andere

Frage: Wie lebt der Schriftsteller oder wie lebt überhaupt jemand, der sein Geld nicht durch Primärproduktion am Boden verdient? Lebt nicht auch ein Pfarrer von den Mechanismen des Marktes, ein Theologe und all die anderen? Sie sind alle hineinverwickelt. Mir fällt hierzu das herrliche, zynisch-heitere Gleichnis vom ungerechten Verwalter ein, der sich überlegt: Was mache ich, wenn ich herausfliege? Er sagt sich: Graben kann ich nicht, dafür bin ich zu schwach, und zu betteln schäme ich mich. Da fällt ihm schließlich ein, mit Hilfe seiner Freunde seinen eigenen Herrn zu betrügen – und Jesus findet das durchaus passabel und sagt, so sollte er es machen. Fazit: Wir betrügen alle irgendwo den lieben Gott, weil wir nicht mehr graben wollen oder können und weil wir auch nicht betteln wollen. Wir müssen uns dabei darauf konzentrieren, daß wir die Zwieschlächtigkeit jeden Tuns bewußt in Kauf nehmen und gleichwohl versuchen, die positive Seite zu verstärken.

Was ist es, was Sie als Schriftsteller an eine so alte Form wie den Roman glauben läßt?

Der Roman scheint mir die flexibelste Form zu sein. Er ist eine verhältnismäßig »plebejisch-proletarische«, einfache Form. Ich brauche zur Realisierung nicht viel. Ich brauche Papier, ich brauche eine Schreibmaschine oder Tinte und Feder, und ich brauche meinen Kopf und, wenn es notwendig ist, vielleicht noch Recherchen. Aber mehr brauche ich nicht. Ich brauche keinen Apparat in Bewegung zu setzen.

Was hält Sie als Schriftsteller aufrecht, immer wieder und wieder zu schreiben?

So sonderbar es klingt: Es ist zunächst einfach das Gefühl, am Leben zu sein. Ein gut geschriebenes Kapitel, das ich geformt habe und das dann neben mir steht, bei dem ich mit tausend Zweifeln fertiggeworden bin und mit dem ich ganz zufrieden sein kann und von dem ich sagen kann, das kann ich auf die Welt loslassen: Es hilft mir, klarzukommen, bei etwas klarzusehen, mit dem ich auf andere Weise nicht hätte klarkommen können.

In einem Essay von Ihnen lese ich, was Sie über den englischen Schriftsteller Evelyn Waugh geschrieben haben: »Was mich anzog und anzieht an ihm, ist die hoffnungslose und doch so bunt sprießende Liebe zu gesunkenen Fahnen, zu Verlierern und Querköpfen – Erfolg ist immer langweilig und verdächtig. Auch hierzulande, wo die Verlierer und Querköpfe vor den Einfahrten in Mutlangen sitzen…« Solche Sätze sind wohl zu ernst, um Koketterie zu sein. Wie ist dieses Wechselspiel von Ohnmacht und Macht, von Scheitern und Sieg begründet?

Wahrscheinlich ist es in meiner Biographie begründet. Ich stamme aus einem Elternhaus, in dem man 1866 als den Punkt gesehen hat, von dem an wir mit den Ereignissen nicht mehr einverstanden waren. Hinter dieser Haltung stand die Einsicht des Historikers. Dazu kam eine verborgene Wut, die erst in unseren Tagen zur Selbstgefälligkeit umschlägt, über einen untergegangenen Way of Life – das ist übrigens im amerikanischen Süden genauso. Von meiner Überzeugung her bin ich immer Regionalist, regionalistischer Patriot geblieben. Ich bin Bayer, in einem Sinne, den die gegenwärtigen Herrschaften nicht verarbeiten können.

Ich erinnere mich, wie ich als Kind mit acht oder neun Jahren angefangen habe, wild zu lesen. »Der Lederstrumpf«, der Roman von James Fenimore Cooper, wurde mir erlaubt. Er enthält die ältesten Indianergeschichten, sie spielen im 18. Jahrhundert vor dem Hintergrund des Kolonialkrieges zwischen Frankreich und England in Amerika. Da war es für mich ganz selbstverständlich, daß diese feschen Franzosen siegen werden, die waren ja viel interessanter als die langweiligen Beefsteak-Esser. Um so mehr war ich enttäuscht und wütend, daß General Montcalm verliert. So eine Sentimentalität habe ich mir bis heute bewahrt. Wenn ich etwa den Stein der Republik von Preneste bei Rom sehe – die Republik ist etwa 300 vor Christi untergegangen, die etruskischen Söldnerhaufen der Römer haben sie gestürmt – dann kann ich mich manchmal der Tränen nicht erwehren. Jedenfalls halte ich daran fest, daß kein Mensch sagen kann, die Geschichte muß so und so aussehen und der Beste siegt. Das ist abstrus, woher will ich das wissen.

Verstehen Sie sich als Christ?

Seit dem südamerikanischen Aufbruch der Kirche war mir klar, daß sich nichts, was lebendig ist, ernsthaft unter irgendwelchen dogmatischen oder kirchenrechtlichen Felsplatten begraben läßt. Sondern es kommt dabei immer wieder etwas Weiterführendes heraus.

Eine Sache ist für mich problematisch: Wie stelle ich die Einmaligkeit der Person Jesu in die von mir geschilderten Rahmenbedingungen der Religiosität hinein, wie wir sie jetzt brauchen? Da gibt es Ostern mit diesem absolut persönlichen Erlösungsgedanken, und auf der anderen Seite feiern wir ja noch ein natürlich-kosmisches Ostern, ein Frühlingsfest. Wir feiern einerseits den Erstgeborenen von den Toten, der den Tod nun besiegt hat, aber das ergibt andersherum, ökologisch, kosmisch, natürlich überhaupt keinen Sinn. Ein besiegter Tod ist völlig sinnlos, weil dann das Leben genauso besiegt ist. Das ist der Brocken, an dem ich kaue. Den habe ich noch nicht geschafft.

Wir sind 2000 Lichtjahre von Jesus weg

Gespräch mit *Franz Xaver Kroetz*

Das Werk des 1946 in München geborenen Franz Xaver Kroetz, der mittlerweile zu den auch international meistgespielten deutschen Dramatikern gehört (über 40 Bühnenstücke), ist nur zu verstehen vor dem Hintergrund des sich seit Ende der 60er Jahre im deutschen Theater etablierenden zeit- und gesellschaftskritischen *»Volksstücks«*. Meist Dialektsprache verwendend, zeigt es die »enge Welt« der Ohnmächtigen, Marginalisierten und Unterprivilegierten, deren Geschichte als Drama des Wirklichkeitsverlustes, der Bewußtseinsverharschung und Sprachohnmacht erzählt wird, eine Geschichte der Unfähigkeit zu Glück und Identität. Neben Kroetz gehören auch andere Autoren in diese Traditionslinie. Martin Sperr (geb. 1944) zeigte schon 1966 in »Jagdszenen aus Niederbayern« und 1967 in »Landshuter Geschichten« die repressiven Mechanismen einer provinziell-bäuerlichen Kleinwelt, die nicht mehr als idyllischer, sondern als unheiliger Ort der hilflosen Gewalt und Intoleranz dargestellt wird. In der Nachfolge von Ödön von Horváth und Marieluise Fleisser schrieben auch der frühe Rainer Werner Fassbinder (»Katzelmacher«, 1969) und der Österreicher Wolfgang Bauer (»Magic Afternoon«, 1968) solch schonungslos realistische milieu- und sprachkritische Stücke.

In diese Linie gehört auch *Franz Xaver Kroetz*, der schon in seinen frühen Stücken (»Wildwechsel«, 1971, »Heimarbeit«, 1971) von der Deformation meist jugendlicher Figuren im gesellschaftlichen Machtkampf erzählte. Kroetz ist dabei der größte Virtuose in der Verwendung auch religiösen und biblischen Sprach- und Motivmaterials. Seine Figuren rekrutiert er meist aus dem katholischen Bauern- und Arbeitermilieu. In knappen Szenen von lapidarer Sprachreduktion zeigt Kroetz den Zusammenhang von sprachsklerotischer Sprachversteinerung und verkümmerter Menschlichkeit. Gerade auch die Verarbeitung religiöser Sprache ist ihm Anlaß, den Prozeß der Individualitätsauslöschung von Menschen durch Sprachstereotypen aufzuzeigen (so vor allem in »Maria Magdalena«, 1974).

Von daher erklärt sich, daß Kroetz sein dramatisches Schaffen stets auch als *politisches Theater* begriff, ohne daß man sein Werk auf reine Politisierung reduzieren dürfte. Sein Bruch mit der Deutschen Kommunistischen Partei, der er 1971 beigetreten und aus der er im Mai 1980 ausgetreten war, ist nur *ein* Indiz dafür. 1981 bezeichnete sich Kroetz als »kommunistischen Konservativen« (DIE ZEIT vom 16. 10. 1981), eine Formel, die von seinem Werk her durchaus gedeckt ist. Zu Recht hat die Kritik ihm bescheinigt: »Kroetz ist, allen politischen Statements zum Trotz, ein konservativer Autor in dem Sinne, daß er traditionsgebundene Werte (Heimat, Familie, Handwerk) gegen moderne Gesellschaftsstrukturen und technologischen Fortschritt verteidigt. Der technisch-rationalisierte Arbeitsalltag und die Entpersönlichung der Sozialbeziehungen zwingen den Menschen der Industriegesellschaft eine fragmentarische Existenzweise auf, deren Defizite an Sinngebung und Selbstverwirklichung Kroetz wie kaum ein anderer Dramatiker der Gegenwart im Kleine-Leute-Milieu aufgespürt hat. Die bewußte Bewahrung traditioneller Leitbilder verbindet sich mit der Abwehr als bedrohlich empfundener Veränderungen« (M. Töteberg).

Diese »Bewahrung traditioneller Leitbilder« läßt sich gerade an der *Bearbeitung religiöser Traditionen* im Werk der 80er Jahre veranschaulichen. In dem 1984 erschienenen Stück »Furcht und Hoffnung der BRD« zeigt Kroetz wiederum Menschen in Einsamkeit, Isolation und Identitätskrisen, deren Ursachen in Arbeitslosigkeit, Existenzangst und Diskriminierung zu suchen sind. Gesellschaftliche Stigmatisierung und subjektive Ohnmacht führen zu Selbstzerstörung aus Verzweiflung. Gerade im Aufgreifen religiös-archetypischer Bilder vergegenwärtigt Kroetz sich und seinen Lesern dabei die groteske Diskrepanz zwischen Sein und Sollen, Anspruch und Wirklichkeit. In einer Szene, die die Überschrift »*Osterlamm*« trägt, läßt Kroetz einen arbeitslosen Mann in diesem Stück sagen: »Auch der Herr Jesus hat eigentlich Selbstmord begangen, weil er hätt' ja die Macht ghabt, daß er sagt: dieser Kelch soll an mir vorübergehn, ich will ihn nicht saufen. Wenn er Gott ist, kann er das. Oder? Aber nein, hat er sich gsagt, das tu ich nicht. Ich nimm die Sünden der Welt auf mich und laß mich kreuzigen. Die Arbeitslosigkeit hat er nicht mitnehmen können, die hat's damals noch net gebn. Ich tät mich opfern, aber mich kreuzigt ja keiner. Uninteressant bei mir, das Opfer. Da muß ich es eben selber tun, wenn ich kein Pilatus find, der mich verurteilt. Gott hat seinen Sohn geopfert, weil das was is?! Wie viele Mütter ham in Rußland ihre Söhne verlorn! Freilich, die warn net Gott, und Jesus war Gottes Sohn... Und ist auferstanden von den Toten am dritten Tag. Wann steh ich wieder auf, wo ich schon anderthalb Jahr tot bin? Ich stink schon, gell? Fortgeschrittene Verwesung. Da is der Lazarus ein Scheißdreck dagegen.«

Und während die Frau dieses Mannes müde, manchmal feindselig schweigt, holt der Antiheld dieses Stückes Hammer und Nägel und ist auf der Suche nach einem Kreuz für sich selber. Wie Jesus beginnt er sich zu entkleiden; nur die Unterhose behält er an »als Lendenschurz«, und auf die Dornenkrone will er nur deshalb verzichten, weil er keine findet. Doch die *Selbstkreuzigung* scheitert und der Vergleich mit dem Nazarener führt zu einer aggressiven Reaktion. Auf ein Kruzifix starrend, läßt Kroetz den Mann sagen: »Er macht sich lustig über mich, merkst es. Schau, wie er mich anschaut. Genauso wie du.« Und dann geht der Mann mit seinem Hammer auf das Kruzifix zu und schlägt der Figur mit mehreren Schlägen den Schädel ein.

Man wird das *gescheiterte Kreuzigungsritual* in dieser Szene als mehrdeutige Symbolhandlung zu interpertieren haben: Da ist auf der einen Seite das Kreuz als Ausdruck der Entfremdung des Menschen schlechthin. Als Arbeitsloser empfindet sich der Antiheld dieses Stückes von den Verhältnissen wie gekreuzigt und wie ein Osterlamm geschlachtet. Andererseits aber macht gerade der Unterschied zum Gekreuzigten die eigene radikale Verlorenheit noch einmal deutlicher. Während Jesus »immerhin« noch gekreuzigt wurde und am dritten Tage auferstehen konnte, ist selbst dies in der Passion des 20. Jahrhunderts unmöglich geworden. Zum dritten ist die Zertrümmerung des Kreuzes ein Akt der Selbstbefreiung von einem Bild der Ohnmacht, das im Gekreuzigten veranschaulicht ist.

Die Verwendung des Kreuz-Symbols erreicht bei Kroetz ihren vorläufigen Höhepunkt in dem Drama »*Bauern sterben*«, das 1985 in den Münchner Kammerspielen uraufgeführt wurde und prompt Protestaktionen hervorrief. Das Stück verletze Gefühle der Christen und müsse abgesetzt werden, so die damalige CSU-Fraktion im Münchner Stadtrat. Und in der Tat kann man dieses Stück, das laut Regieanweisung »irgendwo zwischen Landshut und Kalkutta« spielt, nicht nur als politische, sondern auch als religiöse Provokation lesen. Denn die beiden Hauptfiguren, Bruder und Schwester, die einen heruntergewirtschafteten Hof verlassen, um in der Stadt ein besseres Leben zu suchen, schleppen als einziges Requisit aus ihrer bäuerlichen Lebenswelt ein großes Kruzifix mit sich herum. Und je mehr sie in der Großstadt selber sich an den Rand gedrängt fühlen, je weniger es ihnen gelingt, das erträumte Glück wirklich zu finden, desto mehr ziehen sie sich – eingesperrt in eine Hochhauswohnung – in diese ihre alte Welt zurück, in der der »Herrgott« noch im Zentrum stand: »Weil die Stadt hat einen anderen Herrgott, der mag uns nicht und der mag unsern Herrgott nicht... Ich schlag eine Nische raus für den Herrgott, daß er einen Platz hat, wo man ihn hinstellen kann. Das ist man ihm schuldig. Ich zwing ihm einen eigenen Platz ab, das muß sein. Die Stadt nimmt uns alles, die löscht uns aus. Aber solang man einen Herrgott hat, geht man nicht unter.«

Weil aber dieser »Herrgott« genauso hilflos ist wie die Menschen, die ihn mit sich herumschleppen, muß auch dieser »Herrgott« ernährt werden, mit dem Blut, das man dem eigenen Körper abgezapft hat, um es für Geld zu verkaufen: »Tu nichts verschütten«, so sagt die Schwester in ihrer Hilflosigkeit, dem »Herrgott« eine Schale Blut entgegenhaltend, »es ist das Blut vom Bruder. Es ist das Teuerste, was wir noch haben. Du bist kalt und dürr, du blutst nicht mehr, sonst könntest du etwas dazutun für unser Leben. Willst nicht ein bißl bluten? Nimm dir ein gutes Beispiel vom Bruder: der blutet für alle andern. Schau ihn dir nur an, wie der blutet. Der kriegt für den Liter 30 Mark; weil die Stadt eine barmherzige Firma hat. Und du saufst es nur und gibst nichts. Es ist dir schon vergönnt, aber auch der Herrgott muß sorgen für sein Leben und nicht bloß saufen, was andere ihm hinstellen.«

Genug Grund also, im Gespräch nachzufragen: Wie steht Franz

Xaver Kroetz selber zur Religion, was bedeutet ihm die Figur Jesu? Waren seine Stücke nichts als blasphemische Provokationen, nichts als antibürgerlich-antichristliche Demontage des Heiligen? Schon Ende 1985 hatte Kroetz seinen damaligen Kritikern in einem Interview der »Süddeutschen Zeitung« (vom 23. Dezember 1985) geantwortet. Entschieden hatte er sich schon damals gegen die Unterstellungen »pharisäerhafter Berufskatholiken« gewehrt und sich zugleich von einem Autor wie Herbert Achternbusch abgegrenzt, der in seinem Film »Das Gespenst« sein »Späßchen« mit Jesus getrieben habe. Er aber habe sich mit seinem Stück »keinen Spaß« erlauben wollen.

Es lohnt sich, die Antworten aus diesem Interview mitzubedenken, wenn man das folgende Gespräch liest. Manches versteht man dann besser. Auf die Frage, ob seine Stücke »Furcht und Hoffnung der BRD« und »Bauern sterben« eine »neue Dimension, eine religiöse«, enthielten, hatte Kroetz bezeichnenderweise geantwortet: »Nun, es interessiert mich eben doch: der Zustand des Menschen ohne Gott und der Zustand des Menschen mit Gott und die Veränderungen, die dadurch entstehen. Seit den letzten 5 Jahren interessiert mich mehr das Numinose als das Gewerkschaftliche, auch die Blasphemie, die immer einen numinosen Charakter haben muß bei einem, der Katholik ist. Ich sehe das sowieso wie eine Spirale. Ich entdecke das Leben immer wieder sehr spannungsvoll ohne Transzendenz und finde es immer wieder sehr spannungsvoll mit ihr. Das wechselt bei mir. Das läßt sich in meinem Werk auch sehen.«

Und *Christus*? Auf die Frage, was mit der Christusfigur in seinem Stück sei, ob die Umsetzung seiner Figur »als Zeichen der Entfremdung bewußt vorgenommen« sei, hatte Kroetz damals so geantwortet: »Es sind Zeichen für Heimatverlust. Sie sind zitiert, und das für mich einzige Wohlbefinden für Heimat ist Jesus. Die letzte funktionierende Heimat ist Jesus, denn Jesus funktioniert zumindest so, das die Geschwister mit sich versöhnt sterben können. Jesus gibt ihnen die Möglichkeit der Katastrophe, des Erlebens der Katastrophe, und das ist ja Leben. Man kann natürlich sagen, Jesus nützt nichts, weil die Katastrophe so groß ist, daß man stirbt, aber der Widerspruch hat mich interessiert. Die Geschwister können sich noch artikulieren, mit Gott im Gespräch können sie komischerweise am meisten sagen. Und damit hat Gott eine wunderbare Funktion, er löst die Zunge. Als Erlöser ›funktioniert‹ er. Er ist selber ja auch in der Katastrophe erlöst worden.«

Klar war damit, was Kroetz selber mit einem Stück wie »Bauern sterben« erreichen wollte: Es war für ihn »der theatralische Versuch, heute einen Christus am Kreuz zu modellieren. Also einen neuen zu schnitzen, wie man ihn 1985 schnitzen würde mit den Mitteln des Theaters. Lange Zeit war Kunst überhaupt nur denkbar als Illustrierung, manchmal auch als revolutionäre Illustrierung vorgegebener Ikonographie. Und das ist einfach ein Versuch gewesen, diesen Punkt zu finden, wo man diesen Mann nochmal darstellen kann. Den Mann! Mir wäre es viel zu langweilig gewesen zu beweisen, daß Jesus nichts bewirkt heute. In diesem Stück bewirkt er immer noch die Kenntlichmachung, die Erkennung des Eigenen, des Ich. Ich war in Nicaragua und habe mich lange mit Ernesto Cardenal unterhalten. Ich bin immer ein christlicher Kommunist gewesen und werde es wohl bleiben, es ist mein Ursprung. Ich glaube, daß ich eigentlich ein christlicher Autor bin, was ja nun auch ganz erklärlich ist, denn es sind nicht nur die Traditionen, es ist auch die Erziehung. Diese Verbindung ist die, die auch in allen meinen Stücken vorherrscht.« (zu Nicaragua vgl. das »Nicaragua-Tagebuch« von Kroetz, erschienen 1985).

Das nachfolgende Gespräch erschien am 9. Oktober 1987.

Herr Kroetz, ich will nicht verhehlen, daß ich bei Ihnen mehr als bei anderen Schriftstellern Schwierigkeiten habe, als Theologe eine Brücke zu Ihren Werken zu schlagen, besonders zu Ihren letzten Arbeiten, dem Drama »Bauern sterben« und Ihrer Inszenierung des Stückes »Stigma – eine Passion« von Felix Mitterer im Münchner Residenztheater. Die Kritik von kirchlicher Seite ist ja auch sehr unterschiedlich ausgefallen: Skandal und Blasphemie schreien die einen, die anderen vereinnahmen Sie schon indirekt als katholischen Autor. Wie haben Sie bisher den Umgang der Kirche mit sich erlebt?

An mich wird das gar nicht direkt herangetragen, die Äußerungen kommen auf Umwegen bei mir an. Hin und wieder erreicht mich ein Brief aus Zwiesel oder aus Regen: Ich habe in meiner Zeitung gelesen, heißt es darin, wie Sie mit unserem armen Herrgott umgehen. Aber diese Leute haben nicht einmal eine Aufführung von »Bauern sterben« gesehen, sondern beispielsweise in der »Passauer Neuen Presse« irgend etwas darüber gelesen, das sie empört. Aber solche Äußerungen sind selten. Besonders bei der Münchner Aufführung von »Bauern sterben« war großes Einverständnis da. Man hat verstanden, was ich sagen wollte. Der Skandal fand höchstens in ein paar Medien statt, nachdem irgendeine ominöse Gruppe oder ein Münchner CSU-Stadtrat einen sinnlosen Profilierungsversuch gemacht hatte und meinte, man solle das Stück absetzen, weil es das religiöse Empfinden von Christen verletze, genauso wie die jüdischen Mitbürger durch Fassbinders »Müll«-Stück in ihrem religiösen Empfinden verletzt worden seien. Ein Teil der Boulevardpresse hat das aufgegriffen. Andere CSU-Stadträte waren da durchaus anderer Meinung. Ich weiß das, weil ich auch Bekannte unter CSU-Stadträten habe, ich bin ja zumindest in München so etwas wie eine öffentliche Person und habe darum nichts dagegen, mit CSU-Leuten zu reden.

Was die Reaktion auf »Bauern sterben« angeht, so darf man die katholische Kirche nicht mit der *Bild*-Zeitung gleichsetzen. Meine Erfahrungen mit der Kirche sind in keiner Weise schlecht. Ich habe Kontakt zu ein paar wenigen Kirchenleuten. Da ist zum Beispiel in München Professor Alois Goergen, er war mein Religionslehrer und hatte in Bamberg eine Professur für Liturgiegeschichte; ich schätze ihn sehr. Bei einer Mittelamerika-Reise hatte ich Gelegenheit, mich mit Ernesto Cardenal zu unterhalten.

Können Sie sich vorstellen, daß es auch einen legitimen Protest gegen Ihre Verwendung christlicher Symbole gibt?
Nein, das kann ich mir nicht vorstellen. Wenn Herbert Achternbusch in seinem Film »Das Gespenst« Jesus spielt, dann ist das für mich allerdings etwas anderes. Achternbusch weiß meine Haltung dazu. Für ihn, hat er mir einmal gesagt, gehört Jesus aus dem Weltall hinausgelacht. Ich bin nicht dieser Meinung. Für

mich gehört Jesus nicht aus dem Weltall hinausgelacht. Ich bin Knecht der Taufe geblieben, auch wenn ich mit 18 Jahren aus der katholischen Kirche ausgetreten bin, aber das ist wieder eine andere Frage. Für mich befruchtet die Frage des Numinosen, des Unfaßlichen der göttlichen Wirklichkeit, die Frage der Transzendenz nach wie vor mein Denken am intensivsten, und mein Nachdenken darüber ist nicht abgeschlossen. Schon mit 15 oder 16 Jahren habe ich Romano Guardini gelesen, und ich habe mich mit Paul Claudel auseinandergesetzt. Ich war übrigens auch der Beste im Religionsunterricht. Die christliche Philosophie ist für mich sehr wichtig. Das kann ich weder verlachen noch wegdrängen. Es ist Bestandteil meiner Existenz. Andersherum ausgedrückt: »Bauern sterben« ist ein heroischer Versuch, Jesus Christus in die Kunst zurückzuholen. Wer, außer ein paar schwulen Kirchenmalern, um es bös zu sagen, beschäftigt sich überhaupt noch damit? Wo ist Jesus Christus in der Kunst überhaupt noch eine Herausforderung? Ich denke, ich habe mit »Bauern sterben« eine moderne Passion geschrieben. Jesus war ein Mensch, ich wollte Menschen auf die Bühne stellen und sie vor diesem Leidens-Hintergrund modellieren. Wer das nicht versteht, ich sage es ganz offen, der ist für mich ein Arschloch oder ein Pharisäer.

Gibt es so etwas wie ein Reservoir archetypischer Bilder, die für Sie aus Ihrer Kindheit bis heute wichtig geblieben sind?

Ja, natürlich, diese Bilder dramatisiere ich doch. Ich bin mir selber noch nicht ganz im klaren darüber, was geblieben ist, weil ich einen lockeren, unverkrampften Stil habe, und die erste große Sünde begehe. Ich lege die Bibel selber aus. Diese Sünde begehe ich jeden Tag, sie fällt mir um so leichter, wenn ich die Entwicklung unter dem jetzigen Papst sehe, der, so möchte ich sagen, die Kirche zu einer rechten Kampforganisation machen will. Damit kann ich überhaupt nichts mehr anfangen, ich glaube, wenn Jesus dem Papst jemals begegnen würde, dann müßte der Papst zittern. Was die katholische Kirche heute vertritt, ist jene Politik, die ich niemals akzeptiert habe, auch nicht, als ich aufgewachsen bin.

Was ist Ihnen in Ihrer Kindheit vermittelt worden?

Ich wurde katholisch erzogen, eher locker als streng. Ich habe mit zehn Jahren das erste Mal gebeichtet, ich habe die Erste Kommunion empfangen und wurde halb ohnmächtig dabei. Ich habe die Firmung empfangen: Ich habe alles mitgemacht, so wie es normal ist. Durch mein Elternhaus, durch meine Mutter habe ich das nicht als qualvoll erfahren. Das Beichten etwa war ein notwendiges Ritual der Reinigung. Ich glaube nicht, daß ich große Macken davongetragen habe.

Sie haben also nicht die oft üblichen traumatischen Erfahrungen?

Nein, ich habe als Kind keine schlechten Erfahrungen mit dem christlichen Glauben gemacht. Ich hatte wohl auch nette Religionslehrer, ich glaube, ich war leicht zu beeinflussen. Mit 14 oder 15 bin ich zu meinem Religionslehrer gegangen, dem Alois Goergen, und sagte: Ich glaube nicht mehr an Gott. Immerhin bin ich zu ihm hingegangen – welcher andere Jugendliche hätte das denn überhaupt getan. Und Goergen sagte: Ja, das geht uns allen einmal so. Das ist nicht so schlimm. Ich hatte vielleicht wirklich das Glück, ein Stück von einer Kirche mit menschlichem Antlitz mitzubekommen. Ich spucke nicht darauf, im Gegenteil, da würde ich auf einen Teil meines Herzens spucken.

Was fasziniert Sie am Christentum?

Mich fasziniert die Personifizierung von Liebe, die wir alle natürlich nicht mehr verwirklichen. Diese Radikalität – einer praktiziert Liebe und stirbt dafür –, finde ich auch heute noch revolutionär. Dabei spielt es für mich keine Rolle, ob Jesus Christus nun Gott ist oder nicht. Das ist eine andere Frage.

Wie ist es zu den religiösen Bildern in »Bauern sterben« gekommen?

Es war die Situation, die mir bei einem Besuch in Kalkutta aufgefallen ist. In Kalkutta haben sehr viele »street people«, Menschen, die auf der Straße leben, ihre Altäre auf der Straße stehen. Auch die Hindus haben ihre Altäre dort aufgebaut. Viele verlieren ihre Identität, wenn sie vom Lande in die Stadt kommen. Um eine Restidentität zu behalten, glauben sie um so mehr, zerren sie ihren Glauben mit, personifizieren ihn an einer Straßenecke, stellen ihn auf, huldigen ihm erst recht. Für diese Menschen ist Gott eine Möglichkeit, identisch zu sein, der letzte Rest Heimat. Das ist der Kerngedanke, der »Bauern sterben« durchzieht.

In Ihrem Stück schleppen die beiden Hauptfiguren den Kruzi-
fixus ständig mit sich herum, stellen ihn in ihrer Betonwohnung
auf und wollen sich dort einen Herrgottswinkel schaffen, sie kön-
nen nicht leben ohne ihn. Umgekehrt wird aber auch deutlich,
daß dieser Gekreuzigte offenbar nicht leben kann ohne diese
Menschen. Sie geben ihm ihr Blut, sie versuchen gewissermaßen,
ihn wieder lebendig zu machen, er ist auch ein Opfer für sie, ihre
Last…

…in diesem Zusammenhang ist interessant, wie dieses Herum-
tragen der Jesusfigur aufgenommen wurde. Der Christus, der bei
der Münchner Aufführung verwendet wurde, ist nicht sehr
schwer, er ist aus einer Art Styropor gemacht. Da wurde mir
vorgeworfen, ich hätte ihn bewußt leicht gemacht, um irgend
etwas an ihm kritisieren zu wollen. In Wirklichkeit haben wir
ihn immer schwer behandelt. Wir haben immer betont, das ist
eine schwere Last, die der Bauer da schleppt. Fast, als würde
Jesus selbst das Kreuz schleppen, so schleppte der Schauspieler
Jörg Hube diesen Jesus auf seinem Kreuz dahin.

Was mich interessiert, Herr Kroetz: Auf der einen Seite sagen Sie,
Jesus verkörpert die Liebe, die auch leidensfähig wird und ans
Kreuz geht…

…die Liebe, so wie sie in mir als Ziel lebendig geblieben
ist…

Ja, aber gerade in »Bauern sterben« wird von dieser jesuanischen
Liebe zwischen den beiden Hauptfiguren ja gar nichts deutlich.
Wie ist dieser Widerspruch zu erklären?

Ich habe das Gefühl, daß wir alle – ich beziehe mich ein – von
Jesus unendlich weit weg sind. Weiter weg hätten wir in diesen
2000 Jahren gar nicht gelangen können. Wir klammern uns
daran, daß unser Ende nie kommt, und deshalb ist keiner radikal
genug zu sagen: Es ist mir doch ganz egal, was morgen ist, morgen bin ich doch sowieso bei Gott, und ich verschenke jetzt mein
letztes Hemd; mich interessiert das Numinose, ich ziehe mich
zurück, um zu philosophieren und den Sinn des Lebens zu erkennen. Es fällt mir schwer, das zu formulieren, aber diese Frage
beschäftigt mich immer mehr. Aber unsere Welt ist so unendlich
weit weg von dem, was er gelebt hat.

Und deshalb können Sie in »Bauern sterben« Jesus auch nicht als

Erlöser darstellen, sondern nur als Symbol der Entfremdung der Menschen untereinander?

Ja, natürlich, schauen Sie sich doch dieses Land an! Da ist nicht einmal ein Mindestmaß von Liebe, geschweige denn von einer Liebe vorhanden, die in Transzendenz überkippt. Das ist Spurensuche. Deshalb kann ich die Welt nicht besser machen, als sie ist. Wenn die Leute sich loskaufen, indem sie 50 Mark für die *Welthungerhilfe* spenden, dann ist das schön und gut, aber das hat doch nichts mit diesem radikalen Ansatz zu tun, den Jesus vorgelebt hat. Sein Ansatz war: Heute leben, heute helfen, und was danach kommt, ist eine andere Frage. Er ist gestorben, ohne zu wissen, ob er aufersteht. Das finde ich faszinierend. Dieses Vertrauen zu Gott und in die Liebe ist das, womit wir dem Nichts ein Schnippchen schlagen können. Liebe ist das einzige, womit wir entkommen können.

Aber trotzdem steht bei Ihnen immer der Gekreuzigte im Vordergrund – und nicht der Jesus der Bergpredigt, nicht der Jesus der Gleichnisse oder der Reich-Gottes-Verkündigung. Noch einmal: Was ist es, was das Kreuz für Sie so unverzichtbar macht?

Zunächst ist das Kreuz das Sinnbild für den Sieg der Gewalt über das Prinzip der Liebe. Das Kreuz steht für die gemarterte Schöpfung. Eines der Bilder, die mich am tiefsten betroffen haben und bei dem mir bewußt wurde, in welcher Gottferne wir leben, war ein Tierversuch: Man nagelte 50 Affen ans Kreuz, um zu prüfen, wie Jesus gestorben sein könnte. Die Wissenschaftler wollten testen, was zuerst versagt haben könnte, wenn man jemanden so hinhängt, war es Herzversagen, war es Streß, war es die Leber? Bei diesem Bild würde ich sagen: Hier ist die Ferne erreicht. Hier sind wir 2000 Lichtjahre von Jesus weg. Ich bin ein Theatermann, ich denke in praktischen Bildern, weniger in philosophischen Begriffen. Doch wenn ich dieses Bild theatralisiere, würde man es wieder nicht richtig verstehen und wieder sagen, oh, Gott, Kroetz möchte jetzt Jesus als Affen darstellen. Aber das Gegenteil wäre richtig. Gott hat für mich einen universellen Charakter, für mich ist auch ein kleiner Menschenaffe nicht weniger wert als ein Mensch. Ich kann die Vorstellung des Erde-Untertan-Machens in keiner Weise mitvollziehen. Ich kann nicht ersehen, wieso Gott es uns erlaubt hätte, irgendetwas zu zerstören.

Die Welt ist für mich ein universeller Versuch von irgend jemand mit einem ungeheuren Willen zur Schöpfung. Und wo Sie hinschauen, selbst in der Zerstörung, ist ununterbrochen Schöpfung. Nach Gott bewundere ich den, der in einem ununterbrochenen, unerschöpflichen Erfindungszustand produzieren kann und Leben erzeugt – deshalb ist es für mich auch so wichtig, Theaterstücke zu schreiben. In dieser schöpferischen Liebe fühle ich mich aufgehoben.

Theologisch wird dieser Gedanke im Symbol der Auferstehung ausgedrückt. Auferstehung als Glaube daran, daß das Kreuz nicht das letzte Wort behält, sondern daß Liebe auch den Tod besiegt...

Sollte es Auferstehung geben, so glaube ich, daß niemand als anderer aufersteht, als der er gelebt hat. Die kleinen Faschisten werden als kleine Faschisten auferstehen und die großen Mörder als große Mörder. Sie werden ihr Leben mitnehmen müssen.

Da trauen Sie aber Gott nicht sehr viel zu, Herr Kroetz...

Wenn das Vertrauen zu Gott sein soll – nein, ich glaube nicht, daß Gott so handelt.

Paulus spricht von der Auferstehung als der großen Verwandlung.

Ich glaube nicht an die große Verwandlung.

Sie glauben an eine Fortsetzung? So wie es hier war, wird es auch weitergehen?

Sollten wir nach dem Tod weiterleben, werden wir das weitertragen, was wir im Erdenleben gewesen sind. Man könnte sagen – ich bin ein bayerisch-naiver Mensch! – dann werden eher Fegefeuer und Hölle folgen, obwohl diese Begriffe fast komisch oder nach Voodoo-Zauber klingen. Aber ich glaube nicht an die kollektive Aufhebung von Schuld. Wenn es ein Weiterleben gibt, dann werden wir auch zur Rechenschaft gezogen. Ich hoffe nicht, daß Gottes Liebe so unendlich ist, daß er uns alles verzeiht. Das möchte ich nicht, das wünsche ich mir nicht. Unsere Verantwortung muß weiterbestehen. Wir haben einen freien Willen, zum Teil auch einen freien Willen, was die Gestaltung der Gesellschaft angeht. Dieser freie Wille hat gefälligst seine

Auswirkung zu haben. Ich möchte nicht in einer Gemeinschaft leben, da jedes Schwein ein Engel wird. Liebe darf nicht als Vehikel dafür mißbraucht werden, daß alles, was an Haß und Elend in dieser Welt erzeugt wurde, unter den Tisch gekehrt wird – nein, das gefällt mir nicht.

Es fällt mir auf, daß Sie mehr von der Hölle sprechen als vom Himmel. Was ist das für ein Gottesbild, das Sie mehr an ein Festmachen der Widersprüche als an eine letzte Aufhebung aller Widersprüche glauben läßt?

Ich möchte nicht, daß meine Bemühungen um ein einigermaßen anständiges Leben weggewischt werden. Vielleicht ist es nur ein ameisenhaftes kleines Klammern, das weiß ich nicht. Aber ich bin auch über den Tod hinaus für meine Werke verantwortlich. Ich bin dafür verantwortlich, welches Menschenbild, was an Lebens- und Konfliktfähigkeit ich denen gebe, die in hundert Jahren meine Stücke vielleicht noch lesen werden. Die Versöhnung der Widersprüche, die von oben kommt, ist mir zu entmündigend. Wenn er sich die Zeit für jeden einzelnen nimmt – mein Gott, fünf Milliarden Menschen sind wir geworden –, dann möchte ich Gerechtigkeit – ich bin eben ein alttestamentarischer Bayer. Die einen leben – wenn wir beispielsweise die Menschen in »Kir Royal« nehmen (*Fernsehserie über die Münchner Schickeria, bei der Kroetz den Reporter einer Boulevardzeitung spielte*) – in Saus und Braus, in Freude und Vergnügen, sie leben in ihrer ganzen Sinnlosigkeit vor sich hin und sind dabei vielleicht sogar noch glücklich. Andere bemühen sich ihr Leben lang, für andere da zu sein oder sich selber zu finden, sie werden verrückt dabei; sie schaffen es nicht. Auch Schriftsteller sind darunter, die niemals über ein Studentendasein hinauskommen, weil sie Gedichte schreiben, diese vielleicht zärtlichste Art von Literatur. Nein, mir ist der Gedanke zuwider, daß sie alle in einem großen Aufwasch von Gott an die Brust genommen werden…

Sie sprachen von der Radikalität der Liebe: Macht Liebe nicht fähig zur Versöhnung?

Nein, der Meinung bin ich nicht. Liebe ist eine Möglichkeit, das Universum zu erkennen, eine Kategorie, die das Universum verständlich machen kann. Versöhnung ist unendlich weit darunter anzusiedeln, eine irdische Kategorie. Versöhnung ist ein Arrangement unter uns, aber wir sind nicht das ganze Universum.

Das ist theologisch kaum nachvollziehbar. Paulus spricht – anders als Sie – davon, daß Gott die Welt mit sich versöhnt hat, der Abgrund zwischen Gott und Mensch ist zugedeckt durch die Erscheinung Christi.

Mit der Kategorie Gott kann ich schlecht denken, darum will ich ihn in meinen Stücken auch nicht personifizieren. Daß Jesus Gott ist oder Gottes Sohn, ist für mich nicht nachvollziehbar. Da beginnt für mich das Heidnische, da beginnt der Voodoo-Zauber. Wenn Paulus Jesus für Gott hält, ist das für mich ein Aberglaube. Ich glaube allerdings, daß Jesus durch sein radikales Denken etwas Bleibendes vorgelebt hat. Würden wir ihm nacheifern – wir tun es nicht, ich tue es auch nicht, es ist zum Heulen – müßten wir zuerst einmal das wegwerfen, was uns hält und bindet. Als moralische Kategorie ist Jesus die Wasserscheide, die auch in der Kunst einzusetzen ist: An Jesus läßt sich alles messen. Dann zerfällt alles andere zu Staub. Die Frage, ob er Gott ist oder nicht, ist für mich uninteressant. In diesen 2000 Jahren zerfällt das meiste, aber es bleibt ein Kern übrig. Was nicht letztlich von der menschlichen Sehnsucht nach Liebe geprägt ist, zerfällt und kann nicht übrigbleiben.

Haben Sie sich mit anderen Religionen beschäftigt, etwa dem Buddhismus, um vergleichen zu können, worin sich für sie das Christentum auszeichnet?

In letzter Zeit war ich sehr viel in Indien bei meiner Frau, die meist dort lebt. Die religiösen Bemühungen, mit denen ich auch dort konfrontiert worden bin, sind in den bohrenden existentiellen Fragen begründet. Vor uns sind ein paar hundert Lichtjahre von Entfernungen und hinter uns sind sie wieder. Dazwischen haben wir 50 oder 60 Jahre, und damit können wir uns nicht abfinden.

Dieses Jahr habe ich gerade ein Kind bekommen – ich bin nicht der leibliche Vater, aber das spielt in meinem Liebesverständnis keine Rolle; es ist jetzt ein halbes Jahr alt. Ich war in der Klinik und sah den gerade Neugeborenen: Er hatte ein so uraltes Gesicht, er sah so aus wie jemand, der gestorben war, wie ein alter

Mann, nur kleiner. 6000 Jahre Menschheitsgeschichte steckten in ihm.

Um vor Gott bestehen zu können, hätte ich gerne mehrere Möglichkeiten, ich würde es gerne noch öfter probieren. Vielleicht wäre mir die Wiedergeburt näher als dieser Urteilsspruch, dem kein Mensch entgehen kann. Wir kommen alle in die Hölle oder fallen ins Nichts, wenn es die Hölle nicht gibt, das ist für mich klar.

Wie kann ein moderner Dramatiker Religiöses auf der Bühne darstellen? Welche Mittel gestattet er sich selbst? In unserem Gespräch ist ein merkwürdiger Zwiespalt deutlich geworden: Wir können von Liebe reden und von Transzendenz, aber auf der Bühne läßt sich das nicht darstellen. Sie können von Jesus als dem Liebenden reden, aber auf der Bühne läßt sich für Sie nur Blut, das Kreuz, das Zerrissene zeigen. Kann ein Dramatiker heute Religiöses nur noch als Zerbrochenes darstellen?

Seit dem achten oder neunten Jahrhundert, als ernsthafte Kirchenkunst entstand, sind immer der Schmerz und das Tal der Tränen das zentrale Schaffensreservoir der Künstler gewesen. Sicher gibt es auch Darstellungen wie die Mutter mit dem neugeborenen Jesus, Hoffnungsbilder, – aber insgesamt gesehen verblassen diese Bilder, wenn man sich in der Tradition umschaut. Und ich stehe in dieser Tradition. Es ist, wenn man so will, das bayerisch-barocke Dasein, aus dem heraus ich arbeite. Ich wollte immer den Leidenden Ausdruck geben. Ich wollte immer die Schmerzen malen, ich wollte die Wunden malen. Ich habe das Glück nicht gesehen. Dabei habe ich andererseits auch versucht, die andere Seite, die positive Utopie, zu verwirklichen. Obwohl ich unentschieden war, schloß ich mich der DKP an, um etwas zu tun: Ich wollte auf meinen ganzen Scheiß verzichten, auf das Geld. Das war für mich die praktische Fortsetzung der Haltung, die ich aus der Kindheit bewahrt habe. Ich konnte mich ja nicht der Christlich Sozialen Union anschließen. Um mein Bild von Liebe und Helfen zu verwirklichen, war mir komischerweise die DKP bei weitem näher. Meine Verbindung mit der Partei ist ja dann so zerbrochen, wie nur große Lieben zerbrechen können.

Noch heute bewegen mich ähnliche Gedanken – vielleicht sind

sie lächerlich: Wann, denke ich mir, habe ich so viel Geld, daß ich noch einigermaßen gut leben könnte, wenn ich morgen krank werde? Habe ich das jetzt schon erreicht? Sollte ich da nicht endlich eine karitative Einrichtung gründen? Also nicht nur reden, sondern, nachdem ich jetzt auch kein Parteibuch mehr habe, außer der Literatur konkret etwas vorleben? Diese Fragen bewegen mich sehr stark – aber eben in dieser buchhalterischen Kleinheit. Allein der Gedanke zu fragen, habe ich jetzt schon genug, wenn ich morgen einen Gehirnschlag bekomme, ist eigentlich schon eine Sünde.

An was denken Sie dabei konkret?

Ich war längere Zeit in Kalkutta und habe dort die Einrichtungen von Mutter Teresa gesehen. Vorher habe ich die alte Dame eher belächelt. Aber dann besuchte ich ein Heim: Ich war in einem kleinen Raum mit zwölf Säuglingen. Die Schwester sagte, von ihnen werden in den nächsten Tagen drei sterben, die anderen kriegen wir durch. Das hatte eine fast göttliche Hilflosigkeit, es war ein Lichtblick in dieser chaotischen Stadt, ein sinnloser Versuch, einen Hauch von Liebe zu kreieren. Das hat mich beeindruckt – aber meist sehe ich die Welt in einem negativen, so fürchterlich deprimierenden Licht.

Warum sind solche Szenen, wie Sie sie eben geschildert haben und für die etwa der Name Mutter Teresas steht, auf der Bühne nicht darstellbar?

Das ist auch eine Frage des Mediums. Ich könnte mir vorstellen, daß man einen Film darüber drehen könnte. Die Bühne ist ja eben in ihren Möglichkeiten sehr eingeengt. Aber wichtiger ist der Punkt: Kunst muß weiter sein. Kunst kann nicht Schaufensterdekoration der Frau Teresa oder des Herrn Lenin sein. Ich will nicht Schaufensterdekorateur einer Ideologie sein. Kunst stellt den höchsten Anspruch, sie hat etwas Gesamtheitliches, das über eine eingeengte Perspektive hinausgeht.

Da bin ich nicht ganz so sicher. Müßte man dann nicht sagen, daß Sie als Mensch Franz Xaver Kroetz an etwas anderes glauben, als Sie auf der Bühne darstellen? Sie können im Grunde Ihr Glaubensbekenntnis, auch Ihr religiöses Glaubensbekenntnis nicht auf die Bühne transportieren. Warum nicht? Was sperrt sich da-

gegen? Und: Ist nicht auch »Bauern sterben« ein Stück Schau-
fenster, ein Stück Schaufenster des Stadt-Land-Konflikts und der
Öko-Krise?

Ja, aber »Bauern sterben« läßt sich nicht ideologisch vereinnahmen. Kunst muß in diesem Sinne frei sein. Ich selber habe ja
einige Zeit Kunst einem ideologischen Aspekt untergeordnet.
Ich dachte, ich diene damit einer höheren Sache, die die Situation
der Menschen verbessern hilft.

Man muß immer das Höchste, das Teuerste im Blick behalten,
was es in dieser Gesellschaft gibt: identisch sein. Wir Künstler
haben da ein Privileg, wir können eigentlich identisch sein. Und
das versuche ich. Ob es gelingt? Ich habe Angst vor dem Tod.
Denn wenn ich morgen vor Gott hintrete, und er würde sagen:
Also, jetzt bitte sag mir, was soll ich an dir weiterleben lassen,
was ist es? Dann würde mir, wenn ich ehrlich bin, wenig einfal-
len. Das auf die Bühne zu bringen, könnte der Sinn einer Komödie sein, die ich jetzt schreibe. Es ist ein Versuch, mit mir selber
radikal umzugehen, eine Verurteilung meiner jetzigen Situation.

Wenn ich jetzt ein paar Fäden zusammenfasse: Unser Gespräch
ist ein merkwürdig verwirrendes Knäuel von sehr verschiedenen
religiösen Fäden: der alttestamentarische bayerische Katholik,
der an Jesus glaubt; der Mann, der mit Gott Zwiesprache hält,
aber das gleichzeitig auch für eine mögliche Projektion hält; der
Mann, der über seine Ängste nachdenkt und gleichzeitig auch
über dieses Durchschauen der Ängste Rechenschaft ablegt; der
Schriftsteller, der die Liebe für das radikalste Prinzip hält, aber
Symbole wie Blut oder das Kreuz benutzt. Was ist das für eine Art
von Religiosität? Wie würden Sie Ihr Profil, insgesamt gesehen,
selbst beschreiben?

Wenn ich das wüßte, hätte ich die ganze Zeit während unseres
Gesprächs geschwindelt. Ich weiß es nicht. Ich wünsche mir,
aufgrund meiner literarischen Arbeit beurteilt zu werden. Gott
hat derzeit fünf Milliarden Entwürfe, die er ins Rennen schickt.
Mein Gott, was sind dagegen die 40 Stücke, die ich geschrieben
habe... Ich habe ein literarisches Feld, einen Acker. Diesen Ak-
ker, den mir Gott gegeben hat, meine Begabung, versuche ich
möglichst fruchtbar anzupflanzen. Ich bin sehr fleißig, ich ar-

beite viel. Dann muß man sehen. Bleibt von diesen 40 Stücken in hundert Jahren eins übrig, bleiben zwei übrig? Jedenfalls habe ich das Ziel, Kunst auch auf einer formalen Ebene voranzutreiben. Ich will mich nicht wiederholen. Ich finde, es lebt in der Kunst nur, was im guten Sinne neu ist.

Ich will mich in die Rolle
des Gläubigen versetzen

Gespräch mit *Wolfgang Hildesheimer*

Wolfgang Hildesheimer wurde 1916 als Sohn jüdischer Eltern in Hamburg geboren. Wie bei vielen seiner Generation determinierte diese Herkunft zunächst seinen Lebensweg. Nach Besuch der Odenwaldschule (1929–1933) emigrierte er 1933 mit den Eltern zunächst nach England, dann nach Palästina, wo er von 1934–37 in Jerusalem eine Tischlerlehre machte, daneben Zeichenunterricht, eine Ausbildung in Möbeldesign und Innenarchitektur erhielt. 1937–39 arbeitete er in London als Zeichner und Bühnenbildner an der Central School of Arts and Crafts, kehrte 1939 nach Palästina zurück, um dort von 1940–42 als Englischlehrer am Britisch Institute Tel-Aviv und von 1943–46 als Informationsoffizier am Public Information Office der britischen Regierung in Jerusalem tätig zu sein. 1946–49 nahm er als Simultandolmetscher an den Kriegsverbrecherprozessen in Nürnberg teil, ab 1948 war er Redakteur ihrer gesamten Protokolle.

1950 erscheinen erste schriftstellerische Arbeiten, darunter »Lieblose Legenden« (1952) sowie »Paradies der falschen Vögel« (Roman, 1953). Sie stehen im Zeichen einer satirischen Kulturkritik. Doch wohin Wolfgang Hildeheimer geistig tendierte, wurde erstmals 1960 deutlich, als er in Erlangen eine Rede »Über das absurde Theater« hielt. Wolfgang Hildesheimer wurde zu *dem* Theoretiker des absurden Theaters in Deutschland, dem dann auch praktische Arbeiten in dieser Richtung folgten: »Herrn Walsers Raben«, ein Hörspiel (1960) oder »Die Verspätung«, eine groteske Tragikomödie (1961).

In Aufnahme des zeitgenössischen französischen Theaters (Bekkett, Ionesco) zeichnete Hildesheimer in dieser nachmals berühmt gewordenen Rede das *geistige Profil des absurden Theaters* nach: »Das absurde Stück konfrontiert den Zuschauer mit der Unverständlichkeit, der Fragwürdigkeit des Lebens. Die Unverständlichkeit des Lebens kann aber nicht durch den Versuch einer Antwort dargestellt werden, denn das würde bedeuten, daß die interpretierbar, das Leben also verständlich wäre. Sie kann nur dadurch dargestellt werden, daß sie sich in ihrer ganzen Größe und Erbarmungslosigkeit enthüllt und quasi als rhetorische Frage im Raum steht: Wer auf eine Deutung wartet, wartet vergebens. Er wird sie nicht erhalten, bis er von kompetenter Seite den Sinn der Schöpfung erklärt bekommt, also nie.«

Klar war damit: Für Hildesheimer waren die Stücke des »Absurden Theaters« eine adäquate Reaktion auf eine Welt, »die vernunftwidrig schweigt... absurde Ersatzantworten gibt, die nichts anderes zu besagen haben als die schmerzliche Tatsache, daß es wirklich keine verbindliche Antwort gibt«. Das schließe die Einsicht in die »Ohnmacht des Theaters« ein. Das Theater könne den Menschen nicht mehr »läutern« wollen wie noch zu Schillers Zeiten, oder die Ohnmacht des Menschen zum Vorwand des Theaterspieles nutzen, um den Menschen dann als »Geläuterten« (nach der »Katharsis«) zu entlassen. Für Hildesheimer war klar: der absurde Dramatiker habe aufgehört, an eine »Sendung des Theaters« zu glauben. Er vertrete die Ansicht, daß das Theater noch keinen Menschen wirklich geläutert und keinen Zustand tatsächlich verbessert habe. Hildesheimer wörtlich: »Der absurde Dramatiker mag – so denke ich – im Leben bereit sein, sich für eine gute Sache einzusetzen, auch wenn sie, wie gute Sachen es nun einmal an sich haben, verloren ist. Im Theater aber sind weder die gute Sache noch sein Einsatz am Platz. Im Theater will er sein absurdes Beweis-Spiel spielen, wobei er sich darauf verlassen muß, daß seine Moral, die ja nun einmal Bestandteil seines persönlichen Mikrokosmos ist, auch in diesem Spiel transparent wird: auch im Absurden, ja, für den Autor des Absurden ausschließlich im Absurden.«

Mit diesen klaren Aussagen aus dem Jahr 1960 setzt das vorliegende Gespräch ein. Sein erster Teil kreist um das Problem: Wie kommt es bei einem Autor wie Wolfgang Hildesheimer zu so entschiedenen und selbstbewußt vorgetragenen Überzeugungen von der völligen Absurdität der Welt? Wie kommt es zu so lapidaren und undialektischen Selbstfestlegungen, daß es einen »Sinn der Schöpfung« nicht gäbe und nie gegeben habe. Widerspricht die Entschiedenheit, mit der die Sinnlosigkeit zweifelsfrei behauptet wird, nicht dem Zweifel, der hinter den Erfahrungen der Absurdität steckt?

Und in der Tat: daß die Frage nach dem »Sinn der Schöpfung«, die Frage also nach Gott, für Hildesheimer keineswegs so erledigt war, wie die Rede über die Absurdität glauben machte, zeigt sein Roman »*Tynset*« (1965), mit dem das Hauptwerk von Wolfgang Hildesheimer beginnt. Denn eine der Fragen, die sich der völlig autistisch dahinlebende, schlaflos depressive Held in der Einsamkeit seines Hauses, das er mit einer Wirtschafterin teilt, stellt, ist die Frage nach dem Gebet des Kain, die *Frage nach der Schuld Gottes*: »Kains Gebet rauchte nicht und schwelte nicht. Es war, indem es um nichts bat, ein gutes, anständiges Gebet, vielleicht eines der letzten guten Gebete – da mag ich mich täuschen –, bestimmt aber das erste. Nur war es eben sinnlos, denn der Gott, an den es sich richtete, war anderweitig beschäftigt, es beliebte Ihm, das Gebet nicht zu erhören, das wirft kein schlechtes Licht auf Kain, sondern vielmehr auf seinen Gott. Und warum erhörte Gott es nicht? Dieses Rätsel ließ mich lange nicht ruhen. Ich habe nie so recht über es hinweggehört oder hinweggelesen. Und unerwartet leuchtet es noch heute mitunter rot zwischen den Zeilen eines x-beliebigen Buches oder einer Zeitung auf. Es war das erste Rätsel, das mir entgegentrat, es ließ mich stolpern und hinfallen. Ich stand mühsam auf, verletzt und erstaunt, ich hatte kein Rätsel erwartet, zumindest nicht gerade hier, so nah am Anfang und nicht so früh, ich ging weiter, ein wenig langsamer als zuvor, ein wenig hinkend, aber mein leichtes Hinken nach Möglichkeit verbergend, mich seiner schämend, ich blickte auf das Rätsel zurück, da sah ich, wie es mich angrinste, offensichtlich hatte es schon manchen anderen zu Fall gebracht und freute sich jedesmal über den Fall. Es grinst noch heute unter all den grinsenden Rätseln, aber es war das erste, der Anfang aller Rätsel. Es ist aber auch der Anfang allen Unrechts, Anfang der Schuld Gottes...«

Damit war eine Frage aufgebrochen, die im Werke Wolfgang Hildesheimers untergründig lebendig blieb, ja, die auch seine Annäherung an den Katholizismus (»Exerzitien mit Papst Johannes«, 1979) verständlicher macht. Es gibt keine erregendere Auseinandersetzung mit der Gestalt dieses Papstes als die des

»religionsoffenen Agnostikers« Wolfgang Hildesheimer – bedenkt man dessen Herkunft und geistiges Profil. Spuren der Auseinandersetzung mit dem Katholizismus aber finden sich auch im zweiten großen Roman Wolfgang Hildesheimers »Masante« (1973) sowie schließlich in seinem letzten großen Buch, der Biographie über eine fiktive Figur »Marbot« (1981).

Und diese Auseinandersetzung mit religiösen Grundfragen nahm auch dann nicht ab, ja verstärkte sich noch, als Hildesheimer 1984 erklärte, angesichts der ökologischen Katastrophen und der atomaren Überrüstung stelle er seine Tätigkeit als Schriftsteller ein. Er wolle künftig nur noch »Collagen« zeichnen, gestand er in einem Interview mit dem »Stern« (12.4.1984): »Wenn ich am Arbeitstisch sitze und Collagen mache oder zeichne, dann verliere ich das Gefühl für jede Zeit oder auch für unsere Zeit. Wenn ich aber am Schreibtisch sitze und nachdenke, dann guckt mich das bare Entsetzen an über unsere Zeit und unsere Lage, so daß ich absolut gelähmt bin.« Ja, Hildesheimer war zu der Auffassung gelangt, daß der Schriftsteller unserer Zeit der Realität nicht mehr beikomme: »Die Genetiker und die Biotechniker in Deutschland und den Vereinigten Staaten haben ihre Regierungen mehr oder weniger wissen lassen, daß, wenn sie auf ihrem Gebiet mit ihren Forschungen weiter so vorwärts kommen, von dem Begriff der Menschheit, so wie wir ihn benutzen und gewöhnt sind, bald nicht mehr die Rede sein wird.« Der Unterschied zu früher? »Die Katastrophen unserer Tage sind irreversibel.«

Klar war: Hildesheimer hielt auch Mitte der 80er Jahre an den Überzeugungen fest, die seit den 50er Jahren zu seinem geistigen Profil gehörten: »Wenn ich heute die Zeitung lese, grinst mich das Absurde an.« Und doch war er wie nie zuvor bereit, auch die *Frage nach der Religion* zu thematisieren. Kein Text ist dafür eindrücklicher als der Kommentar, den Hildesheimer zum »Requiem« des Wolfgang Amadeus Mozart 1986 schrieb. Vom Schweizer Fernsehen aufgefordert, zu einer Aufführung von Mozarts »Requiem« eigene Kommentar-Texte beizusteuern, entwarf Hildesheimer eindrückliche Antitexte zur Requiem-Vorlage, die unter dem Leitwort standen: »Herr, gib ihnen die ewige Ruhe nicht.« Wie in einem Rollenspiel versetzt sich Hildesheimer hier in die »Rolle des Gläubigen«. Die Rede von Gott gewinnt er auf überraschende Weise als Gerichtsrede wieder, als apokalyptische Drohung an die Adresse derjenigen, die an der gigantischen Umweltzerstörung Schuld tragen.

Ihren Höhepunkt erreichen diese Texte dort, wo Hildesheimer – wiederum in Rollenprosa – Gott beschwört, diesen Schöpfungsverbrechern nicht die ewige Ruhe zu geben: »Nochmals, ich wünschte, ich wäre gläubig, und sei es auch nur für die Dauer dieses ›Requiems‹, um immer wieder sagen zu können: Herr, gib ihnen die ewige Ruhe *nicht*! Denn sie haben diese Gnade nicht verdient. Sie haben die Zukunft ihrer Nachkommen auf dem Gewissen. Sie sind dabei, *Deine* Schöpfung systematisch zu ruinieren. Sie berauben *Dich*, und sie berauben *uns* ewige Verlierer, und sie rotten die Tiere aus, *Deine* Geschöpfe! Doch ER läßt sich von *mir* nichts sagen, der ich für irdische Gerechtigkeit bin. Aber Er läßt sich auch von euch nichts sagen, die ihr IHM himmlische Ungerechtigkeit nahelegt, weil ihr daran zu gewinnen hofft. Seid ihr wirklich *sicher*, daß er euch liebt?«

Am Ende seines Anti-Requiem legt sich Wolfgang Hildesheimer die Frage vor, für wen dieses Stück eigentlich geschrieben sei: »Für Mozart war es ein willkommener Auftrag. Für mich auch. Warum? Weil ich mein Gewissen mit dieser Anklage erleichtern wollte? Oder war es der Drang, der geschundenen und geschändeten Erde nachzurufen?« Hildesheimer beantwortet sich die Frage selbst, indem er noch einmal sein *Grundbekenntnis* darlegt:

»*Nein*, das letztere *nicht*. Ein ›Requiem‹ setzt Trauernde voraus, die es zelebrieren, im Angedenken an Tote. Wenn wir Menschen aber *alle* tot sind und die Erde leer von uns ist, ertönt auch kein Trauergesang mehr, jedenfalls kein menschlicher. Insekten kennen kein Requiem. Lurche auch nicht, auch Würmer nicht. Denn *deren* Zeit wird dann gekommen sein. Die unsere ist abgelaufen. Unser Schicksal hat sich vollzogen, das der Guten wie das der Bösen. Unsere Tragödie, an der wir selbst die Schuld tragen, wenn auch nicht alle. Sollte auch *ich* schuldig sein, so bitte ich alle, die durch mich gelitten haben, um Verzeihung.

Gott ist nicht unter ihnen, Er leidet unter keinem Menschen. Dafür leiden viele Menschen an Seinen Vertretern auf Erden, die Er sicher auch nicht ausgesucht hat.

Ist denn alle Hoffnung dahin? Oder hoffen wir noch? Auch jene, für welche Verzweiflung *keine* Sünde ist? Ist es die Hoffnung, die uns aufrecht erhält?

Hoffen wir auf Einhalt der verheerenden Machenschaften und damit auf Stillstand der todbringenden Zerstörung? Spero, ergo sum? ›Ich hoffe, also bin ich?‹ Mir erscheint es eher umgekehrt: ich lebe noch. Das muß wohl zu bedeuten haben, daß ich noch hoffe. Vielleicht *hofft es in mir*, ohne daß ich es weiß, und es ist das, was mich am Leben erhält? *Sum, ergo spero?*«

Dieser Text steht im Zentrum des zweiten Teiles des vorliegenden Gespräches. Es kreist um das Verhältnis von Rolle und Realität, von geliehener Sprache und bleibender Überzeugung, von der Begründbarkeit des Widerstandes und der Frage nach einer letzten Kraft und Hoffnung, die Menschen trägt.

Wolfgang Hildesheimer starb am 21. August 1991, 74jährig, in seinem Schweizer Wohnort Poschiavo.

Das nachfolgende Gespräch erschien am 19. Mai 1989.

Herr Hildesheimer, Thema unseres Gespräches ist Ihr Verhältnis zur Religion, zum Christentum, zur Kirche. Ich möchte Sie zunächst nach Ihren jüdischen Ursprüngen fragen: Wolfgang Hildesheimer, der Jude. Welche Bedeutung hat das für Sie?

Überhaupt keine. Ich fühle mich zwar als Jude, was die Schicksalsgemeinschaft betrifft, nicht aber, was die Religion betrifft. Die jüdische Religion ist mir völlig fremd. Ich gehe sogar noch weiter: Sie geht mir sogar gegen den Strich. Ich habe mir überlegt, ob man aus dem jüdischen Glauben »austreten« kann – aber man kann es nicht.

Was geht Ihnen, religiös gesehen, gegen den Strich?

Die Religion verschwindet ja unter dem Gewand dessen, was die Synagoge daraus macht. Die Riten sind mir fremd, der Glaube ist mir fremd, die Modalitäten sind mir fremd, es ist mir alles fremd.

Ich mag einfach nichts damit zu tun haben. Das war übrigens schon bei meinem Vater der Fall. Ich stamme aus einer ganz alten Rabbinerfamilie. Mein Urgroßvater war Oberrabbiner von Berlin. Bei meinem Vater setzte die kritische Reaktion ein, er wandte sich gegen die Enge der Religion. Er war Naturwissenschaftler und hat mit dem Ritus, mit der Religionsausübung weitgehend gebrochen. Wir gingen nur noch in die Synagoge, wenn zufällig meine Großmutter aus Berlin zu den jüdischen Feiertagen bei uns war; sie war sehr fromm. Zu Jom Kippur, dem höchsten jüdischen Fest, ging mein Vater dann noch manchmal, aber später hat er auch damit gebrochen.

Haben Sie denn die traditionelle jüdische Ausbildung erhalten? Haben Sie etwa an Bar-Mizwa, der Feier der Mündigkeit des männlichen Juden, teilgenommen?

Ja.

Aber das war bürgerliche Konvention des assimilierten deutschen Judentums?

Ja, aber mein Vater war nicht assimiliert. Mein Vater war von Jugend auf ein Zionist. Dabei hat er Palästina als eine Heimat der Juden angesehen, nicht als einen Staat. Wir gehörten nicht zum allgemeinen deutschen jüdischen Bildungsbürgertum, obwohl meine Eltern gebildet waren. Die jüdische Religion hatte nach meinem 13. Lebensjahr, nach der Bar-Mizwa, keine Bedeutung mehr für mich.

Gab es so etwas wie einen religionskritischen Bruch in Ihrem Leben?

Nein. Wahrscheinlich hat mich als Jugendlicher aber die Odenwaldschule beeinflußt, die ich besucht habe. Dort gab es gar keinen Religionsunterricht. Diese Schule, ein Landerziehungsheim bei Heppenheim, hatte eine internationale Ausrichtung; viele Amerikaner, Franzosen und Engländer waren dort. Und es gab Koedukation. Weltanschaulich war sie auf eine freireligiöse Öffnung ausgerichtet. Auch indische Philosophie wurde diskutiert. Die Odenwaldschule versuchte, die Religion durch freies Ethos zu ersetzen.

Sie gingen von der Odenwaldschule nach England, schlossen dort Ihre Ausbildung ab und wanderten nach Palästina aus. Ist in dieser Zeit ein philosophisches Bewußtsein bei Ihnen erwacht?

Haben Sie sich mit metaphysischen Fragen auseinandergesetzt?

Schon in der Odenwaldschule hat mich die Gottesfrage beschäftigt. Gibt es einen Gott oder nicht? Später in Palästina fühlte ich mich plötzlich zum Katholizismus hingezogen, was ja bei vielen Intellektuellen der Fall war. Angeregt wurde ich durch einen englischen Soldaten, der später Offizier wurde. Er war katholisch und schrieb Gedichte. Er wollte mich bekehren und hat mich zu einem katholischen englischen Feldgeistlichen geschleppt. Aber das forsche Auftreten dieses Geistlichen, der seine Weltlichkeit zur Schau stellte, gefiel mir nicht. Damals war ich schon Mitte 20.

Gab es für Sie einen Punkt, von dem aus klar war: Gott existiert nicht?

Ich kann mich nicht an einen solchen Punkt erinnern. Aber ich war in der Tat der Auffassung: Gott existiert nicht. Schon in der Odenwaldschule habe ich an Gott gezweifelt.

Wie ging es nach dem Kriege weiter? Sie waren Dolmetscher bei den Nürnberger Prozessen, auch Redakteur der Nürnberger Protokolle. Dadurch entstanden Ihre ersten Arbeiten. Sehe ich richtig, daß in Ihren Arbeiten der 50er Jahre (in den Hörspielen und kurzen Erzählungen) religiöse Themen überhaupt keine Rolle spielen?

Religion stand nicht auf der Tagesordnung. Sie war für mich nicht existent. Allgemein gesprochen: Ich interessierte mich statt dessen für die Künste, und zwar sämtliche Disziplinen. Vor allem Malerei, Musik und Architektur.

Dann überrascht aber doch, wenn man heute Ihre berühmte Rede über das absurde Theater von 1960 nachliest, wie entschieden existentialistisch und damit philosophisch Ihre damalige Position war.

Das ist kein Gegenbeweis. Ich habe in dem Vortrag damals gesagt, daß das absurde Theater ein philosophisches Theater ist. Dieser Meinung bin ich heute noch. Es reichte tiefer als bloß in den Bereich der Ästhetik. Aber Religion war nicht darin enthalten: Religion, Religiosität, Synagoge, Kirche, alles das kam nicht vor in den frühen 50er Jahren.

Und doch: Das Pathos dieser Rede über das absurde Theater,

etwa wenn Sie sagen, daß das Leben aus sich heraus nichts aus-
sage, die Entschiedenheit also, mit der Sie jeglichen Sinn des Le-
bens verneinen: Das kommt mir vor wie eine bewußte Entschei-
dung, sich die Gottesfrage vom Leibe halten zu wollen. Oder
übertreibe ich da?

Ja, Sie übertreiben. Aber je mehr Sie übertreiben, desto mehr
überlege ich mir natürlich, wie ich eigentlich auf die Frage nach
dem Glauben gekommen bin. Aber damals spielte sie tatsächlich
keine Rolle. Ich erinnere mich nicht, irgend etwas über den
Glauben gelesen zu haben.

Man könnte Ihnen aus heutiger Sicht den Vorwurf machen, daß
die Entschiedenheit, mit der Sie damals in dieser Rede die reli-
giöse Möglichkeit verneint haben, eigentlich nur eine Schein-
sicherheit war...

...richtig, den Vorwurf könnte man mir machen.

Im Licht dieser Rede über das absurde Theater ist es erstaunlich,
wie viele religiöse Bezüge und Fragestellungen Ihr Roman »Tyn-
set« enthält. Eine der Hauptfiguren, Celestina, ist eine ganz und
gar fromme Frau. Kardinäle und ein Erweckungsprediger kom-
men vor. Existentielle Fragen nach Gott tauchen auf.

Damals fing der Glaube an, wieder eine Rolle für mich zu spielen. Ich spielte die Existenz des Glaubens sozusagen ästhetisch
durch, mit seinen verschiedenen Erscheinungsformen. Es war
die Zeit, als meine Frau und ich anfingen, uns dagegen zu wehren, Atheisten genannt zu werden.

Diese Celestina ist eine merkwürdig gebrochene Figur. Sie ist
Gläubige und Trinkerin, sie hat ein Verlangen nach Gott, sie ist,
so wird im Roman vermutet, eine ehemalige Nonne. Inwiefern
ist sie eine positive religiöse Figur für Sie?

Sie ist dem Ich-Erzähler und mir sympathisch. Sie gehört zu den
Menschen, die am Glauben leiden, die selig werden wollen, aber
es nicht können, und die Angst haben, weil sie meinen, ihre irdi-
schen Sünden vor dem Thron Gottes nicht verantworten zu können. Ich mag die Figur einfach. Sie ist aus drei wirklichen Figuren
zusammengesetzt. Die eine ist ein Dienstmädchen, das wir früher angestellt hatten, eine religiös gebrochene Frau, und eine
echte Dienerin. Die zweite ist eine irische Katholikin, die ich
während der Nürnberger Prozesse kennengelernt hatte, sie war

Übersetzerin oder Stenotypistin und trank. Die dritte ist eine ehemalige Freundin von mir, eine sehr katholische Frau, die sehr litt. Sie war nymphomanisch und meinte, Gott so nicht zu gefallen. Heute hätte ich wohl so darauf reagiert, daß ich gesagt hätte, daß es Gott völlig gleichgültig ist, ob sie trinkt oder nicht, oder ob sie nymphomanisch ist oder nicht.

Heißt das, daß Sie als Schriftsteller fasziniert sind von der Existenz gläubiger Menschen, daß Sie verstehen möchten, wie Menschen gläubig sein können – aber ohne selber deren Gottesglauben teilen zu können?

Eine Zeit lang habe ich mich auch gefragt, ob ich ihn teilen kann. Meine Beziehung zum Katholizismus ist jetzt in meiner Beziehung zu meinen italienisch sprechenden Freunden begründet, die überwiegend gläubige Katholiken sind – und dieser Glaube muß etwas für sich haben, da muß etwas sein, es kann ja nicht von ungefähr sein, daß diese Menschen einen Glauben haben.

So geht es ja auch vielen Menschen in der Begegnung mit dem Judentum. Die Tatsache, daß viele Juden durchgehalten haben, trotz allem an Gott zu glauben, macht oft Nichtgläubige wieder neugierig auf den Gottesglauben überhaupt.

Ich frage mich, ob das wirklich dasselbe ist. Ich habe das Gefühl, daß die Juden eine Schicksalsgemeinschaft sind. Die Juden, die beispielsweise im Warschauer Getto Widerstand geleistet haben, waren Angehörige einer Schicksalsgemeinschaft und nicht Angehörige einer Religion. Ich kann mir kaum vorstellen, daß der Glaube den Menschen geholfen hat durchzustehen.

Noch einmal zurück zu dem Roman »Tynset«: Da taucht bei dem Ich-Erzähler die Frage auf: Warum erhört Gott Kains Gebet nicht?

Das ist für mich eine zentrale Frage, ein Zeugnis gegen Gott. Warum erhört Gott ihn nicht? Können Sie mir das sagen? Warum erhört er Abel, warum Kain nicht? »Schlechte Gedanken« bei Kain? Welche Gedanken wären das gewesen, die damals schlecht hätten sein können?

Das kann ich Ihnen auch als Theologe nicht sagen, weil die Bibel es uns letztlich nicht erklärt. Die Bibel läßt uns allein mit diesen Fragen.

Deshalb finde ich Gott so ungerecht.

Sie sprechen in diesem Roman sogar von der Schuld Gottes, von dem Kainsmal auf Gottes Stirn. Sie sprechen damit eine Problematik an, vor der auch jeder Theologe versagt, weil es bisher in der gesamten theologischen Tradition nicht zu denken gewagt wurde, daß Gott schuldig werden könnte am Menschen und an der Schöpfung. Bisher war es immer umgekehrt: der Mensch kann schuldig werden, nicht Gott.

Gott wurde, wenn man es so sehen will, dann schon sehr früh schuldig. Die Kains-Legende steht am Anfang aller Erfahrungen des Bibellesers.

Wenn ich mir die Figuren in »Tynset« ansehe, könnte man nicht sagen: Wolfgang Hildesheimer macht es sich ein bißchen einfach. Religiöse Figuren haben bei ihm keine Chance, wirklich ernstgenommen zu werden. Die religiösen Figuren sind eigentlich Karikaturen. Würden Sie das als eine berechtigte Kritik ansehen?

Nein. Die religiösen Figuren spielen in dem Roman keine große Rolle. Diesen Kardinal, eine katholische Figur, sehe ich in der Tat negativ, und so ist er auch geschildert. Und was den Erweckungsprediger Prosniczer angeht: Das fällt für mich schon nicht mehr in das Gebiet der Religion. Die Entwicklung, etwa was amerikanische Sektenprediger angeht, ist ja heute noch schlimmer geworden. Und jetzt sind diese Leute auch noch in die Politik eingedrungen.

Drei Jahre später, 1968, haben Sie einen Text geschrieben, den die germanistische Literaturkritik weitgehend verschwiegen hat. Titel: »Exerzitien mit Papst Johannes«. Als ich damals diesen Text las, war ich verblüfft: Auf einmal tauchte eine reale religiöse Figur wie Johannes XXIII. auf, rätselhaft und wie ein Meteorit vom Himmel.

In der Tat: Johannes tauchte auf, eine überwältigende Figur, mit großem Charisma. Johannes war eine universale Vaterfigur. Er strahlte eine Menschlichkeit aus, wie es sie selten gibt. Er war von einer unermeßlichen Güte – und er wußte selbst von all dem gar nichts. Er war ein uneigennütziger und ein sich seiner selbst nicht bewußter Mensch. Ich bin nicht der einzige, der ihn so gesehen hat. Es findet plötzlich, so empfand ich, eine Revolution des Glaubens statt. Er war sogar der Papst der Intellektuellen, obwohl er selbst alles andere als intellektuell war. Er war ein naiver Mensch. Aber eben – ein Mensch. Das war wohl für mich die entscheidende Wende, von da an habe ich mich mit Glaubensfragen beschäftigt. Hinzu kam:

Die Zeit Johannes XXIII. fiel bei mir mit persönlichen Dingen zusammen, mit dem Kauf eines Hauses in Italien bei Urbino, die Cal Masante, und wir lernten italienische Freunde kennen. Dadurch sind wir heute in Florenz mehr zu Hause als in München. Und der überwiegende Teil dieser Freunde sind ausübende Katholiken, die mich in meiner Sicht Johannes des XXIII. bestärkt haben.

Ursprünglich wollten Sie ein Sachbuch über Johannes XXIII. schreiben.

Ja, es sollte »Sachbuch« heißen, es wäre eine Art Lexikon gewesen. Ich begann tatsächlich mit einigem Schwung, daran zu arbeiten. Doch ich mußte feststellen: Ich konnte das Buch so nicht schreiben. Dazu hätte ich zuviel wissen müssen, ich hätte alle Enzykliken lesen müssen. Ich hatte den Geschmack des Weines auf der Zunge, den er getrunken hat. Ich war in Sotto il Monte, in der Nähe von Bergamo, woher er stammte. Dort gibt es eine Servitenabtei mit einer Kirche aus dem Jahre 1000. Der Prior, Pater Turoldo, ließ die Glocken läuten, als wir zu Besuch waren. So lernte ich die Leute kennen, die Johannes gekannt hatten, die genau wie er aussahen. Die Leute aus der ländlichen Gegend um Bergamo sind ja nicht gerade schöne Menschen, und auch Papst Johannes war ja eigentlich eher häßlich.

War Johannes so etwas wie ein exemplarischer Christ für Sie?

Ja, er war ein Heiliger. Papst Johannes XXIII. war ein Heiliger.

Wie kommt es eigentlich, daß Sie sich immer mit dem Katholizismus beschäftigt haben, aber nie mit dem Protestantismus?

Überspitzt gesagt: Protestanten interessieren mich nicht. Ich denke, Religion hat eigentlich nur Zweck, wenn sie das Leben beherrscht. Nur dann ist sie von wirklicher Bedeutung, und das ist bei Protestanten, so scheint es mir, nicht der Fall, außer bei protestantischen Pfarrern vielleicht. Möglicherweise habe ich mich deshalb nicht für den Protestantismus interessiert, weil er ästhetisch nichts hergab. Er hat für mich etwas Tristes, angefangen mit den Kirchen selbst. Er ist keine Religion für einen

So-gut-wie-Bekehrten. Wenn ich konvertiert wäre, so wäre ich allerdings eher katholisch geworden.

Haben Sie jemals mit dem Gedanken einer Konversion gespielt?

Letztlich nicht ernsthaft, nein. Was ich den Christen zum Vorwurf machen würde, ist, daß sie denken, alle persönliche Moral und alles Ethische komme aus dem Christentum. Aber das stimmt nicht. Meine Frau und ich haben einmal erwogen, zum Glauben von Papst Johannes XXIII. überzutreten, um die gute, die überzeugende Sache zu unterstützen, die es zu unterstützen gilt. Aber auch ohne Übertritt: In den Augen meiner katholischen Freunde in Italien bin ich sowieso schon ein Katholik. Mein italienischer Übersetzer hat meinem Freund, Pater Camillo de Piaz, Vorwürfe gemacht, daß er mich nicht zu bekehren versuchte. Keiner meiner italienischen Freunde versucht das. Sie denken: Der soll ruhig so bleiben, wie er ist. Er ist so in Ordnung, und ob er nun auch in die Kirche geht, ist nicht so wichtig. So sehe ich das auch.

Was das moralische Empfinden angeht: Ohne das Christentum wären wir vielleicht desorientiert, das ist möglich. Aber andererseits: Ich brauche für mein ethisches Empfinden keine Anweisung. Ich weiß sehr genau, von mir aus, was ich zu tun habe und was ich nicht zu tun habe. Dazu brauche ich den Glauben nicht. Ich bin zum Beispiel ein leidenschaftlicher Anhänger von *Greenpeace*, wo Menschen mitarbeiten, die auch nicht unbedingt religiös gebunden sind, die aber ethisch denken und sagen, daß der Mensch nicht die Krone der Schöpfung ist, sondern ein Stück Natur. Das geht der Kirche wohl gegen den Strich, aber so sehe ich das auch.

Sie haben einmal an einen Redakteur von Publik-Forum geschrieben, daß Publik-Forum nicht nur die beste Zeitung ist, die Sie kennen, sondern sogar die »einzig gute« Zeitung. Warum?

Weil diese Zeitung den Mut hat, Dinge aufzuzeigen, die andere nicht aufzeigen. Ich kann Publik-Forum vor dem Schlafengehen gar nicht lesen, weil ich da zu vieles erfahre, was mich überrascht und beunruhigt. Natürlich, wenn da zehn Seiten über die Jungfrau Maria geschrieben werden, dann schalte ich ab. Das geht mich nichts an, so weit kann ich mich doch nicht in die katholische Welt einleben. Aber das ist nicht so wichtig. Für mich stehen andere Probleme im Vordergrund, die Publik-Forum aufgreift, etwa die Umweltprobleme, die heute so offensichtlich geworden sind. Mit den Leuten, die da schreiben, kann ich gemeinsame Sache machen. Ich komme zwar nicht daher, wo Redakteure, Autoren und Leser von Publik-Forum herkommen, aber sie wollen das gleiche wie ich, und ob sie überdies in die Kirche gehen oder nicht, das ist mir nicht wichtig. Das sollen sie ja ruhig, solange sie mich nicht zwingen, das auch zu tun.

Hat es in Ihrem Denken eine Entwicklung gegeben: von einem religionskritischen Atheismus zu einem religionsoffenen Agnostizismus?

Ja, das ist richtig, es ist kein religiöser, sondern ein religionsoffener Agnostizismus.

Was ist für Sie persönlich der Unterschied zwischen Atheismus und Agnostizismus?

Der Agnostiker fragt die ganze Zeit. Er weiß es nicht. *Gegen* die Existenz Gottes spricht vieles. All das Entsetzliche, was geschieht, nicht zuletzt das, was in der Kirche geschehen ist. Man denke an Karlheinz Deschners »Kriminalgeschichte des Christentums«. *Dafür* spricht, daß so viele meiner Freunde, denen ich vertraue und die dieselbe Sprache sprechen wie ich, gottgläubig sind.

Welche Rolle spielt die religiöse Thematik in Ihren Arbeiten nach dem Roman »Masante«?

In »Marbot« spielt sie eine sehr große Rolle. Marbot ist die Biographie einer erfundenen Figur, auf die viele Leute hereingefallen sind: Sie dachten, Marbot hätte existiert. Ich habe mit der Figur einen Kunstästhetiker erfunden, der von 1801 bis 1830 gelebt hat; er starb durch Freitod. Sein Erzieher war ein Jesuit, Pater Gerardus van Rossum, ein heimlicher Jesuit, weil die Jesuiten ja erst ab 1826 wiederzugelassen waren. In meinem Roman kommt ein Mutter-Sohn-Inzest vor, und ein Inzest ist natürlich nach allen ethischen Regeln sehr anfechtbar. Aber darum geht es nicht, sondern entscheidend ist, daß der Jesuitenpater dieses anfechtbare Verhältnis vergeben konnte.

Eine Figur im Geiste Johannes des XXIII.?

Nein, der Pater ist ein viel gebildeterer Mann als Johannes, der kein Intellektueller war. Er ist neben allem anderen auch ein Ästhet. Er findet keinen Gefallen an Augustinus – genausowenig wie ich selbst. Der Pater hat überhaupt viele Züge von mir, er hat auch einen Hang zum Mystischen. Angelus Silesius war sein Fall. Ich habe Marbot katholisch gemacht. Evangelisch ist für mich nicht in Frage gekommen. Darüber weiß ich auch zuwenig. Protestanten sprechen meist nicht über Religion, aber mit Katholiken habe ich viel über Religion gesprochen.

Mir scheint, daß sich die ganze religiöse Problematik bei Ihnen in einzigartiger Weise in dem Text verdichtet, den Sie 1986 zu Mozarts »Requiem« für das Schweizer Fernsehen geschrieben haben. Einzigartig ist dieser Text deshalb, weil ich bei Ihnen hier zum ersten Mal lese, daß Sie selber die Rolle des religiös Gläubigen einnehmen. Sie bringen sogar Wünsche zum Ausdruck: »Ich wünschte, ich wäre gläubig, und sei es nur für die Dauer dieses Requiems, um immer wieder sagen zu können: »Herr, gib ihnen die ewige Ruhe nicht!« Kann man sagen, daß dieser Text für Sie die Summe dessen ist, was Sie in Sachen Religion sagen wollen?

In Sachen Religion, aber auch in Sachen Ökologie.

Wie geht beides ineinander?

Mein Requiem-Text klagt Leute an, die die Erde zerstören. Diese Umweltzerstörer – Umweltsünder wäre zu schwach ausgedrückt, das klingt wie ein Kavaliersdelikt – sind anti-religiös, indem sie Gottes Geschöpfe zerstören, die Tiere, die Pflanzen, alles. Ich drücke tatsächlich den Wunsch nach einer übergeordneten Instanz aus, die ihnen befiehlt, das nicht zu tun. Nichts sollte der Kirche so fernliegen, wie diese Leute, die die Natur zerstören und gegen die das Requiem geht.

Was sind das für Leute?

Das sind die »skrupellosen Schänder, die Verseucher der Ebenen, die Verplaner der Gebirge«. Der Requiem-Text hat auf die Zuschauer einen ungeheuerlichen Eindruck gemacht; Hunderte von Briefen sind gekommen. Davon waren 97 Prozent positiv. Die drei Prozent ablehnenden Briefe waren von alten Damen, die meinten, daß der Totensonntag, an dem der Beitrag ausgestrahlt wurde, dafür nicht verwendet werden sollte.

Sie sagten im Verlaufe unseres Gespräches, daß das ganze Elend auf der Welt der Hauptgrund für Sie sei, nicht an Gott zu glauben. Hier plötzlich kommt eine neue Perspektive hinein: Der Protest gegen das Elend löst den Wunsch aus, es möge diese letzte Instanz geben.

Ich sage ja auch immer: Wäre ich gläubig, dann würde ich sagen...

...aber es ist doch mehr als ein Rollenspiel?

An einer Stelle sage ich sogar, sie, diese Menschen, sind unfähig, deine Größe zu erkennen. Auch das ist eine Rolle. Ich will mich in die Rolle des Gläubigen versetzen, der Gott die Macht zutraut, etwas gegen die Naturzerstörer zu unternehmen.

Theologisch wichtig erscheint mir: Früher haben sie gesagt: Weil die Apokalypse und all die ökologischen Katastrophen kommen können, gibt es keinen Grund an Gott zu glauben. Jetzt sagen Sie: Weil die Apokalypse möglicherweise kommt, und weil dieses ganze Elend möglich ist, wird der Glaube an Gott und an diese letzte Instanz zur Kraftquelle des Protests gegen die Verursacher dieser Situation.

Ja, es ist die Stellungnahme des Agnostikers, der Gott nicht leugnet, der ihn aber bezweifelt. Aber wenn es Gott gibt, und der Agnostiker schließt die Möglichkeit nicht aus, dann bittet er ihn, etwas gegen diese Menschen zu unternehmen.

Mir scheint jedenfalls wichtig zu sein, daß Ihre Haltung mehr ist als nur eine Attitüde oder eine Rolle. Die Frage Gläubigkeit oder Ungläubigkeit scheint gar keine Rolle mehr zu spielen.

Doch, das spielt sie schon. Ich stelle mir die Frage, was am wirksamsten ist, gegen die Welt- und Wertzerstörer einzuwirken. Und da kommt mir Gott gerade recht. Und ich ersuche ihn, mir in dieser Sache zu helfen. Es kommt ja nicht von ungefähr, daß ich sage: Und wenn auch nur für die Dauer dieses Requiems. Ein tendenziöses Kunstwerk wie das Requiem von Mozart entsteht ja nicht aus dem tiefen Glauben an Gott, sondern es entsteht so, daß der Schöpfer des Werks sich fragt, welches ist die wirksamste Art, Leute zu einem Gefühl wie etwa Reue anzuhalten. Das Schöpferische ist ein sehr bewußter Prozeß. So war es auch bei mir. Ich war nicht hingerissen von Gott und sagte: Jetzt müssen du und ich gegen diese Leute zu Felde ziehen, sondern Gott kam mir recht, weil ich hoffte, daß vielleicht viele Gläubige Zuhörer sein würden. So ist es bei einem Kunstwerk. Ein Kunstwerk entsteht nicht aus dem Hingerissensein, sondern aus der Bewußtheit und der Möglichkeit, andere Leute hinreißen zu können.

Aber Sie gehen ja sehr weit, Sie reden ja Gott direkt an. Sie sagen: Sie, diese Naturschänder, haben deine Gnade nicht verdient. Das ist beinahe Gebetssprache. Als Christ muß ich auch solche Sätze sagen, habe aber nicht die Möglichkeit eines Rückzugs in die Rolle, während Sie sich die Rolle als Fluchtmöglichkeit gelassen haben. Sie können sagen, es war nur eine Rolle, und morgen spiele ich wieder eine andere…

Das ist möglich, aber ich würde nie eine Rolle spielen, die dem entgegenspricht, was ich da sage. Ich würde nie eine atheistische Rolle einnehmen. Ich würde nie Gott anklagen, was mir früher zum Beispiel leichtergefallen wäre, obwohl es genug Gründe gibt, Gott anzuklagen. Ich bin davon überzeugt: Zweifel ist etwas sehr Gutes. Ich bewundere die Leute, die nicht zweifeln. Aber ich schaue eigentlich gar nicht richtig in sie hinein, in Padre Camillo und meine Freunde in Florenz, inwieweit auch sie in manchen Momenten Zweifel hegen. Ich möchte sie auch gar nicht fragen. Wer verspürt nicht in manchen Momenten Zweifel an allem, was ihm wert ist.

Im Requiem-Text klagen Sie die Menschen an, nicht Gott. Das ist das Aufregende an dem Text. Sie nehmen Gott als Bundesgenossen in Anspruch gegen die Verbrecher hier auf Erden. Gibt es für Sie noch so etwas wie eine Erwartung über den Tod hinaus?

Nein, ich glaube, es ist alles aus. Ich kenne die verschiedensten Theorien, was danach noch geschehen könnte. Ich glaube an nichts. Ich frage mich sehr oft, wessen Gott ist das eigentlich, ist es der Gott solcher Menschen wie dem Erzkonservativen Wolfgang Haas, der jetzt Weihbischof in Chur geworden ist. Warum lassen sich die Katholiken das eigentlich gefallen? Was mutet der Papst seinen Gläubigen eigentlich zu? Das bringt mich auf die Palme. Wäre ich katholisch, würde ich dazu aufrufen: Jetzt treten wir alle aus der Kirche aus und gründen eine neue Kirche.

Noch einmal zurück auf die Frage nach der Erwartung: Gerade vom agnostischen Standpunkt her müßten Sie doch eigentlich konsequent sagen, daß Sie nichts wissen.

Sie haben recht, ich müßte sagen, ich weiß es nicht. Ich kann mir nicht vorstellen, daß es danach noch etwas gibt. Es gibt für mich keinen Gottesbeweis.

Aber im Requiem brauchen Sie ja gerade keinen Gottesbeweis, bevor Sie von Gott reden. Da haben Sie direkt prophetisch gesprochen, und zwar auf eine Weise, die mich befremdet. Ich könnte zum Beispiel den Satz »Sie haben deine Gnade nicht verdient«, als Christ nicht mitsprechen. Das ist ein gnadenloser Satz. Auch Johannes XXIII. hätte diesen Satz wohl nicht gesprochen. Ich denke, daß gerade dies die Menschlichkeit des christlichen Glaubens ausmacht, daß uns das Urteil über Menschen, und seien es die größten Verbrecher, nicht zusteht. Der Protest, die Kritik an den Umweltzerstörern, an den Verbrechern an der Ökologie: Ja! Aber die gnadenlose Verurteilung?

Das unterscheidet eben Sie von mir. Ich verdamme diese Leute, und sie sollen auch bestraft werden. Denn sonst hätten der Gerechte und der Ungerechte die gleichen Chancen. Das fände ich nicht richtig. Wenn die Rechnung vorgelegt wird, ist die Rechnung der Sünder eben eine andere als die der Nicht-Sünder.

Sich als Nicht-Sünder zu fühlen ist etwas, was den Religiösen, den Katholiken und Protestanten völlig fremd ist. Aber ich kann nichts dazu, daß ich mich nicht schuldig fühle. Ich wüßte nicht, inwiefern ich tatsächlich bewußt irgend etwas getan hätte, was die Misere der Welt herbeigerufen hätte. Aber das können die Christen nicht sagen, statt dessen haben sie meist das Bewußtsein, daß sie selbst Sünder sind, anders als ich, der nicht in der christlichen Tradition großgeworden ist.

Herr Hildesheimer, Sie haben vor vier Jahren öffentlich angekündigt, Sie wollten keine Prosawerke mehr schreiben, weil Sie dies angesichts der ökologischen Katastrophen für sinnlos hielten. Das ist in der Öffentlichkeit sehr hochgespielt worden. Es wurde beinahe wie ein apokalyptisches Zeichen gedeutet. Aber hatten Sie nicht eigentlich immer schon ein eher gebrochenes Verhältnis zu Ihrer Schriftstellerei? Ist Ihr Entschluß nicht sehr hochstilisiert worden?

Ja, sehr stark, obwohl ich meinen Entschluß eben nicht nur im stillen Kämmerlein gesagt habe. Meine Entscheidung sollte beispielgebend für andere sein, um das Publikum durch den Akt des

Nichtschreibens zum Nachdenken zu bringen. Günter Grass hat mir zum Beispiel völlig recht gegeben und hinzugefügt, er könne allerdings selbst nicht aufhören zu schreiben. Auch Günter Kunert hat gesagt, ich hätte völlig recht. Es hat keinen Zweck mehr, es ist sinnlos, in den nächsten Jahrzehnten werden wir alle an unserem Überleben arbeiten müssen, wer hat da noch Zeit, eine Liebesgeschichte zu lesen? A liebt B, B liebt jemand anders? Die Konstellationen des Romans haben sich erschöpft; es ist aus. Vielleicht bin ich etwas zu weitgegangen, indem ich gesagt habe, ich schreibe überhaupt nicht mehr. Ich schreibe hin und wieder einen ökologischen Aufsatz für die *Bündner Zeitung*, und ich habe ja auch den Text zum Requiem geschrieben. Das ist für mich allerdings keine schriftstellerische Aussage mehr, sondern es ist etwas, wo mir durch einen glücklichen Zufall, Sie können auch sagen durch Gottes Willen, etwas zugespielt worden ist, mit dem ich sagen konnte, was ich sagen wollte.

So sehr ich Ihre Aussage über die ökologischen Bedrohungen anerkenne, so scheint mir Ihr Entschluß, als Schriftsteller aufzuhören, doch sehr viel mit Ihrer eigenen Werkgeschichte zu tun zu haben: Wolfgang Hildesheimer hatte keine Lust mehr.

Ich kann heute nicht mehr feststellen, ob ich zuerst nicht mehr konnte und dann nicht mehr wollte oder, was wahrscheinlicher ist, daß ich nicht mehr wollte und heute nicht mehr könnte. Das Persönliche und das Allgemeine sind sehr stark miteinander verwoben.

Atheisten enttäuschen mich unglaublich

Gespräch mit *Gabriele Wohmann*

1932 wird Gabriele Wohmann als Tochter eines protestantischen Pfarrers in Darmstadt geboren. Obwohl vom Elternhaus stark geprägt, lassen ihre ersten literarischen Arbeiten, mit denen sie bereits in den 50er und 60er Jahren bekannt wird, nichts von einer Auseinandersetzung mit religiösen Themen erahnen. In Romanen wie »Jetzt und nie« (1958), »Abschied für länger« (1965) oder »Ernste Absicht« (1970), in Erzählungen wie »Sieg über die Dämmerung« (1960), »Ländliches Fest« (1968) oder »Habgier« (1973) geht es ihr vor allem darum, Kleinbürger- und Wohlstandsbürger-Psychogramme zu entwerfen. Mit »bösem Blick« werden die bürgerlichen Fassaden durchschaut. In ironisch-sarkastischer, scheinbar distanziert-gefühlloser Sprache konzentriert sich die Autorin auf die Schwächen und Miseren des Menschseins.

Zu Recht hat die Kritik deshalb bemerkt: Gabriele Wohmanns Geschichten handeln fast alle »von ›kleinen Leuten‹ mit großen Träumen, von unerfüllten Wünschen und zerschlagenen Hoffnungen, von Durchschnittsmenschen, denen viel widerfährt und die doch nichts erleben. Der Grundton schwankt zwischen Bitterkeit und Verbitterung. Die meisten der dargestellten Figuren sind scheu, verschlossen, kontaktarm und vor allem: unfähig, sich zur Sprache zu bringen. Es fehlt ihnen an Kommunikation im Zeitalter der Kommunikationsmittel. Diese Geschichten aus dem Leben sind nichts anderes als Fragmente einer Leidensgeschichte« (J. Imbach). Erster Höhepunkt ist die im Roman »Ernste Absicht« (1970) beschriebene Krankheitsgeschichte einer Frau (eine nur schwach verschlüsselte, autobiographisch angelegte Figur), die die Krankheitszäsur dazu nutzt, ihr bisher gescheitertes Leben kritisch zu analysieren. Sie leidet an der Unfähigkeit zu leben, der »Krankheit zum Tode, wie Kierkegaard die Verzweiflung genannt hat«. Davon überzeugt, daß es »den Sinn des Lebens« nicht gibt, bleibt kein Hoffnungsrest übrig: »Ich sterbe, am Leben, immer weiter«.

Erscheint in diesem Roman der Tod als einziger Ausweg aus Lebensekel, Angst und Selbstzerfleischung (»Das sind ernste Absichten, das ist ernste Verwirklichung«), so setzt der 5 Jahre später erschienene Roman *Schönes Gehege* überraschenderweise völlig neue Akzente. Wieder geht es um die Lebenskrise eines Menschen, eines bekannten Schriftstellers, der nun aber versucht, sich vom Bild des resignativen Melancholikers freizumachen, mit dem die Öffentlichkeit ihn identifiziert. Er will heraus aus der Rolle des zynischen Pessimisten und sucht ein »schönes Gehege« aus Glück, Versöhnlichkeit und Trost: »Ich habe wirklich vor, ständig an der Ermöglichung von irgend etwas Gutem, Richtigem, Schönem zu arbeiten, an diesen winzigen Anstiftungen zum Glück. Ich habe unheimlich große Hoffnung.« Und mit der Hoffnung kommt es auch zum Widerstand gegen den resignativen Fatalismus und das Versinken ins bloße Nichts: »In das GAR NICHTS kann ich einfach nicht einwilligen. Ich hasse diesen Fatalismus, oder: dieses NA JA, aus und vorbei, nichts als Asche, Erde, Gewürm, Nichts. Ich mache das nicht mit. Das Nichts macht mir einen Ekel.«

Dieses neue »Hoffnungstraining« der Wohmannschen Figuren hat auch Konsequenzen für die *Frage nach Gott*. Erstmals in »Schönes Gehege« beschreibt Gabriele Wohmann literarisch eine Figur, die religiöse Sehnsüchte nicht verdrängt, sondern ausspricht. Morgens beim Aufwachen läßt sie ihren Helden ein Gebet sprechen: »Laß es keinen gottlosen Tag werden. Laß mich nicht in diese Leere fallen, die ich neuerdings als Gottlosigkeit bezeichnen will, weil Langeweile und Leere mir jetzt als stumpfsinnige, verödete Entfernung von was weiß ich Göttlichem erscheinen, laß mich mein Selbst in jeder Minute als mein Selbst empfinden, so deutlich, daß ich nicht den Frevel begehe, auch nur eine Minute an der Öde zu erstarren, also auch nur eine Minute zu versäumen. Daß mir nicht ganze Stunden, halbe Tage verloren gehen: in dieser Art von Gottlosigkeit.«

Dieses neue Einüben von Sinn und Hoffnung, dieses neue Ausprobieren des Wortes »Gott« (als Garant für solchen Sinn und Trost) bringt Gabriele Wohmann auch in einem Gedicht zum

Ausdruck, das in der gleichen Zeit entstand und Aufnahme in ihren Gedichtband »Ich weiß das auch nicht besser« (1974) gefunden hat. Titel: »Es-geht-mir-gut sagen«:

»Also, Ihr Lieben, ES GEHT MIR GUT
Denn ich lasse mich nicht
Aus den Gleichzeitigkeiten herausreißen:
Was GUT ist kann ich rekordverdächtig gut genießen
Und während ich wettbewerbsfähig Apfelstrudel
Einen Seegang, dieses Lied gut finde
Kommt wettbewerbsfähig
In den letzten Anstalten, Intensivstationen
Und in den letzten Heimen der letzte Kummer zum Zuge
Ich bin nicht unter den 600 000 Leuten von Kalkutta
Die auf der Straße schlafen
Ich liege genau so bequem wie ich gebettet bin, und finde sogar
Mehr Bequemlichkeit wäre noch besser
Eine Verdrossenheit halte ich keine paar Stunden durch
Etwas sehr Schönes erwartet mich in der Ferne
Und macht mich widerstandsfähig, z. B.
Hinter Franz Schubert her auf der WINTERREISE,
    aufgehoben in
Der Kantate Bachwerkeverzeichnis Nr. 4
Todsicher dosierte Pharmakologie der Gifte und der
    Gegengifte
Die den Tod beinah aus der Welt herausdenken läßt
ES GEHT MIR GUT, weil ich das Schmerzverbot übertrete
Der Kopf, mitten in eine Trauer gefallen
Ebnet, vom Sturz benommen
Und doch wie erlöst
Die geheimen Reizschwellen zur Geborgenheit, zur
    Versöhnung
Zu einem endlich übergeordneten Vertrauen
Lieber-Gott-Sagen ist möglich. Das liegt an mir.

Doch dann bleibe ich sitzen vor der langen Kamerafahrt
Vorbei an den verhungernden äthiopischen Kindern
Vor jeder demonstrierten und vor jeder verschwiegenen
    Gaunerei

100

Meine Antwort auf den weltläufigen Wahnsinn dürfte doch nur
Mein vernünftiger Wahnsinn sein
Ich bleibe aber bedacht auf die Feineinstellung der Farbe
Ich fange wieder an mit mir. Wieder ICH sagen
ES GEHT MIR GUT sagen – auf diese Weise.«

Diese Linie der Sinnsuche (trotz aller Wahrnehmung des »weltläufigen Wahnsinns«) setzt sich in den Arbeiten der 70er und
80er Jahre fort. Auch Hubert, der Held des Romans »Frühherbst
in Badenweiler« (1978) wehrt sich gegen den Zustand der Leere,
den er als Gottlosigkeit versteht: »Er konnte Atheisten sowieso
nicht gut leiden. Die Welt war ohne sie enttäuschend genug.«
Der im nachfolgenden Gespräch geäußerte Satz (»Atheisten enttäuschen mich unglaublich«), der dem ganzen Gespräch den Titel gibt, klingt also bereits in diesem Roman an. Deutlich läßt
sich somit eine *Wende im literarischen Werk Gabriele Woh-*
manns erkennen: von der pessimistischen Daseinsbeschreibung
zur sinnsuchenden Daseinsbefragung. Autobiographische Motive hatten dabei zweifellos ihren Anteil, wie Gabriele Wohmann
im Gespräch selber bestätigt. 1974 war ihr Vater gestorben, der
jahrzehntelang Leiter des Hessischen und Rheinisch-Westfälischen Diakonievereins gewesen war. Literarisch gespiegelt wird
dieses Ereignis an der eigenen Mutter, die nun als Witwe mit
dieser Lebenszäsur fertig werden muß. Das Buch »Ausflug mit
der Mutter« (1976) entsteht, und auch hier ist die religiöse Dimension ausdrücklich einbezogen: »Hör mir mal zu, Mutter:
Über die Toten soll keiner weinen: um die Lebendigen muß man
bis in die verzweifelten Knochen und auszehrend trauern. Der
Vater, wie jeder, der gestorben ist, ist und hat erlöst, ja, das hat er
für uns getan, er hat erlöst von Angst und Schuld und Reue und
bewußtlos biologischem Hoffen und von erbärmlichem Ich-
Denken und Selbstgefühl – hörst du mir zu, ich finde, du sollst
nicht weinen.«
Verbarg sich Gabriele Wohmann lange Zeit noch hinter ihren
literarischen Figuren, drückte sie ihr eigenes Glaubensbekenntnis
in literarischen Rollen aus, so ist sie Mitte der 80er Jahre bereit,
immer entschiedener diese Rollen zu verlassen und von ihren
eigenen religiösen Überzeugungen, Hoffnungen und Sehnsüch-

ten auch ganz persönlich zu sprechen. Vorläufiger Höhepunkt ist ein Radioessay unter dem Titel »*Die Selbstverständlichkeit des Unzeitgemäßen*« von 1988. Beeindruckt durch die Lektüre des »Römerbriefs« von Karl Barth und den Schriften Søren Kierkegaards, formuliert sie direkt und unverblümt ihre *Erwartungen an das Christentum*: »So hätte ich gern Kirche, Christentum: so nah und so unverkrampft wie möglich bei der Lehre. So unmodisch unabgeändert, ohne Kniefall vor dem Unterhaltungsbedürfnis der Zeitgenossen. Abstinent gegenüber dem Trend zum Synkretismus, dieser Mixtur aus Fernost und sonstwoher adaptierter Mystizismen abhold. Dem Christentum muß Gottes Zusage überwältigend genug sein. Nicht einmal neuer Gleichnisse bedarf ich, denn die besten stehen im Evangelium; mir ist es selbstverständlich recht, wenn die Predigt sie erklärt. Was ich aber nicht ausstehen kann, ist ein Gott als Sportschiedsrichter, Jesus der Torwart usw. Ebenso widerstrebt mir die allzu eilfertig erbötige tagespolitische Einmischung«.

Ja, Gabriele Wohmann deckt in diesem Text nicht nur ihre »Lieblingsstellen in der Bibel« auf (darunter: »Fürchte dich nicht, denn ich habe dich erlöst«; »In der Welt habt ihr Angst, aber seid getrost, ich habe die Welt überwunden«; »Es ist aber der Glaube eine gewisse Zuversicht des, das man hofft, und ein Nichtzweifeln an dem, was man nicht sieht«). Darüber hinaus formuliert die Autorin auch unmißverständlich ihren »Traum von Kirche«: »Mitleidig und auch mahnend soll sie den Menschen darin unterstützen, Gottes zu bedürfen. Brauchen wir ein neues Christentum? Nein. Wir brauchen wahrscheinlich einen neuen Elan, uns des alten und einmaligen Christentums absolut in Theorie und Praxis zu erinnern. Die Hauptarbeit ist Verkündigung, ist die bergführerartige Arbeit, den Menschen auf dem Weg zum Glauben zu leiten. Noch etwas, das ich erwarte und das der Prediger wiederholen sollte, so oft er nur kann; zuvor hat Kierkegaard es behauptet, und es ist schön, lebenswichtig, hilfreich, schwer verständlich und leicht verständlich zugleich, es ist ganz und gar nicht zwecksüchtig und nicht pragmatisch und lautet: ›Der Gegensatz zur Sünde ist nicht die Tugend, sondern der Glaube.‹«

Erstaunliche Sätze aus der Feder einer Schriftstellerin der Gegenwart, die so ganz in Kontrast stehen zu vielen ihrer literarischen Arbeiten, in denen es von ungetrösteten, lebensunfähigen, daseinsverzweifelten Figuren nur so wimmelt. Grund genug also, das Gespräch zu suchen, das denn auch bei diesem überraschenden, aber werkgeschichtlich nicht unvermittelten Essay einsetzt. In der Zwischenzeit hat Gabriele Wohmann dieses ihr Glaubensbekenntnis auch in neuen Erzählungen umgesetzt, die unter dem Titel »Kassensturz« 1989 erschienen, vor allem in den Stücken über eine Theologiestudentin (»Drittes Semester«), eine Vikarin (»Die Vikarin«) oder einen Bischof (»Friedensalarm«). Die Kritik hat ihr dies übelgenommen. Gabriele Wohmann – so hieß es – habe »nun auch das Christentum entdeckt« (FAZ vom 10. 10. 89), eine Bemerkung, die ebenso salopp wie falsch formuliert ist. Vor allem aber nahm man der Autorin übel, daß sie sich in diesen Erzählungen sprachlich »fast schon pathologisch sinnenfeindlich« gebärdet habe: »Keine Darstellungen von gemütsbewegten Gesichtern, keine Naturschilderungen, keine Farben, keine Gerüche, keine Bewegungen, keine Beschreibungen von Innenräumen oder Kleidern, geschweige denn von Phantasiebildern«. Wenn Gabriele Wohmann »als christliche Autorin« ernst genommen werden wolle, müsse sie noch eine Menge lernen: »Denn bedeutende christliche Literatur zeichnet sich durch originelle Sprachleistungen, vor allem aber durch den Mut aus, mit dem der Blick in alle Abgründe von Leben und Tod gewagt wird. Puritanische Leibfeindlichkeit und fromme Anspielungen locken heute keinen Hund mehr hinter dem Ofen hervor.«

Wie immer: Gabriele Wohmann bleibt eine Schriftstellerin, die nach wie vor an den Widersprüchen der Existenz leidet und immer stärker Widersprüche auf sich zieht. Widersprüche aber waren stets das Movens ihres literarischen Werkes. Gültig bleibt deshalb, was sie in ihrem Gedicht »Widersprüche« (aus dem Gedichtband »Ich weiß das auch nicht besser«, 1974) zum Ausdruck gebracht hat:

»Mein Entsetzen über mich, mein wahres Bedauern
Doch denen, die eingesehen haben
Daß sie über sich selbst verzweifeln müssen
Demonstriere ich meine Kurerfolge
Mein vernünftiges Bild von der Welt

Mit meiner einwandfreien Morallehre
Schüchtere ich die Eingeschüchterten ein
Ich imponiere als Theoretiker
Ich sage nichts über meine miserable Praxis
Wenn du noch schläfst und ich schon lang wach bin
Habe ich ganz besonders viel für dich übrig
Es wird auch heute wieder ringsum in meinem privaten Bereich
Nach Vernachlässigungen aussehen
Und nach Vergeßlichkeiten
Während auch heute wieder sämtliche paar Anhänglichkeiten
Weiter zunehmen werden
Sich immer enger um mich schließen werden
Unter den Atheisten bin ich auf Kirchenlieder
Und Bibelzitate versessen
In der Gemeinde machen meine Zweifel mich nervös«

Gültig bleibt aber auch, was Gabriele Wohmann in einem Artikel über die Gedichte des amerikanischen Autors John Updike über sich selber sagte: »John Updike hat Angst vor dem Weltende, die Entropie entsetzt ihn. Kein Wunder, denn er lebt gern und weiß, trotz Kierkegaard- und Karl Barth-Lektüre mit Nutzanwendung, noch nichts Besseres, und daß er in dieser Menschenfurcht Gottes bedarf, rückt ihn mir immer wieder sehr nah; Kierkegaard zufolge (Gottes zu bedürfen macht die Vollkommenheit des Menschen aus) begeht er den angestrebten Weg und bekennt er nun seine lebenslustige Schwäche, in der ›Enge der Angst‹, nicht ein für allemal die richtige, die nicht pur naturgebundene Hauptstraße gewählt zu haben. Gerade deshalb ist und bleibt er ein Künstler... Immer bereit, andächtig hinzuschauen, wünscht Updike sich Gläubigkeit und Religion ausdrücklich konkret, und in ›Sieben Strophen zu Ostern‹ warnt er davor, die Bibel nicht wörtlich zu nehmen. Ihm wie mir liegt viel daran, die Auferstehung nicht als mythische Metapher und eine unter mehreren passablen ›Weltanschauungen‹ abzuhaken. Wozu denn auch die Mühsal einer Existenz als Künstler, wenn die Adresse allen Tuns bloß dieses ramponierte, in seinen Harmonien gestörte und bedrohte Planetendiesseits wäre? Wer überließe sich denn der anstrengenden Obsession ständiger Wahrnehmung und der Umwandlung in Kunstgebilde, bloß für Hier und Jetzt? Jemand, der auf Gott glaubwürdig neurotisch angewiesen ist wie Updike, so jemand doch ganz gewiß nicht – und die Wiederholung dieser Erfahrung mit ihm macht mir auch dieses Gedicht-Geschichtenbuch liebenswert« (Die Welt vom 30. 9. 1986).

In der Tat – das Gespräch unterstreicht es: Gabriele Wohmann ist eine Autorin, die sich eingesteht, »auf Gott glaubwürdig neurotisch angewiesen« zu sein.

Das nachfolgende Gespräch erschien am 8. September 1989.

Frau Wohmann, in der Regel erlebe ich Schriftsteller, die in Sachen Christentum und Religion äußerst zurückhaltend sind und der Kirche kritisch oder ablehnend gegenüberstehen. Nun haben Sie kürzlich in dem Essay »Die Selbstverständlichkeit des Unzeitgemäßen« ausdrücklich den Verkündigungsauftrag der Kirche unterstrichen. Es hat den Anschein, als verspürten Sie weniger Hemmungen als andere, direkt von Ihrem Christsein zu sprechen. Trifft dieser Eindruck zu?
Ich kann nicht sicher sagen, ob ich vor zehn Jahren anders über die Kirche oder über meine Beziehung zur Religion gesprochen hätte. Eine Art Treuebindung ist allerdings immer dagewesen. Dabei spielt es sicher eine Rolle, daß ich Pfarrerstochter bin. Es gibt natürlich auch Kinder von Pfarrern, die sich erst recht ablösen. Mein Vater war als Vater und als Pfarrer ein sehr toleranter Mensch. Ich habe nie das Verlangen gespürt, gegen ihn rebellieren zu müssen. Ich möchte hier einmal zurückfragen: Wieso bringt Sie das als Theologe in Verlegenheit, wenn ich mich christlich äußere? Da müßten Sie doch sagen, daß Sie das freut…
Ich habe die Frage deshalb gestellt, weil Sie einige Sätze sehr ausschließlich formuliert haben, etwa den, daß nur die Kirche allein die Vollmacht habe, von Erlösung zu reden. Mich wundert es, so etwas direkt aus dem Munde einer Schriftstellerin zu hören.
Schriftstellerei und Literatur können keine Erlösung bieten, sie bieten alles mögliche andere: Interessantheit, Unterhaltung,

Menschenkenntnis, sie vermitteln Genuß, Freude, Bestätigung, Identifikation – aber nichts wirklich Erlösendes, Transzendentes. Dazu ist nur die Kirche in der Lage. Mich stören auch all diese anderen Erlösungsangebote, die heute an die Menschen herangetragen werden, etwa in der Esoterik mit diesem großen Mischmasch: Geht da hin, geht dort hin, hier findet ihr etwas Erlösendes, dort findet ihr etwas Erlösendes, fahrt nach Fernost, macht Yoga-Übungen oder Psychoanalyse. Das sind sicher alles wichtige Dinge, aber sie vermögen nicht das, was Kirche, was Religion, was Gott vermag.

Können Sie Leute verstehen, die nun umgekehrt Schwierigkeiten haben, das im Raum der Kirche zu finden, was Sie Erlösung nennen, weil sie es dort nicht erleben?

Es kommt darauf an, ob die Leute sich selbst mit der Religion beschäftigen, ob sie beispielsweise zu Hause einmal die Bibel aufschlagen oder ob sie Texte etwa von Kierkegaard oder Karl Barth lesen – ich nenne jetzt meine eigenen beiden Kronzeugen. Passivität führt im Glauben nicht weiter, man kann nicht einfach dasitzen und erwarten, daß alles vom Pfarrer kommt, ohne daß man selbst etwas dazu tut. Man muß es selbst wollen, ein drängendes Bedürfnis verspüren nach etwas mehr, als dieses eigentlich ja erbärmliche Diesseits bietet. Ohne dieses Bedürfnis erlöscht die Aktivität, ist kein Mut da, nach Glauben, nach Hoffnung, nach Gott zu suchen.

Das hört sich an, als hätten sie eine sehr starke persönliche Bindung an die Kirche. Sind Sie das, was man »praktizierende Kirchgängerin« nennt?

Zu meiner Beschämung muß ich sagen: Nein, das bin ich nicht. Ich bin in der Gemeinde nie seßhaft geworden. Leider. Ich möchte mich vielleicht auch nicht enttäuschen lassen. Aber man müßte auch die mögliche Enttäuschung beispielsweise durch eine Predigt riskieren.

Sie schreiben in dem genannten Essay: Hauptaufgabe der Kirche sei Verkündigung und die »bergführerartige Arbeit«, die Menschen auf den Weg zum Glauben zu leiten. Was mich an diesem Satz befremdet, ist, daß Kirche hier eine Art Führerschaft zugeschrieben wird, als sei sie sich ihrer selbst so sicher. Ich bin mir eben auch als Theologe meines Glaubens nicht so sicher. Ich meine damit die im Glauben erfahrene Unsicherheit vor Gott selbst. Kann die Kirche als eine Gemeinschaft von Menschen, das, was Sie von ihr verlangen, überhaupt leisten?

Eine Predigt kann durchaus subjektiv sein, der Pfarrer kann sich selbst einbringen. Aber er sollte sich an die Heilsbotschaft halten. Das heißt nicht, daß er ohne Zweifel sein muß. Sicher gibt es auch – beneidenswerte! – Menschen, die nie gezweifelt haben, die in einem festen Urvertrauen aufgewachsen sind. Aber selbst Martin Luther sagt, daß das einzige Gebet, das wirklich gehört wird, das Gebet um stärkeren Glauben ist. Ich vermute, daß auch Luther Momente des Zweifels hatte.

Was ich kritisiere, sind zaudernde Pfarrer, die eigentlich doch lieber über etwas Soziologisches sprechen. Das gilt oft auch für das Wort zum Sonntag im Fernsehen. Ich habe den Eindruck, daß man sich da in modischen Vergleichen um das Wesentliche und um das Wort Gott herumdrückt. Wer sagt denn schon noch Gott?

Sie haben einmal über einen Besuch von Ihnen in einer Kirche geschrieben. Sie nehmen dabei ein Bibelzitat auf: »»Wir haben hier keine bleibende Stadt, sondern die zukünftige, die suchen wir.‹ Und schon geht es mir besser, dort in der Kirche, der schönen Behelfsstadt, im Vorgeschmacksort der ›göttlichen Behausungen‹, der ›lieblichen Wohnungen‹, jenen Seelenplätzen, die uns die Bibel so liebevoll gleichnishaft in Szenarien verwandelt.« Ist das nicht ein schwärmerisches Kirchenbild, wenn man etwa an die Entwicklungen in der katholischen Kirche denkt?

Ich meine damit nicht die Machtstrukturen. Die Kirche wird von Menschen gemacht, und sie macht natürlich viele Fehler. Was ich meine ist, daß die Kirche zum Glauben hinführen soll.

Wenn ein junger Mensch Sie fragen würde, was ist für Sie Gott, was würden Sie antworten?

Das zu erklären ist sehr schwierig. Wir sollen uns keine Bilder machen und machen sie uns trotzdem. Gott ist verborgen, wie Karl Barth sagt. Wir können ihn nicht kennen, wir können nur auf ihn hoffen. Das ist viel.

Beten Sie?

Ja. Ich kann meinen Tag nicht so gedankenlos wie ein Tier abschließen. Nichts gegen das Tier, aber ich bin Mensch, und ich muß eine Summe bilden, jeden Abend, jede Nacht – vielleicht ist das der Grund meiner Einschlafstörungen. Und dann muß ich beten. Manchmal sage ich mir, eigentlich müßte ich auch morgens beten.

Wenn ich Sie richtig verstanden habe, verlangen Sie von Religion Hoffnung, Zuversicht, Stärkung. Wir kommt es, daß all das in Ihren Werken kaum vorkommt und Sie im Raum der Literatur nur den zweifelnden, den an Lebensekel kranken und oft bis hin zum Selbstmord verzweifelten Menschen beschreiben, der sich in Widersprüche verstrickt hat?

Ich schreibe keine religiöse Literatur, und es beruhigt mich eigentlich, daß der autobiographische religiöse Text, aus dem Sie zitiert haben, nicht dem entspricht, was ich beruflich mache. Denn meistens werde ich darauf festgelegt – wie übrigens alle Frauen, die schreiben: »Das ist alles sowieso nur autobiographisch.« Das ist aber nicht richtig, obwohl solche zweiflerischen, widersprüchlichen, ängstlichen und auch verkorksten Menschen mir sehr nahestehen. Zuversichtliche, hoffnungsfrohe und glaubensstarke Menschen möchte ich möglichst nicht schildern, weil sie literarisch nicht so viel hergeben. In der gesamten Weltliteratur ist es so, daß immer die Scheiternden und Konfliktbeladenen die richtige Dramaturgie liefern: Sie sind, verkürzt gesagt, einfach ergiebiger.

Woran liegt das eigentlich? Warum ist es nicht möglich, ein solches Schema einmal zu durchbrechen: Man beschreibt als Schriftsteller entweder glaubenslose Menschen, die sich in ihre eigenen Lebensprobleme verstricken. Oder man schreibt autobiographische Texte, in denen Sie als glaubende Christin Trost, Hoffnung, Zuversicht, Angstbewältigung suchen. Warum ist es nicht möglich, in Ihren literarischen Texten Menschen zu schildern, die ihre Probleme mit Gott haben?

Solche Menschen schildere ich auch. In meinem letzten Roman »Der Flötenton« kommen sieben Hauptfiguren vor, eine ist ein emeritierter Religionswissenschaftler, der seine Probleme mit Gott hat. Der Gau in Tschernobyl hatte sich ereignet, kurz bevor die erzählte Zeit beginnt. Das stellt sein Gottesbild und sein Lebensverständnis in Frage, obwohl er spürt, daß seine Fragen seiner geistigen Kapazität nicht angemessen sind. Eigentlich ist ihm immer ganz klar, daß Gott damit nichts zu tun hat, was die Menschen mit diesem Globus anrichten. Über die tieferen Glaubenskonflikte schreibe ich allerdings nicht, vielleicht auch aus Respekt vor der theologischen Wissenschaft. Es reicht dazu nicht, einige Stellen aus der Bibel einfach gern zu haben, wie das bei mir der Fall ist.

Sie sprechen von Zitaten aus der Bibel, die sie gern haben. Welche sind das?

Ich denke an Worte des Trostes wie: Sorget nichts. Oder: In der Welt habt ihr Angst, aber seid getrost. Oder die Segensformel: Der Herr segne und behüte euch. Oder Hebräer 11,1: Es ist aber der Glaube eine gewisse Zuversicht des, daß man hofft, und ein Nichtzweifeln an dem, was man nicht sieht. Das, finde ich, drückt eigentlich alles aus. Das »Nichtzweifeln an dem, was man nicht sieht« spricht mich sehr stark an.

Stimmt die Beobachtung, daß Sie selber religiöser sind, als Sie es ihre literarischen Figuren sein lassen können? Ist es die Aufgabe der Literatur, unsichere Menschen zu schildern und nicht Menschen mit einem tiefen, gesicherten Gottesglauben?

Ich möchte lieber über »bibbernde Gestalten« schreiben. *Die* Aufgabe der Literatur gibt es wohl gar nicht. Ich glaube, daß Literatur vor allem gut geschrieben sein sollte. Es gibt wohl auch noch Leute, die religiöse Literatur schreiben, Autoren wie etwa Edzard Schaper oder Gertrud Fussenegger. Ich habe sie aber nicht gelesen, denn wenn ich Literatur theologischer Art lese, dann lese ich sie lieber von den Theologen selbst.

Was meine Literatur angeht, so ist mir die Etikettierung, ich sei zuständig für die »kleinen Miseren im Alltag«, eigentlich etwas zuwenig. Die Figuren in meinen Büchern trachten auch nach etwas anderem. Ihre Sehnsucht, ihre Erwartungen, ihre ungewissen Empfindungen auf dieser Erde, all das kommt vor, ich muß es aber aus künstlerischen Gründen nur angedeutet lassen. Wenn man genau hinschaut, dann wird man sehen, daß in vielen Erzählungen Anrufungen vorkommen, »Lieber Gott«-Anfänge, Gebete, Gebetsversuche, Menschen, die unbedingt beten wollen, dann aber Konzentrationsschwächen haben und einschlafen und ein schlechtes Gewissen haben. Ich versehe das auch gerne mit ein wenig Komik.

Ich denke dabei an Ihre Erzählung »Habgier« aus dem gleichna-
migen Band aus dem Jahre 1973: eine Konfirmationsfeier wird
gestört, weil der Konfirmand seinen Konfirmationsspruch ernst
nimmt: »Wer Unrecht haßt samt der Habgier und seine Hände
abzieht, daß er nicht Geschenke nehme, der wird in der Höhe
wohnen, und Felsen werden seine Feste und sein Schutz sein.«
Das war eine Satire, die ich schon vor längerer Zeit geschrieben
habe. In der Satire kommen eher die Ungläubigen vor, diese
Habgier-Leute, die die Konfirmation zur Bereicherung ihres Be-
sitzstandes benutzten. Diese einfache Religiosität, die keine ist,
ist unter den Protestanten weitverbreitet.
Es gibt eine These über Sie, die versucht, Sie psychoanalytisch zu
erklären. Die Tatsache nämlich, daß Sie ständig Katastrophen-
geschichten über den Alltag schrieben, hinge damit zusammen,
daß Ihre Kindheit so behütet gewesen sei, und daß das Ver-
drängte durch Literatur nun kompensiert werden müsse.
Meine Güte! Typisch für die Psychoanalyse…
Auch ich halte das für Unsinn. Ich habe eine andere These.
Stimmt die Überlegung, daß beinahe alle Ihre Figuren unter
Rechtfertigungszwängen stehen? Daß sie über sich selbst zu Ge-
richt sitzen, sich stets vor einer imaginären Instanz glauben ver-
antworten zu müssen? Ich denke an Ihre großen Romane, an
»Ernste Absicht« (1970), wo Sie eine Frau in einem Krankenhaus
ihre Situation reflektieren lassen, oder an »Frühherbst in Baden-
weiler« (1978), wo ein Künstler in ein Kurhaus geht und eine
Midlife-Crisis durchmacht. Meine These ist: Das kommt aus Ih-
rem protestantischen Erbe. Leben von Menschen ist nicht selbst-
verständlich, sondern steht unter Rechtfertigungszwang.
Das kann zutreffen, obwohl in meinem Elternhaus ein anderes
Klima zu spüren war. Ihre These gefällt mir allerdings besser.
Natürlich gab es bestimmte Pfarrhausgebräuche, Tischgebete
oder die Andachten meines Vaters, zu denen wir mitgegangen
sind. Das sind sicher Beeinflussungen, aber ich habe mich damit
nicht sehr beschäftigt. Ich war jung, und da interessiert es einen
eigentlich gar nicht, ob es außer der hiesigen Welt noch irgend
etwas anderes gibt.
Aber trifft es zu, daß der Impuls, in Ihren großen Romanen ge-
brochene Figuren auftreten zu lassen, immer von einer Krisen-

erfahrung herkommt? Ein Leben ist fragwürdig geworden und muß gerechtfertigt werden. Über den Sinn muß nachgedacht werden, und man muß sich vor sich selbst verantworten. Daß überhaupt Leben verantwortet werden muß: kann das indirekt religiöse Wurzeln haben?

Ja, da könnte eine Wurzel liegen. So gehe ja ich mit mir selber auch um. Vielleicht hängt auch dieses beharrliche Weiterschreiben mit meiner protestantischen Prägung zusammen, wenn ich denke, du kannst nicht faul und müßiggängerisch dasitzen, du mußt mit deinem Pfündlein wuchern, du mußt das tun, was du kannst. Es ist eigentlich entsetzlich, daß man sich so einem Leistungszwang unterwirft…

Sie sagen in dem genannten Essay: Dem Zustand der Unerlöstheit steht die Angstbewältigung gegenüber und die Zusage Gottes an den Menschen. Nochmals grundsätzlich gefragt: Welche Funktion hat Religion für Sie?

Eine Funktion ist es weiterzudenken, wie es in dem Bibelwort ausgedrückt ist: In der Welt habt ihr Angst, aber seid getrost, ich habe die Welt überwunden. Das sind Aussagen, die nur geglaubt werden können, wie ja die ganze Heilsbotschaft nur geglaubt werden kann. Aber in diesem »Nur« liegt eine sehr große geistige Anstrengung. Die Hauptfunktion der Religion ist es, über dieses doch eigentlich ziemlich enttäuschende hiesige Sein hinauszudenken, und zwar nicht nur für mich, sondern auch in bezug auf andere. Ich selbst werde älter, die Verwandten werden älter, man sieht alles enden, der Globus und die Schöpfung werden immer mehr ramponiert. Jetzt kommen viele sofort mit dem Einwand: Aha, die Religion hat also eine pure Vertröstungsfunktion. Was soll ich sagen? Vertröstung oder, besser gesagt, Trost ist richtig und wichtig für mich. Ich sehe im Trost nichts Abschätziges.

Ich auch nicht, wenn man Trost und Vertröstung zu unterscheiden weiß. Andersherum gefragt: Hat Religion für Sie auch eine kritische, verändernde Bedeutung für das Diesseits, in dem Sinne, daß man die Welt verändern sollte?

Ja, natürlich, es wäre ein Mißverständnis, daß alles nur auf die Zukunft im Jenseits ausgerichtet ist. Um noch einmal auf meine Kindheit zurückzukommen: Mein Vater hat Religion praktisch gemacht, er war Leiter des Hessischen und Rheinisch-Westfälischen Diakonievereins. Er hatte mit seiner Theologieausbildung eigentlich etwas anderes vor, aber er hat diese Aufgabe von seinem Vater, der den Verband gegründet hatte, übernommen. Da habe ich viel von der praktischen Nutzanwendung des christlichen Glaubens gelernt. Ich bin sehr froh, daß die Kirche sich um Kranke und Behinderte kümmert. Das können zwar andere Institutionen auch. Die Kirche kann es allerdings in meinen Augen besser. Es ist ein großer Unterschied zwischen den Schwestern meines Vaters, die vom Glauben inspiriert waren, und »Tarifschwestern«. Die christlichen Schwestern – sie wurden natürlich auch nach Tarif bezahlt – hatten eine ganz andere Motivation. Sie haben es schon einmal länger am Krankenbett ausgehalten. Das klingt sehr altmodisch, was ich da sage. Meinetwegen ist es eben altmodisch. Aber es ist meine Überzeugung, daß es mit einer christlichen Glaubensmotivation viel besser gelingt, den Menschen zu helfen.

Ich finde bei Ihnen sehr viele Äußerungen über Gott, finde die Bereitschaft, direkt von Gott zu reden. Über die Gestalt Jesu äußern Sie sich kaum. Was steckt dahinter?

Ja, das macht mir auch zu schaffen, daß ich mehr von Gott spreche und mit Jesus Christus Schwierigkeiten habe. Über Jesus denke ich viel nach, er ist schwer vorstellbar, obwohl wir uns über ihn aufgrund der Erzählungen des Neuen Testaments durchaus Bilder machen können und sollen. Ich habe unlängst auf eine Umfrage über den Martin Scorsese-Film »Die letzte Versuchung Jesu Christi« geantwortet. Es ging um die Frage, ob man etwas gegen den vermenschlichten Jesus haben könne, ob man sich Jesus in einer Ehe vorstellen könnte und so weiter. Alle diese hypothetischen Fragen mißfallen mir außerordentlich. Denn ich denke, weil er ohne Sünde war, war er natürlich kein Mensch wie du und ich. Aber in diesen ganzen Fragen zeigt sich wieder das Bedürfnis in unserer heutigen kumpelhaften Ära, auch in Jesus Christus einen Jedermann zu sehen, einen Menschen wie du und ich, einen Reader's-Digest-Typen. Darin liegt wohl auch meine Schwierigkeit mit der Jesusgestalt: daß er Mensch war. Wenn er ganz Mensch gewesen wäre und alles erklärbar, dann bedürfte es auch des Glaubens nicht, denn dann könnten wir alles verstehen.

Wäre es unfair, wenn man sagen würde, Gabriele Wohmann schreibt trostlose Literatur, ist aber als Mensch selber auf der Suche nach Trost?

Trostlos sollte man vielleicht nicht sagen. Gabriele Wohmann schreibt Literatur über Ungetröstete, über Trostbedürftige, über Trostversessene. Das kommt in der Tat häufig vor bei meinen Personen, und das wird mir von der Kritik angekreidet, daß diese Leute so trostbedürftig sind. Es kommt auch vor, daß sie das Leben als Jammertal empfinden, und das können viele am allerwenigsten vertragen, wenn man das sagt. Das verstehe ich nicht, daß man angesichts all der Katastrophen und Schizophrenien auf dieser Erde nicht zugeben kann, daß wir hier unerlöst sind, und daß man dann statt dessen behauptet, das Reich Gottes sei hier, im Diesseits, eigentlich schon angebrochen.

Ist es möglich, daß Sie dadurch das Gefühl des Fatalismus, der Unabänderlichkeit des Schicksals verstärken?

Nein, viele Leser schreiben mir Briefe und sagen, daß sie sich wiederfinden in einer Person eines Romans oder in dem Verlangen, was darin ausgedrückt ist; die Art, wie ich schreibe, wird als wahrheitsversessen erkannt. Dadurch wird die Literatur glaubwürdig. Viele Menschen suchen in der Literatur nicht vordergründigen Trost, sondern sie suchen Wahrhaftigkeit und Identifikationsmöglichkeiten. Das kann ich selbst auch bestätigen, weil ich es lieber mit der Wahrheit etwa einer unglaublich traurigen Schubert-Musik zu tun habe als mit einer Operette.

Zwischen dem Roman »Ernste Absicht« (1970) und »Schönes Gehege« (1975) hat es ja so etwas wie einen Themenwechsel gegeben: die Suche nach Trost, nach Sinn wird stärker. Was ist zwischen 1970 und 1975 passiert? Ist das genau der Zeitraum, in dem Sie sich stärker der Religion zugewandt haben?

Vielleicht hängt es auch damit zusammen, daß 1974 mein Vater gestorben ist. Danach habe ich mich wohl gründlicher mit Theologie beschäftigt. Vorher war es eher so, daß ich dachte, da ist einer da, der dafür zuständig ist, du brauchst es gar nicht selber zu wissen. Vielleicht bin ich danach zu einem selbständigen Denken auf diesem Gebiet gekommen, ich bin mir aber nicht sicher, ob dieser Zusammenhang wirklich besteht. In der Regel analysiere ich mich nicht selbst.

Es gibt natürlich auch Leute, die die Antwort wissen und sagen: Aha, die Frau wird halt älter, deswegen wendet sie sich religiösen Fragen zu. Ich glaube aber nicht, daß das richtig ist. Es gibt ja auch Leute, die entdecken, daß meine Geschichten jetzt versöhnlicher werden. Dann merke ich immer, sie wollen von mir hören, daß ich älter werde. Dann kann es passieren, daß ich sofort eine bissige Satire dazu schreibe, weil mich das wurmt...

Ich möchte zum Abschluß noch ein Zitat von Ihnen vorlesen. In dem Gedicht »Widersprüche« sagen Sie: »Unter den Atheisten bin ich auf Kirchenlieder und Bibelzitate versessen, in der Gemeinde machen meine Zweifel mich nervös und unfreundlich, gegen die Extremisten verfechte ich den Standpunkt der absoluten Ausgewogenheit, mit den Liberalen finde ich die Liberalen scheißliberal.« Ist das, was die ersten beiden Sätze angeht, Ihre Position?

Ja. Atheisten enttäuschen mich unglaublich. Sie machen mich traurig und trübselig. Ich kenne die Einstufungen von dieser Seite schon als Kind. Als Pfarrerstochter gehörte man ja auch in diese kleine verachtete Schar, die mit einem »Sprechen wir besser nicht davon« oder »Das ist doch alles Quatsch« versehen wurde. Viele sind Atheisten auf eine platte Weise. Das finde ich trostlos, hier kann ich das Wort trostlos gebrauchen. Das ruft meinen Widerstand hervor. Da werde ich um so gläubiger oder versessener, es zu sein.

Aber in der Gemeinde der Glaubenssicheren vertreten Sie den Standpunkt des Zweifels?

Ja, sie machen mich nervös. Ich habe es auch schon erlebt, daß in einem Pfarrershaushalt die Frau mit einem Gebetswürfel hantierte, auf jeder Würfelfläche stand ein Gebet; sie würfelte um das »Gebet des Tages«, das Tischgebet und so weiter...

Das Gedicht kann man also so interpretieren, als würden Sie jeweils eine verschiedene Rolle spielen?

Es ist das Gefühl, in eine innere Opposition gedrängt zu sein. Es ist auch das Gefühl der Unzugehörigkeit. Daß man nirgendwo den Platz entdeckt hat, wo man sich zugehörig fühlt auf dieser ganzen Welt.

Ich glaube nicht, daß ich Atheist bin

Gespräch mit *Otto F. Walter*

Otto F. Walter wurde 1924 im schweizerischen Aarau als Sohn des katholischen Verlegers Otto Walter geboren. Er wuchs auf in einem geschlossenen, großbürgerlich-katholischen Milieu, das er in der Rückschau als außerordentlich patriarchalisch-repressiv schildert. Einer breiteren Öffentlichkeit wurde dies bekannt, als Otto F. Walter 1983 ein Rundfunkgespräch mit seiner Schwester Silja Walter führte, die als Nonne in ein Kloster gegangen und später ebenfalls literarisch hervorgetreten war. Walter erinnert sich, daß die »heile, geborgene Welt« seines Elternhauses »überschattet« worden sei von der Entwicklung seines *Vaters*, der immer mehr zum »Alkoholiker« geworden sei: »Wie er sich so alle drei, vier Monate bis zur totalen Besinnungslosigkeit auslöschte – das war für mein Gefühl schon eine Art von Selbstzerstörung. Eine Zerstörungsaktion, die mir psychologisch auch heute noch nicht ganz klar ist. Jedenfalls hat mich das auch sehr mitgeprägt. All das hat schwere Schatten auf meine Kindheit geworfen. Das Katholische, patriarchalisch natürlich und übermächtig, war für mich mit all seinen Schuldzuweisungen eine ständige Bedrohung.«

Ähnliches berichtet Walter über die Zeit seiner *katholischen Internatserziehung*: »Ich kam für drei Jahre in die Klosterschule Engelberg, wo ich jede Nacht weinte in der Zelle. Das war eine Zeit, die ich als totale Hölle, als Gefängnis empfand, als totale Beschneidung meiner relativ freien Dorfbubenwelt, die ich vorher erlebt hatte. Eine totale Männerwelt. Jede Frau war ausgeschlossen. Selbst meine Mutter durfte nicht hinein, sie war schließlich eine ›unreine‹ Frau. Also Patriarchat im Quadrat. Eine konsequente Fortsetzung der elterlichen Dressur zum Mann – notfalls mit Reitpeitsche durch den Vater – zum starken Mann, zum Unternehmersohn, zum Offizier, zur führenden Kraft in der Gesellschaft. Das waren ungefähr die Erwartungen… die Erwartungen vor allem auch meiner Mutter an mich. Es ist ja interessant, wie Frauen an der Dressur zum Patriarchat einen großen Anteil haben.«

Schon Mitte der 50er Jahre bricht Otto F. Walter mit diesem katholischen Milieu, aber auch mit dem konventionell-bürgerlichen Glauben. Ab 1956 ist er Leiter des literarischen Programms im väterlichen Verlag in Olten und baut eine vielbeachtete Abteilung moderner Literatur auf. Nach einem Konflikt im eigenen Verlagshaus wechselt er 1967 zum Luchterhand-Verlag, kehrt 1973 in die Schweiz zurück, wo er sich als freier Schriftsteller niederläßt. Unter dem Einfluß der Philosophie der »Frankfurter Schule«, vor allem unter dem Einfluß von Herbert Marcuse, Jürgen Habermas, Georg Lukacs und Th. W. Adorno, beginnt er sich politisch zu radikalisieren.

Seine frühen literarischen Arbeiten sind denn auch allesamt kritische Auseinandersetzungen mit der bürgerlichen Gesellschaft, so vor allem die Romane »Der Stumme« (1959), »Herr Tourell« (1962) und »Die Verwilderung« (1977). In diese Auseinandersetzung mit der Gesellschaft aber sind individuelle Konflikte hineinverwoben. In »Der Stumme« steht die Konfrontation zwischen einem lebensgierigen, gehetzten und seiner Triebhaftigkeit ausgelieferten Vater und einem sensiblen, zur Artikulation seiner Gefühle unfähigen Sohn im Mittelpunkt. Unschuldig-schuldig wird der Sohn zur Ursache des Unfalltodes des Vaters. Im Roman »Herr Tourell« wird die Lieblosigkeit und Veranwortungslosigkeit in der Beziehung zwischen Mann und Frau beschrieben und das Aufflackern des kollektiven Hasses gegen einen einzelnen thematisiert, der ohne direkte Gewaltanwendung in den Tod getrieben wird.

Im Roman »Die Verwilderung« freilich setzt Walter einen anderen Akzent. Einen der Helden des Romans, einen Journalisten, läßt Walter in seinem sensiblen Individualistentum nicht scheitern, sondern das »Aussteigen« aus den bisherigen gesellschaftlichen Verhältnissen probieren. Erfahrungen aus der Studentenbewegung sind hier mitverarbeitet. Die gleiche Problematik spiegelt Walter im selben Roman an der Geschichte eines jungen Automechanikers, der trotz fragwürdiger Kindheit und Jugend sich persönliche Integrität und Lebenskraft gerettet hat, und der einer Tochter aus bürgerlichem Haus, die der Ideologien von rechts und links überdrüssig ist. Beschrieben wird auch hier, wie beide nicht in die Verzweiflung getrieben werden, sondern sich aus der Gesellschaft zurückziehen und bald zum Kern einer kleinen Gemeinschaft werden, die sich nicht auf idyllische Träume beschränkt, sondern sachlich und realistisch eine auf Zusammenarbeit und gemeinsamen Besitz basierende Kooperative aufbaut.

An direkten religiösen Problemstellungen zeigt sich Walter in diesen Romanen nicht interessiert. Das Urthema seines literarischen Werkes ist freilich durchaus vom Erbe des Christentums und des Humanismus geprägt. Allen Romanen geht es letztlich um ein Stück *»Menschwerdung« des Menschen* (oder deren Verhinderung), allen liegt der Glaube an eine »radikale Humanität« zugrunde, die jede Form von Herrschaft des Menschen über den Menschen verwirft. Walters Literatur steht im Dienste einer »brüderlich-schwesterlichen Gesellschaft«. 1983 kann er deshalb seine geistige Position im Gespräch mit der Schwester so beschreiben: »Mein Leben und Schreiben sind ein Versuch auf die alltägliche Menschwerdung hin, sind ein Eintreten für ein menschenwürdiges Leben *vor* dem Tod. Das würde uns zwar noch nicht trennen, da gibt es auch viele Parallelen. Aber diese Welt des Christentums ist für mein Gefühl auf eine inakzeptable Art autoritär und patriarchalisch. Mit dem Rebellen aus Nazaret und seiner Liebe als Zentrum hat das nichts mehr zu tun. Da sind irgendwelche Altherren in Rom, wie übrigens auch in Washington, wie im Kreml, Mächtige, die über uns verfügen. Und das lehne ich kategorisch ab, lehne ich ab im Namen einer radikalen Humanität. Ich meine, daß gegen jede solche Herrschaft von Menschen über Menschen – und sei die Herrschaft noch so religiös getarnt oder individuell verinnerlicht – ein solidarisches Aufstehen nötig ist, ein Aufstand mit der unbedingten Forderung nach der brüderlich-schwesterlichen Gesellschaft.«

Ja, wie wenig die Frage der Religion für Otto F. Walter wirklich erledigt war, zeigt eindrucksvoll sein bisher bedeutendster Roman »Zeit des Fasans«, den er 1988 vorlegt. Das nachfolgende Gespräch setzt denn auch mit diesem Roman ein. Aufgearbeitet wird hier im Stile einer kritischen Familienarchäologie nicht nur die katholische Welt des Vaters, die für Otto F. Walter autoritär, antidemokratisch, patriarchalisch und politisch reaktionär war (Koalition von schweizerischen katholischen Unternehmern mit Hitler-Deutschland). Aufgearbeitet wird auch die katholische Welt der Mutter, ihr Madonnenkult, mit dem sie ihre Lebensangst bewältigte, einen fanatischen Reinheitskult betrieb (»unsere Mutter muß panische Angst vor allem Triebhaftem, vor allem Sexuellem gehabt haben«) und gleichzeitig sich Macht über ihre Männer zuspielte (die Madonnenverehrung als Ausdruck der Sehnsucht der Frau nach einer Urmutter-Kraft zur Kontrolle der Männer; Madonnenverehrung als »Rache der Frau im Patriarchat«).

Eingeschoben sind denn auch in diesen Roman Abschnitte mythischen Charakters (über Dana, die Urmutter) und Abschnitte über die Entwicklung des Matriarchats. Eingeschoben sind Reflexionen über den Zusammenhang von Patriarchat, militär-industriellem Komplex und Kulturdominanz durch den weißen Mann. Eingeschoben sind Passagen über den Marien-Kult der Mutter, die ihren Spannungshöhepunkt in dem Augenblick erreichen, als der Held des Romans – der nach dem Tode der Eltern in sein Elternhaus zurückkehrt – die von der Mutter benutzte Madonnenfigur aufspürt, ergreift und im Treppenhaus zerschmettert: Marienikonoklasmus als Akt der Befreiung von einem repressiven und regressiven Mutter-Bild.

Nach all diesen kritischen Passagen war es doch überraschend, wie sehr Otto F. Walter im Gespräch bereit war, auch über nichtentfremdete Formen von Religiosität (mystische Erfahrung) persönlich nachzudenken. Erstaunlich für einen, der noch im Gespräch mit der Schwester im Blick auf die Frage nach Gott geantwortet hatte: »Ich sehe ihn nicht, ich sehe diesen Gott nicht! Das ist vielleicht tragisch, aber ich erlebe ihn nicht, ich sehe ihn nicht. Ich habe den Eindruck, der beschäftigt sich längst mit anderen Sonnensystemen in seinen göttlichen Spielen, und wir zerstören uns hier. Wir warten auf irgendein Kommen… und die Katastrophe ist mitten unter uns.«

Das vorliegende Gespräch verstärkt dagegen eine andere Linie von Walters Denken, die ebenfalls bereits 1983 angeklungen war: »Das Christentum ruft seit bald 2000 Jahren die Menschen zur Umkehr, zur Liebe auf. Aber das bleibt ein moralischer Appell. Das Ergebnis ist denn auch, sagen wir: äußerst bescheiden. Obwohl jede Frau, jeder Mann einsieht, daß wir den Nächsten lieben sollen wie uns selbst. Alle versuchen es. Und: In aller Regel funktioniert es nicht. Resigniert stellen wir dann fest: Der Mensch ist und bleibt halt des Menschen Wolf. Uns bleibt also nur, auf Gottes Kommen doch noch zu hoffen. Und Buße zu tun. ... Wenn wir – wie alle Religonen – sie, diese gesellschaftlichen Strukturen, die uns ungeheuer und immer neu prägen, einfach ausblenden, verändert sich an den wölfischen Prinzipien unseres Lebens, unseres Zusammenlebens nichts. Wir bleiben Wölfe oder arme Sünder und hoffen auf Erlösung irgendwo im Jenseits. Nein. Ich rede nicht einem wilden Aktionismus das Wort. Kontemplation, Stille, meditative Versenkung auf das mystische Zentrum in uns und im Kosmos hin – ja, dreimal ja! Aber dazu und dennoch, so peinlich das sein mag: Wir müssen diese gesellschaftlichen Voraussetzungen, unter denen wir leben, Stück für Stück aufs uns Menschen Gemäße hin verändern – verändern und aufbrechen auch in uns selbst –, dann, dann erst, ist unsere Humanität fähig, sich – auch im Sinn des Urchristentums – solidarisch zu entfalten« (s. O. F. Walter – S. Walter, Eine Insel finden. Gespräch, Zürich 1983).

Das nachfolgende Gespräch erschien am 23. Mai 1990.

Herr Walter, Sie haben sich vor allem als politischer, gesellschaftskritischer Schriftsteller einen Namen gemacht. In Ihren Romanen werden immer wieder die Arbeitswelt und die ökonomischen und politischen Konflikte – vor allem in der Schweiz – angesprochen. Ich möchte mich auf den Aspekt konzentrieren, welche Rolle die Religion in Ihrem Leben, Ihrem Denken, Ihrem Werk spielt. Die religiöse und kirchliche Dimension kommt als wichtiges Motiv in Ihrem letzten Roman »Zeit des Fasans« aus dem Jahr 1988 in aller Deutlichkeit zum Ausdruck. Können Sie Ihren konfessionellen Hintergrund beschreiben?
Ich komme aus einem katholischen Elternhaus. An der Figur des

Vaters kann ich den Hintergrund verdeutlichen. Er entstammte einer Industriellenfamilie; er hat an der katholischen Universität in Fribourg in der Schweiz studiert, er war führender Vertreter der organisierten Studentenschaften. Um politisch wirken zu können, hat er sich eine katholische Tageszeitung gekauft, ein winziges Blättchen, das mit zwei Druckmaschinen erstellt wurde. Daraus entstand schließlich der Walter-Verlag in Olten in der Schweiz, später auch in Freiburg im Breisgau. Mein Vater wirkte als Publizist, als Journalist, als Herausgeber von Zeitungen und katholischen Familienblättern und einer Tageszeitung. Er wurde Abgeordneter in unserem Bundesparlament, immer als Vertreter der katholisch-konservativen Gruppierung. Kurz: Er war eine Säule der katholischen Gesellschaft in der Schweiz.

Auf der anderen Seite steht die Figur der Mutter, die auch aus einer katholischen Tradition stammt. Sie war eine starke, gebildete Frau. Sie war ein Produkt der Katholizität des 19. Jahrhunderts mit ihrer finsteren Seite der Triebunterdrückung und der Vorstellung, daß es gelte, den Teufel in uns zu besiegen. Ich hatte acht Schwestern und kam als neuntes Kind und einziger Sohn zur Welt. Wir wurden alle in katholischen Internaten erzogen. Ich ging in die Klosterschule der Benediktiner in Engelberg in der Zentralschweiz. Eine Schule in Klausur, mit großen Mauern; wir trugen schwarze Kutten bis zu den Knöcheln, wie die Mönche.

Das alles ist ein Grundthema in Ihrem Buch »Zeit des Fasans«. Hinter der Figur des Stahl-Industriellen steckt wohl die Unternehmergestalt Ihres Vaters; auch die Mutter spielt eine wichtige Rolle, und ebenso wird eine Szene aus dem Kloster Engelberg beschrieben – nicht im Sinne einer platten autobiographischen Abbildung, sondern einer romanhaften Transformation. Deutlich wird jedenfalls, wie Sie selber einmal gesagt haben, daß schwere Schatten auf Ihrer Kindheit lagen. Wie sahen diese Schatten aus?

Einmal war es die dargelegte Form von Christentum, die von der Vorstellung des Verbots und nicht der Befreiung dominiert war. Zweitens hatte ich wie meine Mutter und meine Geschwister Anlaß, mich vor den Ausbrüchen meines Vaters zu fürchten. Er war ein »Quartalssäufer«. Bei diesen Gelegenheiten brach er chaotisch aus seinem katholischen Gefängnis aus und schlug dann oft auch um sich. Ich war in der Regel das Opfer dieser Schlägereien. Es wurde allmählich immer dramatischer, bis hin zu Kämpfen; einmal bin ich mit seiner Pistole auf ihn losgegangen.

Was ist das spezifisch Katholische daran? Autoritäre Erziehung und Hierarchien zwischen Eltern und Kindern waren früher an der Tagesordnung. Wie bewerten Sie heute den katholischen Anteil?

Die Prägung meiner Eltern hat sie zu autoritären Charakteren gemacht und sie in ein Gefängnis eingeschlossen, an dem sie litten. Aber sie konnten die Souveränität nicht gewinnen, die nötig gewesen wäre, um daraus auszubrechen. In diesem Konflikt haben sie gelebt. Daraus erkläre ich mir bei meinem Vater dieses Umkippen in eine Vitalität und Wildheit, die durch das Saufen immer selbstzerstörerischer wurde – das war Trinken bis zur Selbstauslöschung. Ich sehe darin ein Phänomen, das über den Einzelfall hinaus interessant ist. Da kommen wir an den Punkt, wo das Christliche mitverantwortlich ist für das Faschistische.

Die Verbindung des Christlichen mit dem Faschistischen kommt in dem Roman sehr deutlich zum Ausdruck. Die hier beschriebene Unternehmerfigur hat Beziehungen zu Hitlerdeutschland, das für ihn, den Schweizer, »Vorbild und Markt zugleich« ist. Hitler wird als »von der Vorsehung gesandt« angesehen...

...es ist kein Zufall, daß die Diktatoren in der europäischen und der übrigen Welt Katholiken gewesen sind und dasselbe Schulbuch hatten. Mein Vater war im Jahr 1936 einmal als Delegierter zusammen mit anderen Parlamentariern zu Wirtschaftsverhandlungen in Berlin und hatte dabei auch eine Audienz beim »Führer«: Er war begeistert, er kam fasziniert nach Hause. Mein Vater war auch mit Engelbert Dollfuß befreundet gewesen. Das zeigt den Draht zum Klerikofaschismus der österreichischen Ausprägung, der auch hier in der Schweiz in der Regierung vertreten war. Einen der Bundesräte, Außenminister Motta, kann man durchaus als Klerikofaschisten bezeichnen.

Wir sprechen von der Affinität des Katholischen zum Patriarchalischen und zum Faschistischen. Es kommt wohl noch ein drittes Element hinzu, das in einer Szene Ihres Romans verarbeitet ist, nämlich das Antijüdische.

Zweifellos spukte in den Köpfen dieser Christen herum, daß das Böse von den Juden zumindest mitgesteuert wird. Das lag auf einer unreflektierten, irrationalen Ebene. Diese Ausprägung von Katholizismus wäre wohl auch in der Schweiz ganz schnell durch einen Führer in ähnliche Richtungen verführbar gewesen, wie sie in Deutschland zu Auschwitz geführt haben. Zumindest hätten diese katholischen Kreise genauso weggeschaut, wie andere Katholiken das dann auch getan haben.

Sie machen sich ja in der Schweiz nicht gerade beliebt mit Ihren Thesen. Ihr Roman »Zeit des Fasans« ist ja – wenn man so will – eine Verbindung von »Familienarchäologie« und »Landesarchäologie«. Das heißt: das »Ausgraben« einer »Familiengeschichte« ist zugleich Auseinandersetzung mit einer verdrängten Landesvergangenheit. Werden Sie hier als ein extremer Außenseiter eingestuft?

Nein, mittlerweile werden die Mythen, mit denen dieses Land lebt, doch von einer breiteren Strömung in Frage gestellt. Offiziell haben wir ja gar keine Vergangenheit aufzuarbeiten. Es ist alles großartig gelaufen. Wir haben durch eine fabelhafte Armee die deutschen Truppen abgeschreckt, weil, so wird gesagt, der Preis für sie zu hoch gewesen wäre, und diesen Preis haben wir bestimmt. Und in puncto Humanität: Wir haben Juden aufgenommen, so haben wir unser Soll übererfüllt. In den über fünfzig Jahren nach Kriegsbeginn gab es mehrmals zumindest das Aufflackern einer Diskussion. Das berühmte Buch mit dem Titel »Das Boot ist voll« stellt die Lügengeschichte der Schweizerischen Flüchtlingspolitik in der Schweiz dar. Anhand von wissenschaftlichen Veröffentlichungen kamen Fragen auf: War denn eigentlich wirklich alles so toll? War es wirklich so sehr bedeutsam, was die Armee zum Frieden dieses Landes im Ersten und Zweiten Weltkrieg beigetragen hat? Es scheint, als hätte es diese fünfzig Jahre gebraucht, um diese Debatte umfassender in Gang bringen zu können, und ich hoffe, mein Buch »Zeit des Fasans« hat da mitgewirkt. Ich hatte Gelegenheit, Materialien aus noch unveröffentlichen Dissertationen zu verwenden. Zum fünfzigjährigen Jahrestag des Kriegsbeginns haben vor allem jüngere Historiker zum Teil sehr spannende Dokumente ans Tageslicht befördert. Im November '89 hat es hierzulande zudem die Abstimmung gegeben, ob wir eine Schweizer Armee brauchen oder nicht. Diese Debatte hat eine große Auseinandersetzung über die Rolle des Militärs in Geschichte und Gegenwart in Gang gesetzt. Regierungs- und Armeespitze sind äußerst beunruhigt über die hohe Anzahl von Ja-Stimmen – immerhin 36 Prozent –, die für die Abschaffung der Armee plädiert haben. Kurzum: ich bin jedenfalls als Kritiker sicher nicht allein.

Es scheint, dieses kleine Land beginnt erst jetzt wahrzunehmen, daß es eine historische Mitschuld der Schweiz am Projekt des deutschen »Endsiegs« gibt, denn in großen Teilen der Wirtschaft in der Schweiz sind jahrelang die Räder für den Endsieg gelaufen. Die Schweizer Waffenindustrie, die ganze Präzisionsindustrie und alle Zweige, die gefragt waren, haben für Nazideutschland produziert. Die wirtschaftlich führenden Kreise haben immer neue Delegationen nach Berlin geschickt, um noch vom Krieg profitieren zu können. Das Land hat auch seine Banken den Nazibossen angeboten, sie hatten ihre Fluchtgelder und ihre Kunstschätze dort in den Kellern gelagert. Das ist einer der Hauptgründe, warum es hier keinen Krieg gab – und nicht die Armee.

Wie schätzen Sie den Katholizismus in der Schweiz heute ein? Hat sich Wesentliches verändert?

Ich könnte jetzt, aus reichlich großer Distanz, viel Erfreuliches berichten, von Gruppen, die ich kennengelernt habe, von Seminaren, zu denen ich eingeladen werde, von Tagungen von katholischen Akademien, von Menschen an der Basis, von verschiedenen kühnen Äußerungen des mittleren Klerikerstandes. Aber dennoch ist die Struktur der Amtskirche, soweit ich sehe, absolut undemokratisch und hierarchisch geblieben. Es ist zwar erfreulich zu hören, wenn einmal ein Amtsträger liberale Gedanken äußert. Aber an der Substanz, am Geist dieses Gebildes kann sich solange nichts ändern, als nicht die Struktur fundamental verändert wird. Da bin ich natürlich nicht hoffnungsvoll.

Gleichzeitig gibt es in der Gesellschaft der Schweiz zumindest in Ansätzen ein ur-demokratisches Grundklima. Das hat dazu geführt, daß der Feudalismus der Bischöfe sich in den letzten 150

Jahren nicht mehr in der alten Pracht weiterentfalten konnte. Dazu kommt die Tatsache, daß es auch Flügelkämpfe gibt, verbunden etwa mit der Ernennung des Wahlbischofs von Chur durch Rom. Das bleibt nicht ohne Folgen. Es gibt offensichtlich eine Reihe von Kirchengemeinden, die diesen Bischof nicht mehr empfängt. Ich finde es großartig, was es da an Protest und Revolte gibt; aber ich sehe keine Möglichkeit, wie das wirklich etwas ändern könnte ohne eine Erhebung gegen das autoritäre Regime. Nötig wäre ein unmißverständliches »Nein«, wäre eine Perestroika von unten, eine Entstalinisierung der römisch-katholischen Kirche, anfangend oder endend in Rom.

Wie hat sich diese Position gegenüber der Kirche bei Ihnen entwickelt?

Bis zu meinem 30. Lebensjahr bin ich, wenn auch immer mehr Fragen stellend und skeptisch, am Sonntag in die Kirche gegangen. Den aufkommenden Konflikt empfand ich zunächst als sündhaft. Ich erinnere mich, daß der Brief an einen jungen Katholiken von Heinrich Böll für mich eine ganz wichtige Ermunterung war: Es ist für mich als Katholiken möglich, Kritisches überhaupt zu denken. Ich als Katholik darf das, ja, wie komme ich eigentlich dazu, das nicht zu tun? Ich hatte Böll und seine Frau 1956 kennengelernt, als ich ihn um eine Übersetzung eines Buches für den Walter-Verlag gebeten hatte. Damals war er auf der Reise nach Rom und machte Station in Olten. Ich bewunderte Böll nicht nur als Schriftsteller. Da traf ich zum erstenmal einen Menschen, der Katholik war und in seiner gelassenen Art ganz harte Dinge sagte. Sehr spät, das spricht gegen meinen Mut, begann ich, solches Denken auch bei mir zuzulassen.

Gab es eine religionskritische-atheistische Phase bei Ihnen?

Ich glaube nicht, daß ich Atheist bin. Ich will Ihnen ein Erlebnis erzählen. Ich war geschätzt 19 Jahre alt, als ich einmal mit der Bahn von Olten nach Luzern fuhr. Es war Nachmittag, gewittriges Licht mit wandernden Schatten, Sonne und Schatten auf den Feldern. Ich war allein in dem Wagen, zog das Fenster hinunter und staunte einfach in diese Landschaft hinein. Ich war vollkommen überwältigt. Ich hätte in Jubel ausbrechen können. Ich weinte, ich hatte den Eindruck: Das ist Gott. Das ist das Lebendige und das, was sein müßte. Es war ein Bild des Friedens und der Harmonie von allem mit allem. Ich hatte den Eindruck, ich bin Teil davon, ich spürte die Regelkreise in ihrer unendlichen Vielfalt in mir. Es war ein mystisches, eine Art pantheistisches Grunderlebnis, also das Erlebnis Gottes in der Natur. Wenn ich auf der theoretischen Ebene nach Religion und nach Gott gefragt werde, dann taucht dieses Erlebnis als unvergeßlich in mir auf. Das hat mich daran gehindert, intellektuell bis an jenen Punkt zu kommen, an dem von Gott nichts mehr übrigbleibt. Die Mystiker haben eine solche Erfahrung des Göttlichen wohl das »Fünkelin« genannt. Natürlich gab es trotzdem eine ganze Reihe von Konfliktfeldern. Günter Grass kam damals, es war wohl im Jahr 1955, in die Schweiz. Er besuchte mich, und wir liefen zusammen durch den Wald. Wir stellten fest, daß wir beide ursprünglich Katholiken waren. Wir kamen in eine heftige Debatte über das Dogma von der unbefleckten Empfängnis Marias. Wir haben das zwar einerseits beide absurd gefunden, ich widersprach ihm aber dann doch und sagte, ich fände es immerhin großartig, daß das Christentum die Gestalt einer Frau auf diese Weise ins Zentrum stellt. Wahrscheinlich eine sehr konfuse Theorie, aber wir haben uns die Köpfe darüber heiß geredet. Es ist noch gar nicht lange her, daß wir uns dieser Debatte lächelnd wieder erinnert haben. Er sagte, du hast damals das matriarchalische Prinzip im Christentum vertreten. Das mag stimmen. Deutlich wird daraus jedenfalls, daß diese Fragen mich damals bewegt haben.

In »Zeit des Fasans« spielt die Mutter eine größere Rolle als der Vater, vor allem der Madonnenkult der Mutter. Dieser Madonnenkult hat drei Dimensionen: Er bewältigt Lebensangst, er ist Ausdruck eines sexualfeindlichen Reinheitskults, und er ist Rückgang zu einer Urmutter zum Zwecke der Kontrolle über die Männer. Die hier beschriebene Frau spielt sich, indem sie die Madonna so inbrünstig verehrt, Macht zu.

Der Hintergrund sind autobiographische Erfahrungen und meine Auseinandersetzung mit der Kritik am Patriarchat. Dadurch bin ich auf Urmythen gestoßen, auf die Relikte matriarchalischer Kulturen und Religiosität. Sie wissen, vor fünftausend Jahren ist eine der großen Umwälzungen in unserer Geschichte geschehen, als das Matriarchat – verstanden als solidarische Haltung allem Lebendigen gegenüber – kriegerisch überwunden wurde. Mir leuchten die feministischen Deutungen ein, wonach die Figur der Maria eine »heruntergekommene« Göttin ist, verkitscht und versüßlicht, eine christlich gefilterte Erdmutter Gaia, eingeordnet in eine Position unterhalb der Trinität, aber aus der erweiterten Gottesvorstellung nicht ganz ausgeschlossen. Was meine Mutter angeht, so hat sie, auch um sich gegen den vitalen Mann zu wehren, versucht, Macht im Haus und im unternehmerischen Bereich an sich zu reißen. Da war Maria die Adressatin dieses Strebens und dieses Hilferufs einer Frau, die, beschädigt durch das Patriarchat wie wir alle, ihre Tapferkeit von der Figur der Maria bezog. Sicher hat diese Frau wahrgenommen, welche Machtmittel im Patriarchat taugen und welche nicht, geprägt von den Wertvorstellungen dieser Gesellschaft. Meine Vorstellungen von Matriarchat gehen, feministisch geprägt, in eine andere Richtung, zurück in eine Zeit, wo es Privatbesitz und auch Krieg in seiner späteren ausgeprägten Form nicht gab. Ich denke, daß die matriarchalen Kulturen, so sehr sie Zorn kannten, so sehr sie das Recht auf Selbstverteidigung kannten, friedfertiger waren als unsere kriegerischen Kulturen, zumindest als die des christlichen Abendlands.

Matriarchat ist hier wohl Symbol für eine andere, herrschaftsfreie Gesellschaft. Sie haben einmal von einer »brüderlich-schwesterlichen Gemeinschaftsform« gesprochen, die kommen müßte. Das scheint eine sehr ferne Utopie zu sein. Wenn ich in Ihren Roman schaue, dann ist der Erzähler weit von einer solchen Situation entfernt. Denn die Erzählerfigur befreit sich gewaltsam von der Mutter und dem Madonnenkult, indem er die Madonnenstatue im Elternhaus nimmt und sie die Treppe hinunterwirft. Das ist symbolische Mutter-Bilderstürmerei. Der Roman ist überhaupt voll von Muttermordphantasien. Bewältigen Sie schreibend den Umgang mit den eigenen Aggressionen?

Ich weiß natürlich, daß es kein Zufall ist, daß mir diese und nicht andere Phantasien in die Maschine oder in die Feder laufen. Da äußern sich Dinge, die mit meinem innersten Wesen, mit den menschenfreundlichen Seiten zwar auch, aber mehr noch mit dem Archaischen in uns zu tun haben. Zuweilen spürte ich, wie ich einen Bogen um meinen Schreibtisch zu machen begann, weil ich das Gefühl hatte, dort in so etwas wie elektrische Felder hineinzugeraten. Im erwähnten Roman geht es um die Phantasien eines bis ins Mark patriarchal geprägten Mannes. Muttermord als die extremste Form des Patriarchalen war dann der äußerste Punkt, den ich darstellerisch erreichen mußte. Ich versuchte, als Hintergrund den griechischen Mythos von Orestes zu zitieren, als ferne Deutungsmetapher. Ich machte Klytämnestra zu Lilli Winter. Klytämnestra übernimmt die Macht in Theben, während ihr Mann in Troja auf Belagerung ist. Nun muß sie, nachdem sie die Konterrevolution durchgeführt und erneut die alte matriarchale Ordnung eingeführt hat, den zurückkehrenden Ehemann, der sich wieder auf den Thron setzen will, umbringen. Das hilft ihr jedoch nichts, denn das junge Patriarchat wächst schon heran: ihr Sohn. Kaum ist er alt genug, bringt er die Mutter um. Das Patriarchat läßt äußere Herrschaft der »Mütter« nicht zu. So sind die Mütter gezwungen, durch immer neue, kunstreiche Formen ihre Söhne und Töchter psychisch zu unterwerfen und an sich zu binden.

Was das Verhältnis von Literatur und Religion angeht, macht man ja oft den Fehler, einfach nach christlichen Stoffen oder Spuren zu suchen. Aber diese Suche ist in Ihrem Werk vergeblich, weil sie sich kaum mit christlichen Figuren, Stoffen oder Motiven auseinandersetzen. Ich sehe die religiöse Bedeutung in Ihrem Werk eher indirekt. Es gibt bei Ihnen kaum einen Roman, in dem nicht die Schuldproblematik eine Rolle spielt, die Notwendigkeit einer Selbstrechtfertigung des Lebens. Die Parallelen zur religiösen Existenz liegen auf der Hand. Schreiben Sie aus diesem Zwang heraus, sich rechtfertigen zu müssen?

Sich für das Leben rechtfertigen zu müssen ist eine Haltung, ist ein Schreiben unter der Hypothek eines belastenden Christentums: Man hat ein schlechtes Gewissen zu haben, wenn man glücklich ist. Wir haben eigentlich zu leiden. Damit ist in meinem Schreiben das Element der Revolte verbunden, der sozialistischen Selbst-Ermutigung zum Widerstand im Fühlen, Denken, Tun.

Sie haben einmal im Gespräch mit Ihrer Schwester Silja Walter, die Ordensfrau geworden ist, gesagt: Die Welt des Christentums ist auf eine inakzeptable Art autoritär und patriarchalisch. Mit dem Rebellen aus Nazaret und seiner Liebe als Zentrum habe das nichts mehr zu tun. Dieser kurze, blitzartige Hinweis auf die Gestalt Jesu hat mich stutzig gemacht. Ein Hinweis, den ich in Ihren Romanen nicht finde. Wie sehen Sie die Gestalt des Nazareners?

Ich halte diesen Schreinersohn vom See Genezareth für eine großartige Figur. Sein Auftreten in der Weltgeschichte ist für mich etwas völlig Neues. Er hat das Prinzip Liebe ins Zentrum alles Lebendigen gestellt. Und damit das Maß für Schuld oder Nicht-Schuld aufgestellt. An dieser Liebe können wir uns erlösen oder an ihr scheitern. Alles, was dann daraus gemacht worden ist an abstrakten Systemen und Lehrgebäuden interessiert mich schon längst nicht mehr. Aber die Figur ist für mich wichtig geblieben, anders als etwa die Figur des Buddha, über die ich allerdings recht wenig weiß.

Warum konnte das bei Ihnen bisher nicht Literatur werden? Ich frage das nicht, um etwas einzuklagen, sondern weil mich die Frage beschäftigt, ob es literarische Schwellen gibt, die es verhindern, eine Figur wie Jesus zu »bewältigen«, ob es die Angst gibt, an einer solchen Gestalt zu scheitern.

Wenn ich mich auf ein neues Projekt einlasse, dann entstehen zunächst Tonlagen, erste Figurenskizzen, Umrisse von Konstellationen – und da kommt Jesus tatsächlich nicht vor. Ich habe mir allerdings bis heute nicht überlegt, warum das eigentlich so ist. Wahrscheinlich stecke ich sehr in den Kämpfen der Zeit. Ich könnte mich mit dieser Figur wahrscheinlich nur praktisch auseinandersetzen, wenn sie hier und heute eine beispielhafte Bedeutung für mich hätte, die scheint sie nicht zu haben.

Wie sieht es mit Theologen und deren Werk aus? Viele Schriftsteller haben ja keine Schwierigkeiten, sich mit der Kenntnis »linker Kirchenväter« wie Adorno, Marcuse oder Habermas intellektuell auszuweisen. Aber wie steht es mit der zeitgenössischen Theologie? Ist die für Sie kulturell überhaupt bedeutsam?

Ich interessiere mich für theologische Fragen. Allerdings habe ich durch die Klosterschule und das dort vermittelte thomistische Gebäude, das ich wohl nicht verstanden habe, das mich aber auch nicht interessiert hat, Beschädigungen erfahren, die mir die Theologie vergällt haben. Trotzdem ist es kein Zufall, daß ich, als ich bei Luchterhand Verlagsleiter war, darauf bestanden habe, eine Reihe Theologie und Politik zu machen. Da sind Autoren wie Kurt Marti oder Dorothee Sölle erschienen, übrigens immer gegen heftigen Widerstand des marxistischen Lektorats. Mit den Autoren haben sich dann freundschaftliche Beziehungen entwickelt. Leider ist es zu einer wirklichen theologischen Begegnung mit einer Figur wie Leonhard Ragaz, dem religiösen Sozialisten, nicht gekommen. Ich bedaure das, weil mich diese Nahtstelle zwischen christlicher Tradition und Sozialismus besonders interessiert.

Sie werden immer gern mit dem Etikett »Sozialist« beklebt. Ist das nur ein Etikett oder steckt dahinter ein Anspruch, den Sie für sich gelten lassen?

Das ist natürlich ein durch den Stalinismus schrecklich belasteter Begriff. Aber mir schwebt tatsächlich ein utopisches Bild einer egalitären, einer an-archistischen, also von Herrschaft freien Gesellschaft vor. In »Zeit des Fasans« gibt es ja auch die Figur des André, des Alter Ego des Thomas Winter. André ist Anarchist im Sinne eines solidarischen Anarchismus, wie er ansatzweise im letzten und in diesem Jahrhundert in Spanien, aber auch hier im schweizerischen Jura praktiziert wurde. Dieses Modell steht in der Nähe von urchristlichen Kommunen, von Modellen von Selbstverwaltung, wie sie etwa auch von der polnischen Bewegung Solidarność gefordert worden sind. Solche Elemente können zum Bau einer brüderlich-schwesterlichen Gesellschaft tauglich sein. Diese Utopie bleibt für mich so etwas wie die Kompaßnadel – gerade heute!

Sie haben im Gespräch mit Ihrer Schwester ausgerechnet das Kloster als Modell für eine künftige Gesellschaft bezeichnet, klostergeschädigt wie Sie sind…

Nun, ich glaube schon, daß im Kloster mit Gemeinschaftsbesitz und gemeinschaftlichem Zusammenleben eine alte Tradition überlebt hat, die vielleicht gerade deshalb überlebt hat, weil sie auf etwas ursprünglich Menschenfreundliches abzielt, ein Modell der Selbstverwaltung, also an sich ein egalitäres kommunitäres Gesellschaftsmodell.

Kann man sagen, daß Sie so etwas wie eine Synthese aus Urchristentum und Sozialismus anstreben, daß jedenfalls zwei oder drei Traditionen zusammenkommen müssen, so daß auch die Figur des Nazareners, eines Rebellen der Liebe, wie Sie ihn nennen, ihren Platz hat?

Ja. Durchaus ergibt sich der Protest gegen alle Mächte, die die Gesellschaft kaputtmachen. Ich bin der Meinung, daß wir so etwas wie eine Kompaßnadel brauchen, nach der wir unsere Kräfte ausrichten können. Ich komme gar nicht darum herum, mich im »Hier und Jetzt« mit Fragen wie etwa Nationalismus und Rassismus herumzuschlagen oder jungen Leuten zu helfen, die ein Haus besetzt haben und deren Anliegen ich, indem ich mit-besetze, in die Öffentlichkeit bringen kann. Das sind direkte politische Einsätze, die, so hoffe ich, nicht so lebensfern sind wie das Bild, von dem ich ab und zu träume und gelegentlich auch spreche...

»Die Verheißung« heißt ein Gedicht, das in Ihrem Roman »Die Verwilderung« aus dem Jahr 1977 enthalten ist: ein ganz seltener Text, weil Sie die Stilform der poetischen Rede sonst kaum anwenden. Die »Verheißung« läßt sich als Prophetie lesen – wobei der Prophet nicht nur eine religiöse, sondern auch eine soziale Figur ist, die der Gesellschaft die Wahrheit ins Gesicht sagt: Hat Literatur für Sie eine zeichenhaft-prophetische Funktion?

Die »Verheißung« ist ein Text, den ich in der Rolle einer Figur, der Frauenfigur Leni, geschrieben habe. Es ist nicht mein Originalton. Leni hat das Gedicht geschrieben und hängt es an die Wand. Wenn das Prophetische nicht diesen übermächtigen Anspruch hat, Wahrheit vorauszusagen, kann ich der Interpretation zustimmen. Aber es ist ein gewaltiges Wort. Ich kann nur hoffen, daß das, was ich schreibe, über die intellektuellen Begrifflichkeiten hinaus jene Zone aufsucht, wo das Erforschliche seine Grenze findet und wo das Unerforschliche beginnt, das es allerdings weiter zu erforschen gälte. Von dort her soll etwas sichtbar werden, was ich in einem anderen Medium nicht ausdrücken könnte. Das ist die Chance der Literatur. Wenn dabei einmal ein Stück Wahrheit über mich oder, genauer: über uns sichtbar werden kann, dann will ich mich darüber freuen.

Wir haben jetzt über verschiedene Aspekte von Religion und Literatur gesprochen, über politische, soziologische, biographische, Sie haben von einer mystischen Erfahrung gesprochen, von einer Verbindung von Christentum und Sozialismus, aber auch von der Bedeutung Jesu. Zusammenfassend möchte ich noch einmal fragen: Was ist Religion, was leistet Religion für Sie, welche Kraft hat Religion? In dem Gespräch mit Ihrer Schwester Silja haben Sie gesagt, beim Schreiben gehe es immer wieder darum, die 26 Alphabetzeichen, die lediglich ein Zeichensystem sind, auf neue Art zusammenzusetzen, sie so zusammenzustellen, daß die Welt durchlässig wird. Und zwar die eigene Welt, die Welt der Leser, der Gesellschaft, die uns umgibt – bis zur Durchlässigkeit auf das Absolute. An einer anderen Stelle sprechen Sie von Kontemplation, Stille, meditativer Versenkung auf das mystische Zentrum in uns hin. Die Durchlässigkeit auf das Absolute – was heißt das? Und welche Kraft hat die meditative Versenkung?

Literatur ist ja eine Kunst des Indirekten. Literarisch diese Dinge direkt sichtbar werden zu lassen scheint mir fast einfacher, als jetzt begrifflich darzustellen, was ich da eher spüre, als daß ich es in Worten wissen kann. Ich weiß, daß ich so etwas wie ein Kraftzentrum oder ein kreatives Zentrum spüre. Das liegt in der Gegend – ich meine das nicht geographisch –, durch die ich damals gefahren bin. Es hat mit der Rückbindung, die der Begriff Religion beinhaltet, zu tun, Rückkoppelung an diese Kraft, die das Lebendige in unendlicher Vielfalt und Sekunde um Sekunde ermöglicht. Dazu gehört auch der Tod des Lebendigen, das ist ein Zurücksinken in vorgegebene Kreisläufe. Ich merke, daß ich auch Stille brauche, und zwar eher im Sinne von Kontemplation (besinnliche Betrachtung) als von Meditation (Versunkenheit ohne besonderen Gedankeninhalt), um in glücklichen oder sehr glücklichen Augenblicken in die Nähe des Numinosen zu gelangen.

Sind solche glücklichen Augenblicke auch literarische Augenblicke? Ist für Sie als Schriftsteller die Erfahrung des Kreativ-Schöpferischen ein Vorschein einer anderen Wirklichkeit?

Das ist für mich mit der Erfahrung am Schreibtisch verbunden, genauso aber mit der Erfahrung, daß ich mich eins spüre mit anderen Menschen. Der Zusammenhang mit anderen Menschen ist unabdingbar für mich, und diese Erfahrung ist keine solistische Übung in der stillen Kammer, die drei Minuten dauert. Zu meinem Glück gehören die Menschen. Die Vorstellung, alleine auf der Welt zu sein, das ist doch die Hölle, nicht wahr?

Ich schreibe, also bin ich wieder eins mit mir

Gespräch mit *Brigitte Schwaiger*

Mit 28 Jahren erlebte die 1949 in Freistadt (Oberösterreich) als Tochter eines Arztes geborene Autorin einen kometenhaften Aufstieg, als sie ihren Roman »Wie kommt das Salz ins Meer« veröffentlichte (1977). Die Kritik erkannte in ihr die Vertreterin einer neuen österreichischen Schriftstellerinnen-Generation, die schonungslos und bitter gegen die Zwänge der bürgerlichen Gesellschaft anschrieb und insbesondere das Schicksal junger Frauen thematisierte, die in die bürgerliche Gesellschaft eingepaßt werden sollen. An der Heldin des Romans, die eine »klassische Karriere« durchmacht (Partnerwahl, Hochzeit, Hochzeitsreise, Hausfrauendasein), wird denn auch gezeigt, wohin die Festlegung auf ein bestimmtes Rollenverhalten, das Einzwängen in Stereotypen führen muß: »Mir fehlt ein Lebensinhalt«. Kirchliches Milieu wird hier nur am Rande mitbeschrieben und in kurzen Seitenbemerkungen um so wirkungsvoller als Teil der bürgerlichen Gesellschaft entlarvt: »Warum treten wir dann nicht aus der Kirche aus?« fragt die Heldin des Romans ihren Mann Rolf. Und dieser antwortet: »Weil das keine Vorteile bringt.« – »Warum haben wir denn kirchlich geheiratet?« fragt die Frau nochmals, und ihr Mann antwortet: »Als Österreicher ist man katholisch, und das trägt man wie den Steireranzug.«

Eine deutlichere Auseinandersetzung mit der Welt ihrer Kindheit ist dann bereits in den Arbeiten »Mein spanisches Dorf« (1978), »Lange Abwesenheit« (1980), vor allem aber in »Der Himmel ist süß. Eine Beichte« (1984) erkennbar. Der Katholizismus wird hier als Institution der Einpassung und Individualitätsauslöschung beschrieben. Die Schreibart Brigitte Schwaigers ist dabei stets kalt distanziert. Das kirchliche Milieu wird über sein Sprachverhalten analysiert; in lapidarer Prosa werden die Sprachstereotypen dieser Welt so beklemmend reproduziert, daß im Leser selbst ein Gefühl der Ohnmacht entsteht.

Eine Textprobe aus »Der Himmel ist süß« macht dies deutlich: »In jenen Tagen, sagte die liebe Schwester. Ich war sehr froh, wenn sie wieder mit einem neuen Bild in die Klasse kam, es aufstellte.

Wir durften eine Stunde lang zuhören, und es waren wirklich schöne Geschichten. So wie Schwester Thaddäa erzählte, sah ich alles vor mir.

In jenen Tagen kam vom Kaiser ein Befehl. Er wollte wissen, wie viele Untertanen er hatte. Er ließ die Leute zählen. Deshalb mußten auch Maria und Josef nach Bethlehem gehen. Der Bürgermeister will auch, daß wir alle bei ihm gemeldet sind. Auch auf der Polizei sind alle Leute, die in Freistadt wohnen, gemeldet. Und so mußten Josef und Maria sich anmelden gehen. Maria trug Jesus in ihrem Leib. Sie wurde müde. Josef hatte einen Esel. …Der Esel ist störrisch, sagen wir. Der Esel bleibt stehen, wenn er gehen soll. Dann springt er, wenn er stehenbleiben müßte. Wir sagen deshalb, ein Esel ist bockig. Oder wenn ein Kind nicht folgt, dann sagen wir, daß es störrisch ist wie ein Esel. Wir aber wollen niemals störrisch sein. Wir wollen sein wie jener Esel, dem Gott befahl, Maria so zu tragen, daß ihr nichts passiert.«

Das literarische Verfahren wird deutlich: Die kommentarlosnüchterne Reproduktion der Denk- und Sprachschablonen entlarvt eine Welt, in der die Jesusgeschichte zu nichts anderem mehr dient als zur pädagogisch-moralischen Einübung bürgerlichen Wohlverhaltens.

Eine neue Dimension in der Auseinandersetzung mit religiöser Tradition gewann Brigitte Schaiger durch ihr Buch »Die Galizianerin« (1982). Erstmals ist sie gezwungen, sich mit einer anderen religiösen Tradition auseinanderzusetzen: dem Judentum. Das Buch beschreibt das Schicksal einer galizischen Jüdin, die dem Holocaust entrann und ihr Überleben schuldvoll-schuldlos reflektiert. Zugleich wird an der Geschichte dieser tapferen Frau ein Stück Geschichte des christlichen Antisemitismus drastisch und konkret gespiegelt: Die Geschichte dieser Jüdin wird zu einer Geschichte vergeblicher »Herbergssuche« (die Weihnachtsgeschichte ist hier stets als kritische Kontrastfolie präsent) in einer christlichen Gesellschaft, die damit ihre eigene Christlichkeit verrät.

Bleibt Brigitte Schwaiger in ihren Prosaarbeiten noch hinter ihren literarischen Figuren versteckt, so wird sie in ihren *Gedichten* persönlicher, ja bekenntnishafter. Unter religiösem Aspekt klingen gerade in den Gedichten neue Töne an, in Texten, wie sie in dem Band »Mit einem möcht' ich leben« (1987) versammelt sind. Das Gespräch setzt denn auch in seinem letzten Teil hier seinen Schwerpunkt.

Wie sind Gedichte wie »Mein Gott« zu verstehen?

> »Mein Gott
>
> ist vielgestaltig, manchmal
> trägt er einen Schnurrbart und knappe
> Unterhosen, raucht eine Davidoff
> und fragt mich, ob ich gekommen bin.
>
> Gott ist mein Wohlbefinden.
> Gott ist die Wärme in meinem Rücken.
>
> Gott ist, wenn es uns gutgeht.«

Oder wie muß man einen Text interpretieren, in dem Gott geradezu gebetsartig angerufen wird?

> »Bitte, geben Sie mir Schlaf, Herr Gott
>
> In der Nacht die Stiegen hinauf, hinunter,
> in der Nacht, die Stiegen hinauf und hinab!
> In der Nacht, wenn ich liege, hat mein Geist
> Feiertag. Er zieht an allen Schnüren und verschiebt
> die Kulissen und läutet fünfmal dieselbe Vorstellung
> ein und spielt bei geschlossenem und bei offenem
> Vorhang. In der Nacht, wenn ich liege, richtet er
> sich auf und stochert da und da, hier ist ein Loch
> und undicht! Er fängt an zu dichten. Meine Träume,
> die Gedichte der Nacht! Aber das meiste streicht er,
> und wenn ich aufwache, gibt er mir nur eine Zeile.«

Besonders poetisch werden die Texte von Brigitte Schwaiger, wenn sie Glücksmomente beschreibt: »Wenn unsere Gesichter / ineinanderfließen / du, ich / ein Wasserspiegel. / (o du stiller Gott, in unserm Seufzer).«

Ähnlich in dem Gedicht »Mit dir«:

>> »In Venedig
> auf den Stufen sitzen,
> Santa Maria della Grazia
> oder welche Santa Maria immer.
>
> Die Wellen
> hellblau lila marin,
> das Wasser
> hellgrün grau und hell,
>
> der Himmel
> rosa marin grün aquamarin.«

In der Zwischenzeit ist ein neuer Roman von Brigitte Schwaiger erschienen: »Tränen überleben den Staub« (1991), in dem die Autorin sich mit dem Problem der Drogenabhängigkeit von Jugendlichen beschäftigt.

Das nachfolgende Gespräch erschien am 24. August 1990.

Frau Schwaiger, ich habe den Eindruck, daß in Ihren wichtigsten Publikationen die Aufarbeitung Ihrer eigenen katholischen Kindheit immer stärker ins Zentrum gerückt ist. Ihr Erstlingsroman »Wie kommt das Salz ins Meer«, mit dem Sie fast schon kometenhaft bekannt wurden, enthält nur am Rande eine Auseinandersetzung mit dem Milieukatholizismus. Eine Ihrer letzten Veröffentlichungen, »Der Himmel ist süß«, dagegen ist prallvoll von Auseinandersetzung mit Ihrer katholischen Kindheit. Trifft mein Eindruck zu, daß der religiöse Hintergrund Ihrer eigenen Biographie für Sie immer bedrückender wurde, so daß er einmal gründlich aufgearbeitet werden mußte?
Nein, die Idee kam durch meine Freundschaft mit einer Jüdin. Das war für mich ein befreiendes Erlebnis. Im Frühling 1980 rief sie mich zum ersten Mal an, im Herbst habe ich begonnen, für sie und mit ihr das Buch »Die Galizianerin« zu schreiben. Je mehr ich mich vertieft habe in das Schicksal dieser verfolgten Frau, die

135

mir sehr ähnlich war, glaube ich, im Charakter, um so freier wurde ich dabei. Oft habe ich dabei über unsere Religion, also über das Christentum lachen müssen, etwa wenn sie gesagt hat: »O je, jetzt kommen Christen...« Einmal hat sie gesagt: »Schauen Sie, der Jesus: Ich werde Ihnen sagen, wer der Jesus war! Der Jesus war ein Gelehrter, ein Rabbiner. Aber er hätte nicht so eigensinnig sein sollen! Was hat er denn am Kreuz sterben müssen? Er hätte ein alter Jidd werden können...«

Sie sind Jahrgang 1949, sind in der Nähe von Linz aufgewachsen, in einer sogenannten gutbürgerlichen Familie. Erzählen Sie etwas über Ihre religiösen Erfahrungen in der Kindheit! Wie haben Sie Kirche wahrgenommen?

Als Kind habe ich Kirche als etwas Schreckliches erlebt, als unabwendbares, gleichsam naturgegebenes Übel. Daß die Kirche ein Übel ist, habe ich aber nicht so stark erlebt, wie daß ich selbst wie ein Übel war. Ich bin mir als störendes Wesen in Gottes Schöpfung vorgekommen und habe gefunden, daß der liebe Gott wahrscheinlich in Ordnung ist, aber *ich* nicht. Diesen Umstand habe ich in meinem ersten Buch »Wie kommt das Salz ins Meer« gestreift.

Ich habe dann später als Dank an die Jüdin, die mir alles erklärt hat, was ich sie über das Judentum fragte, das Buch »Der Himmel ist süß« geschrieben. Darin ist zusammengefaßt, was ich bei »Christen« erlebte. Als »Christin« wurde ich ja nicht geboren, sondern so wie alle Kinder getauft und zur Christin gemacht: Wie machte man aus Kindern bei uns 1955 bis 1958 kleine Christen? Das habe ich in dem Buch beschrieben, jedoch eher chaplinesk als kafkaesk.

Können Sie das näher erläutern? Wie lief dieser Prozeß ab? War er, wie das Buch nahelegt, eine Art Dressur oder Abrichtung?

Es begann in meinem Fall mit einer Lüge der Mutter. Das Kind findet etwas, was die Leute nicht sehen sollen. Die Mutter sagt, das mußt du zurücktragen. Das Kind sagt, ich verstecke es so, daß niemand es sieht – und dann sagt die Mutter auf einmal: Ja, aber Gott sieht es. Dann fragt das Kind, wer Gott ist, und da fängt die Mutter an zu lügen: Gott sieht alles, er ist da oben, du siehst ihn nicht, er sieht dich immer, und so weiter. Das war der Grundstein. Noch etwas kommt dazu. Der Ton macht die Musik. Wenn die Großmutter gesagt hat: »Na, der Herrgott«, dann war das *nicht* furchtbar. Da war der liebe Gott mehr wie ein Hausfreund. Einer, den sie gut kannte, der fast gemütlich war. Mein Vater hat vom »Himmelvater« gesprochen: Schaut Kinder, was für ein schönes Wetter der Himmelvater heute gemacht hat. Dann war Gott für uns Schönheit der Natur, Himmel, Gras, Vogelzwitschern. Aber meine Mutter hat bei mir eigentlich den bösen, unheimlichen Gott herbeigerufen. Einer, der für mich bis heute meine tägliche Gewissensqual ist.

Eigentlich wollte ich das Buch »Die verzauberten Kinder« nennen, weil ich denke, daß Religion Magie ist, ein dunkler Zauber, der die menschliche Substanz angreifen kann wie ein Virus. Auch Adolf Hitler hat diese Substanz bearbeitet. Jeder Mensch hat nämlich viel Positives in sich. Wenn man das manipuliert, wenn ein Magier das in die Hände bekommt, kann er aus dieser Substanz einen Nazi machen, einen Stalinisten, Maoisten – man kann auch Christ werden oder Jude...

Der dominierende Gott Ihrer Kindheit war der Wächtergott?

Ja, und auch jemand, der stärker ist als meine Mutter. Meine Mutter kam mir allwissend vor; sie hat bei meiner Erziehung oft mit Überraschungseffekten gearbeitet. Später habe ich sie darauf angesprochen. Da hat sie zugegeben: Ja! Mit dir wären wir beinahe nicht fertig geworden! Religion war also ein Bändigungsinstrument für sie. Sie hat mich unterworfen und besiegt mit dem Wort »Gott«. Im katholischen Kindergarten und in der Klosterschule ging es dann weiter. Da war eine Klosterschwester, die uns alle in Erstaunen versetzte. Stellt euch vor, ich erzähle euch jetzt etwas... Wenn wir vollkommen offen waren mit unserer Aufmerksamkeit und unserem Glaubenwollen an die Offenbarung und gepannt auf die Antwort – dann hat sie zugeschlagen: Und das ist Gott! Und das ist das Mysterium! Und das darf man nicht verstehen wollen! Da war kein Denken und kein Fragen mehr, sondern nur Glauben und Fürwahrhalten. Auch absolutes Vertrauen.

Schon vorher, im Kindergarten, herrschte pädagogische Faulheit und Lieblosigkeit uns Kindern gegenüber. Da waren wir gezwungen, Rituale zu vollziehen, die wir nicht verstanden, Gebete zu sprechen, die uns nichts sagten. Wie in einer Diktatur, in der dann einer den anderen aus Angst bespitzelt, ob der andere alles richtig macht, denn von sich selbst hatte man das Gefühl, man mache alles falsch, und das führte – wie in einer Diktatur – zu Denunziantentum. Einige Kinder waren immer gut, und die anderen, schaut euch die an, wie schlecht die sind! Wir wurden gegeneinander ausgespielt.

Dann, später, im Gymnasium war damit Schluß. Gott hat mich dann nicht mehr interessiert. Als ich zwanzig Jahre alt war, habe ich mich mit der Judenverfolgung befaßt und mit einzelnen jüdischen Menschen, auch mit meinem jüdischen Großvater, über den zu Hause nicht gesprochen werden durfte. Bei meiner Begegnung mit der Jüdin hatte ich einmal Streit mit ihr. Sie fragte: Warum streiten Sie erst jetzt mit mir? Sie können sich ja wehren! Bisher haben Sie sich nie gewehrt gegen mich! Warum? Da rutschte mir heraus: Ich bin halt eine Christin. Was heißt das!? hat sie gefragt. Na ja, wir Christinnen müssen uns fügen und dulden! Da sagte sie: Davon wird man doch krank! Und das ist außerdem nicht, was Gott will! Gott will, daß wir glücklich sind! Wir sollen uns doch freuen an der Welt, die er erschaffen hat.

Gab es in Ihrer Jugend auch Erfahrungen mit einem glaubwürdigen Christentum?

Nur meine Großmutter habe ich in relativ guter Einnerung. Sie ist oft weit spaziert, um einer Schneiderin, die billig genäht hat, Arbeiten zu geben. Die Großmutter hat gegeben, und nicht in für die Armen demütigender Weise, sondern wer zu ihr gekommen ist, hat ein Essen bekommen, und wenn jemand bei ihr gesessen ist, hat sie dem Menschen das Gefühl gegeben, daß er gebraucht wird. Sie hat von den Leuten auch stets etwas verlangt, also, eine Gegenleistung. Ich weiß nicht, ob das Christentum ist!

Einer Person aus Ihrer Familie haben Sie ein besonderes Buch gewidmet, nämlich Ihrem Vater: In dem 1975 bis 1979 geschriebenen Buch »Lange Abwesenheit« arbeiten Sie den Tod Ihres Vaters auf. Ihr Vater war Arzt. Welche Rolle hat Ihr Vater, was Religion angeht, in Ihrem Leben gespielt?

Eine zynische. Einmal habe ich ihn gefragt, da war ich vielleicht 14 Jahre alt, warum ist die Kirche wohlhabend und mächtig, ob-

wohl die Lehre Jesu doch anders ist? Da hat er über die Kardinäle, die grad über den Fernsehschirm spaziert sind, gesagt:
Schau, lauter Atheisten. Den Satz habe ich »Rolf« in den Mund
gelegt, dem Gegenspieler der Frau in dem Buch »Wie kommt das
Salz ins Meer«. Es war für mich zum Lachen, ich habe es nicht als
nur negativ empfunden. Atheismus heißt ja: Ich brauche keinen
Gott, um das Meine zu tun, und um zu wissen, was ich zu tun
habe.
Mein Vater war ein sehr gespaltener Mensch. Er ist durch Hitler
so geworden. Möglicherweise war er in der Nazi-Zeit an Schlim-
mem beteiligt. Er war angeblich ein sehr guter Arzt, ich höre es
immer wieder. Viele trauern um ihn.
*Ich möchte das Stichwort Atheismus aufgreifen. Wie stehen Sie
heute persönlich dazu?*
Ich war ungefähr mit zwanzig Jahren vollkommen überzeugt,
daß es keinen Gott geben kann. Es kann ihn nicht geben, weil...:
Und dann kommen alle Schrecken und Höllen der Welt. Die
Frau, mit der ich »Die Galizianerin« geschrieben habe, sagte immer wieder: »Es gibt Gott!«, »Gott ist grausam!«, »Gott ist ein-
sam!« sagte sie. Sie wurde von anderen Leuten, die sie kannten,
die selbst Juden waren, als religiöse Fanatikerin bezeichnet, sogar als »Wahnsinnige« und »Verrückte«. Letzteres sagte mir aber
eine jüdische Atheistin. Ich sehe das Problem nur so, wie es ohnehin in der Bibel oder im Talmud geschrieben steht: nach jüdi-
schem Gesetz muß der Vater schon dem Säugling die Lehre von
Gott einschärfen, nämlich im Schlaf des Säuglings, dort, glaube
ich, wo die Fontanellen sind, muß er hinsprechen. Ich nenne so
etwas einen posthypnotischen Auftrag. Verzeihen Sie mir. Es ist
Manipulation, Suggestion und Hypnose in einem.
*Ich habe mich gefragt, wie das Buch »Der Himmel ist süß« oder
wie die Aufarbeitung des Todes Ihres Vaters zu erklären ist.
Diese Bücher scheinen ja nicht aus einer Haltung des Zynismus
oder der Abrechnung heraus geschrieben, sondern aus einer
Sehnsucht, Sehnsucht nach Nähe, nach Verstandensein.*
Ich hätte lieber ein gutes Leben mit meinem Vater gehabt, als daß
mir der liebe Gott erscheint. Meine Vorstellungen von Gott haben leider nur mit Autorität zu tun. Der Vater ist eine Autorität,
die real ist, und die Gewißheit, daß es den Vater gab, war dann

stärker als meine Frage nach Gott. Ich war auf Gott nicht neugierig und von Anfang an auf so jemanden nicht neugierig gewesen. Als ich über Auschwitz vieles las, wurde ich nicht neugierig auf Gott. Einen Gott, der das wollte und so sein Volk strafte, den konnte ich mir leider nur erbärmlich vorstellen und ablehnen und hassen. Und mich für ihn schämen. Als ich »Die Galizianerin« schrieb, identifizierte ich mich sehr mit Eva Deutsch, geborene Chawa Fränkel, und ich glaubte plötzlich an Gott und schämte mich seiner Taten. Leider lehrt die Bibel: Ich werde euch verfolgen, ich werde euch verstreuen unter die Völker, bis ins siebte Glied räche ich eure Sünden und so weiter. Was die Erbsünde angeht, so kann ich mir darunter ja nur eines vorstellen: daß ich meine Kinder schlecht behandle, weil meine Eltern zu mir auch nicht besser waren. Wer nichts Gutes kennt, kann nichts Gutes geben. Das ist die »Erbsünde«, und man müßte das nur einen Erb*fehler* nennen.

Ich möchte gerne wissen, warum Sie das Buch »Wie kommt das Salz ins Meer« geschrieben haben, was als Motivation dahinter steht. Ich meine jetzt nicht die autobiographischen Konflikte, die ja immer im Spiel sind, sondern ich meine mögliche Motive wie die Suche nach Identität, nach Sinn. Gibt es in Ihrem Schreiben eine Sehnsucht, die Sie motiviert zu schreiben?

Entweder ich bringe mich jetzt um oder ich schreibe ein Buch. Stirb oder schreib! Oder auch: Ich schreibe, also bin ich wieder, fühle ich mich wieder, atme ich wieder, bin ich wieder – endlich! – eins mit mir. Man begräbt sich nicht, sondern man geht wieder aus sich heraus. Man belastet sich nicht mehr mit den Verurteilungen durch andere. Es gibt eine Folter, die durch Meinungen entsteht. Das hat der aus Siebenbürgen kommende Schriftsteller Richard Wagner sehr gut in seinen Büchern »Ausreiseantrag« und »Begrüßungsgeld« dargestellt, bei Luchterhand. Vor dem Tod Ceausescus und vor dem Abriß der Berliner Mauer sind diese Bücher schon beide erschienen. Er schildert den Alltag in Rumänien. Wie man dort mitschrie oder verstummte. Dann den Alltag in West-Berlin. Er verläßt seine Hölle und gerät in ein, sagen wir Fegefeuer. Ich sehe eigentlich zwei Höllen. Diese staatstotalitäre Verlogenheit und den Konsumterror bei uns.

Sie beschreiben zwei Höllen. Mir fällt dabei auf, daß Sie sehr

*zurückhaltend schreiben, Ihr Stil ist nicht aggressiv, kein Stil der
Faust, sondern nüchtern registrierend.*

Das ist, fürchte ich, eine Pose. Ich bemühe mich, beim Schreiben
Haltung zu bewahren, trotz allem, was mich während des
Schreibens fürchterlich aufregt. Ich wünsche mir, daß der Leser
meine Erregtheit nicht merkt, sondern daß *er* sich aufregt. Vielleicht sollte ich aggressiver sein, dann würde ich besser verstanden werden. Was »Der Himmel ist süß« angeht, so habe ich da
eine Bonbonniere geschenkt mit einer giftigen Praline, die wirken soll. Jedoch als Medizin! Ich habe die Kirche nicht mit erho-
bener Faust geschildert, sondern mit der gläubigen Unschuld
eines Kindes, das sich bemüht, alles gut zu finden. Die Protago-
nisten meines Buches sind Kinder. Ich las die erschütternde Erzählung »Die Mauer« von Jurek Becker. Und ich habe mich sehr
bemüht, etwas annähernd Authentisches zu erschaffen. Beckers
»Mauer« handelt von Kindern während des NS-Terrors. Sehr
schlicht, sehr erschütternd, sehr glaubhaft.

Im Buch »Der Himmel ist süß« spricht der Großvater eine konkrete Sprache. Wenn er »Sturm« sagt, kommt ein Sturm.
»Sturm« ist kein leeres Wort. Ich spüre dann den Sturm. Es reg-
net. Der Wind bläst. Aber dann kommen Wörter wie »Sünde«
und »Gott«. Ich weiß nicht, was Gott ist. Ich sehe ihn nie! Die
Jüdin, mit der ich befreundet war, hat einmal erzählt, wie David
Goliath besiegte, obwohl Goliath sehr viel größer war. Das hat
mir gefallen, daß der Kleine den Großen dadurch besiegt, daß er
schlau ist und ihn an der richtigen Stelle trifft. Dann habe ich
gedacht: Den Koloß katholische Kirche kann ich nicht umwer-
fen. Aber ich kann ihn an der Blöße, an der Stirn, an einer
Schwachstelle treffen, dort, wo die Kirche denkt, und mit dem
Mittel, dessen sie sich bedient: mit der Sprache.

*Welche Rolle spielt der Katholizismus nach Ihrer Einschätzung
heute?*

In Österreich ist es vielfach noch der bequeme »Naja-Gehst-Du-
Halt-Beichten-Katholizismus«. In die Kirche geht man, weil
man geht. Und dann haben wir da jetzt diesen Papst, der in den
Augen vieler das Wunderwerk vollbracht hat, daß der Kommu-
nismus zusammenbricht. Was vielleicht sogar zum Teil stimmt.
Aber zwischen Katholischsein und totalitären Systemen gibt es

einen Zusammenhang. Albert Camus jedenfalls notiert in seinem Tagebuch: »Das Christentum erklärt den Bolschewismus«. Also: Eifrig sein, unkritisch, sich in alles einmischen, alle bekehren, missionieren, jeden zu seinem Glück zwingen, eine alleinseligmachende Idee haben und mit Blindheit geschlagen bleiben wollen. Dann noch den gefährlichen Gehorsam.

Bei Juden ist Gehorsam nicht ganz so wichtig, weil es mehr Freiheit in der Bibelauslegung gibt. Rabbi Meier sagt so, Rabbi Müller ganz anders! Es gibt einen herrlichen Witz. Zwei jüdische Rabbiner streiten. Der eine sagt, es ist so, wie ich sage, und der andere sagt, nein, ich habe Recht. Da sagt der erste: Damit du siehst, daß ich Recht habe, soll sofort dieser Fluß austrocknen. Und der Fluß trocknet aus. Da sagt der zweite: Ich sehe nicht, daß du Recht hast, ich sehe nur, daß der Fluß austrocknet. Also gut, sagt der erste, dann soll dieser Baum verdorren. Und es verdorrt der Baum. Nein, ich sehe nur, daß der Baum verdorrt, aber ich sehe noch immer nicht, daß du Recht hast! Also gut, dann soll Gott reden, sagt der erste. Tatsächlich redet Gott. Und Gott sagt: Ja, also, Rabbi Eins hat wirklich Recht! Da sagt Rabbi Zwei zu Gott: *Du* hast auf dem Berg *Sinai* gesprochen, aber *jetzt* unterhalten uns *wir*!

Das ist für mich eine der schönsten Geschichten aus dem Judentum, weil sie Freiheit des Geistes bedeutet.

Gibt es Strömungen im Christentum, für die Sie sich interessieren oder die Sie sympathisch finden – ich nenne nur das Stichwort feministische Theologie?

Ich bin gegen das Übel Theologie – entschuldigen Sie, Sie sind ja Theologe. Aber ich bin so sehr dagegen, daß ich es furchtbar finde, wenn Frauen jetzt auch noch Theologie machen! In dem Begriff »theos« ist ja so viel enthalten, daß schon wieder fast nichts drin enthalten ist. Und da jetzt noch weiter darauf aufbauen und noch mehr darauftun oder das Gebäude unterwandern, also ein Nichts oder etwas Unantastbares unterwandern und eine ganz neue Stadt darum herumbauen? Dann kommt, wenn das theologische Gebäude errichtet ist, wieder jemand und ändert es. Die Theologie müßte man abschaffen. Mutter Natur als Begriff genügt. Aber gegen die Mutter Natur arbeiten ja die Theologen seit Jahrhunderten, Jahrtausenden. Wenn Menschen einander vor lauter Begriffen nicht mehr verstehen, dann muß man die Begriffe abschaffen. Sie sind der hochmütige Turm zu Babel: die tausend Begriffe.

Sie würden also nicht sagen »Theologie der Befreiung«, sondern »Befreiung von der Theologie«?

Was die »Theologie der Befreiung« angeht, so ist es wichtig, daß arme Menschen sich nicht abspeisen lassen mit Vertröstungen. Man muß Brot geben. Und Wasser oder Wein. Wenn ich in Lateinamerika lebte, würde ich nicht vom Christentum erzählen, sondern von der Sozialdemokratie. Sozialdemokratie, nicht Sozialismus, weil das ein vielfach beschmutztes Wort ist. Eine soziale, möglichst gerechte Gesellschaft. Es gibt schöne Grundsätze in der Sozialdemokratie. Den Bedürftigen helfen. Den Armen, den Kranken. Frauen und Kindern. Grundsätze, wie sie im *jüdischen* Testament stehen, nicht so sehr in den Evangelien. Gebt den Menschen zu essen. Eine Religion hatten und haben ja beispielsweise die Indianer selbst. Sie wurden von »Christen« ermordet. Heine hat gesagt: Erst kommt das Fressen, dann die Religion. Brecht hat dann daraus gemacht: Erst kommt das Fressen, dann kommt die Moral. Brechts Variante finde ich schlecht. Denn sie ist ein Widerspruch. Der Satz, daß zuerst das »Fressen« kommen soll, ist ja bereits Moral. Moral ist wichtig. Moralische Grundsätze sind wichtig. Mit dem Begriff »Moral« darf man nicht spielen, so wie Brecht es tut.

Haben Sie Erwartungen an die Kirche?

Ja, ich hoffe, daß auch in der Kirche so ein Gorbatschow kommt. Der Papst, der mit dem Kreuz zu uns redet, das Kreuz über die Menschen und über die Kinder macht: das Kreuz war doch ein römisches Folterinstrument. Der Papst soll menschlich mit uns reden. Er soll sagen, es hungern soundso viele Menschen! Er soll davon reden, wie ungerecht die Welt ist. Und das vom lieben Gott soll er sich von mir aus denken, aber »Gott« aus dem Spiel lassen, wenn er redet. Das Wort »Vernunft« sollte er öfter gebrauchen.

Ist Jesus ein Rebell für Sie?

Jesus war ein Mensch, der an das Gute im Menschen geglaubt und es an den Kindern demonstriert hat. Sicher war er unbequem, sonst hätte die Staatsmacht ihn nicht ermordet.

Sie haben früher einmal gesagt, Sie hätten sich mit Mystik ausein-
andergesetzt oder mystische Texte gelesen. Erzählen Sie etwas
darüber.
In der Literatur trifft man auf die schöne Sprache der Mystiker.
Etwa Therese von Avila, Johannes vom Kreuz. Wie kann man
das vereinen: eine schöne Sprache schreiben, in der Nähe der
Scheiterhaufen. Sie mußten wohl nachdenken, was man alles sagen durfte, ohne verbrannt zu werden. Mystiker waren wahrscheinlich geborene Dichter, suchende Menschen, wobei es zu
jener Zeit lebensgefährlich war zu suchen. Therese von Avila hat
wahrscheinlich 99 Dichter-Zeitgenossinnen gehabt, die als Ket-
zerinnen umgebracht wurden. Es ist kein Zufall, daß berühmte
Liebesromane, Goethes »Werther«, Flauberts »Madame Bo-
vary«, mit dem Tod enden. Das liegt nicht daran, daß Liebe, wie
oft behauptet wird, eine tödliche Gefahr ist, sondern unsere
zweitausendjährige christliche Kultur ist so todesnah, ja todver-
herrlichend. Die Dichter haben oft, ohne daß ihnen das meiner
Meinung nach bewußt war, als Kinder der Kirchen empfunden.
Wenn die Kirche das kleine Kind prägt, wird es als Mann und
Dichter geprägt bleiben, trotz allem, was zum Beispiel Goethes
»Faust« studiert. Siehe das gleichnamige Stücke und »Gret-
chens« Ende.
Gibt es mystische Augenblicke in Ihrem Leben?
Es gibt Erlebnisse, wo ich in der Natur stehe und verzückt bin
und ich dann aber gleichzeitig denke, man muß ja gar nicht ver-
zückt sein, es genügt ja festzustellen, daß die Welt eigentlich sehr
schön sein kann.
Ist Schreiben für Sie so etwas wie ein mystisches Erlebnis?
Manchmal, wenn ich innere Rückschau halte, also in mir Bilder
der Vergangenheit suchen muß. Schreiben kann mystisch sein,
jedoch weltbezogen. Eine Mystik ohne Welt gibt es ja nicht. Die
Welt, die Erde und das Leben sind die Voraussetzung für jeden
Mystiker. Wenn ich über die Welt nachdenke, halte ich oft Zwiesprache mit mir selbst. Ich muß mir Rechenschaft ablegen: Was
denkst du wirklich? Warum jubelst du nicht über die Hinrich-
tung von Ceausescu?
Wenn ich mir unser Gespräch noch einmal vergegenwärtige,
dann bleibt als Bilanz, mit welch großer Distanz Sie der christ-

lichen Tradition gegenüberstehen und wie Sie das Christentum auch verantwortlich machen für Neurosen, für Verformungen der Menschen.

Wegen des Zwangs zur Selbstverleugnung. Selbstverleugnung darf man erst lernen, wenn man sich selbst kennt. Denn dann weiß man, was man bei sich abschaffen muß. Ein Kind, das sich erst entdecken muß, zu zwingen, sich zuallererst gleich einmal gründlich zu verleugnen, kann kein guter Mensch werden.

Mich hat die Geschichte der Galizianerin sehr beeindruckt, und zwar als Spiegel des Christentums: Im Spiegel dieser Jüdin wird das Verhalten des Christentums gegenüber Außenseitern und Verfolgten deutlich. Es ist eine Geschichte der Herbergssuche, über eine Frau, die nirgendwo Herberge findet in der christlichen Welt. Es geht um den Verrat von Christen an den Juden und an dieser Frau aus Galizien. Gleichzeitig hält diese Frau an ihrem Gott fest und nimmt das Schicksal der Juden an. Was macht die zwiespältige Faszination aus, die offensichtlich für Sie vom Judentum ausgeht?

Die Praxis. Die jüdische Frau ist in Ehekrisen, wenn sie nicht weiter wußte, nicht zur Nachbarin zum Tratschen gegangen, sondern zum Rabbiner. Der Rabbiner hat, selbst ein Ehemann, den Mann aufgesucht und ihm »die Leviten gelesen«! Das würde ein katholischer Priester nicht gut können, weil er ja nicht weiß, als Betroffener, was in der Ehe alles passieren kann. Das Judentum ist eine praktische Religion.

Im Judentum steckt allerdings auch sehr viel Theologie. Denn die Praxis, die Lebensnähe, von der Sie reden, entspringt aus einer Gottesnähe. Was kann Religion für Sie im guten Sinne leisten, wenn sie, wie im Fall dieser Jüdin, glaubwürdig ist?

Religion müßte sinnvoll und praktisch sein. Man soll nicht im Sommer etwas tun müssen, was man besser im Winter tut. Man sollte, wenn man dick ist, nicht etwas tun müssen, was für Magere gut wäre. Religion ist, vom Wort »religare« her gesehen, Rück-Bindung oder Noch-Einmal-Binden. Ich glaube, das braucht der Mensch in Wirklichkeit *nicht*. Als ich klein war, da hat es mir vollkommen genügt, daß die Sonne scheint, daß es etwas zu trinken gibt, wenn ich durstig bin. Das waren die Freuden der Kindheit. Sonnenschein. Getragenwerden. Wenn ich müde war. Ich weiß noch, wie unangenehm es war, wenn ich nicht mehr getragen wurde. Mein Großvater war für mich eine angenehme Kindheitserfahrung. Religion hätte ich sicher nicht gebraucht, um Gutes und Böses zu unterscheiden. Ich habe keinen »ersten Menschen« gebraucht, von dem ich »abstamme«, der Adam geheißen hat und achthundert Jahre alt geworden ist. Wichtig waren meine Verwandten und Freunde. Sie waren lieb oder nicht lieb. Es ging um Schokolade, um Frieren oder Nichtfrieren.

Sie haben ein Gedicht mit dem Titel » Mein Gott« geschrieben. Es lautet: » Mein Gott ist vielgestaltig, manchmal trägt er einen Schnurrbart. Gott ist mein Wohlbefinden. Gott ist die Wärme in meinem Rücken. Gott ist, wenn es uns gut geht.« Ist es das, was Sie zum Ausdruck bringen wollen?

Ja. Man braucht das Wort »Gott« nicht. Und dann kommen jetzt Feministinnen mit ihrer »Göttin« – das brauchen wir nicht.

Wenn Sie sagen, das brauchen Sie nicht, dann wundert mich allerdings, daß Sie in Ihren Gedichtband » Mit einem möcht' ich leben«, den Sie unlängst veröffentlicht haben, geradezu gebetsartige Texte aufgenommen haben. » Gott schenke mir Schlaf« heißt es zum Beispiel in einem der Gedichte. Ist Gott so etwas wie die Chiffre für die Sehnsucht nach gelungenem Leben?

Für mich ist er keine Chiffre für irgend etwas, für mich ist er eher ein unangenehmes Wort. Gott will ja als Name für etwas verstanden werden – was ich nicht verstehe.

Sie haben ein Gedicht mit dem Titel » Zweifel« geschrieben. Da heißt es: » Zweifel ist alles, was ich habe. Ich habe mein Haus als Büßerin verlassen. Nun stehe ich und schau, ob mir ein Gläubiger Berge versetzt. In meine Wüste, Einöde, Leere.«

Wie kann eine Glaubensgemeinschaft, die sich auf einen Juden beruft, das jüdische Volk ermorden? Und als ich mir vorzustellen versuchte, wie die Situation zu Jesu Zeiten war, sehe ich auf einmal eine Frau. Und ich habe ein Haus gesehen, ganz niedrig, da kommt eine Frau heraus. Die Aussage ist: Das Übel liegt in der Beleidigung der Frauen. Ich bin ewig Büßerin, als Frau. Ich bin ewig schuldig. Weil ich »Eva« war.

In Ihrem Gedicht mit dem Titel » Mein Glaube« heißt es: » Mein Glaube ist ein Pferd, neben dem ich gehe. Es darf mir nicht ent-

kommen. *Seht ihr den unsichtbaren Reiter. Es soll ihn nicht ab-werfen. Für ihn schleppe ich mich dahin.*«
Glaube steht hier für Hoffnung und für Nichtaufgeben. Dabei ist es so, daß *ich* diesen Glauben *nicht* habe. Aber neben mir gibt es den Glauben. Kraft seines Glaubens bewegt sich jemand. Das ist einer, der hat ein Pferd, kann reiten und schneller sein und stärker sein. Weil er glaubt, weil er getragen wird. Er glaubt nicht, er hat. Ich bin die, die zu Fuß geht, ich habe nichts, ich bin die Erdnahe. Das Pferd hat die Bedeutung: ein schönes Tier, das mißbraucht worden und in Kriegen eingesetzt worden ist.

Ihr Gedicht »wenn unsere Gesichter« finde ich besonders schön: »Wenn unsere Gesichter ineinander fließen, du, ich, ein Wasserspiegel (o du stiller Gott in unserm Seufzer).« Können Sie auch zu diesem Gedicht etwas sagen?

Es ist ein Liebesgedicht…

Aber Sie reden hier von Gott, »o du stiller Gott«…

»Gott«, ein Wort für – kalt ausgedrückt – positive Energie.

Es gibt einige schöne Gedichte von Ihnen, in denen in stiller und ruhiger Weise Gelungenes beschrieben wird, Glücksmomente. Ich denke an das Gedicht »Mit Dir«: »Mit dir in Venedig auf den Stufen sitzen. Santa Maria della Gracia oder welche Santa Maria immer. Die Wellen hellblau lila marin, das Wasser hellgrün grau und hell, der Himmel rosa marin grün aquamarin.« Sind das solche Momente von stillem Glück? Ich meine das nicht im Sinne einer kitschigen Idylle, sondern mich interessiert, ob da ein Funke, wie Sie sagen, aufleuchtet?

Es ist die Nähe des geliebten Menschen, die Welt als schön erleben weil der Mensch da ist. Man könnte ja auch in Venedig sitzen und sich denken dieser furchtbare Tourismus… Weil aber dieser Mensch neben mir sitzt, kümmert mich der Tourismus nicht. Ich spüre nur das Gute. Und bin ja selbst auch eine Touristin. Wir sind Touristen auf Erden, wie gefällt Ihnen das? Und Gott ist der Reiseleiter.

Die Frage ist, wie Sie das Wort Gott benutzen. Für mich wäre ein Gott, den ich nur brauche oder verbrauche, nichts als ein Götze. Das Wort Gott wird für mich in dem Moment falsch, wo ich es als Lückenbüßer einsetze, als Füllsel oder als reines Traditionswort.

Das habe ich selbst auch so erfahren, etwa in der Schule, wenn von Gott die Rede war, wenn die natürliche Autorität nicht ausreichte, da hieß es: Gott hört euch, Gott sieht euch. Gott wurde als Lückenbüßer benützt, als Instrument. Ich habe keinen anderen erlebt.

Ist es so, daß bei Ihnen ein bestimmtes Gottesbild zerbrochen ist, mit Recht zerbrochen ist, und daß es für Sie keine Alternative mehr gibt? Was ich sagen will, ist: Gäbe es möglicherweise andere Weisen, von Gott zu reden als die, die Sie erlebt haben, gäbe es Weisen, von Gott zu reden, die nicht so weit entfernt sind von dem, was Sie instinktiv spüren? Für mich ist die Rede von Gott als Lückenbüßer und auch als simple Grenzerfahrung (bei Scheitern und Tod reden wir auf einmal von Gott!) unglaubwürdig. Für mich ist »Gott«, wenn das Wort überhaupt einen Sinn hat, die Erfahrung von Transzendenz mitten im Leben. Gott ist die überschreitende Kraft, die mir mitten im Leben zuwächst, nicht von oben herab, sondern von innen heraus.

Ja, aber das ist schon wieder nicht transzendent. Aus meiner Immanenz hier wächst eine noch stärkere Immanenz – und ich bin dankbar dafür aus mir heraus. Danke, lieber Baum. Mit Transzendenz verbinde ich etwas, was sehr weit weg ist, so weit wie die Sterne. Aber auch das ist unsere Welt. Wenn man ein schönes Erlebnis hat und man plötzlich spürt, es gibt doch mehr auf dieser Welt, als ich eigentlich gedacht habe, dann ist es ja schon wieder immanent.

Transzendenz ist für mich nicht etwas bloß jenseits unserer Welt. Jesus hat nicht so von Gott gesprochen, daß Gott im reinen Jenseits, also draußen und weit weg wäre. Gerade Jesus hat von Gottes Anwesenheit mitten im Leben gesprochen. Ich will Sie nicht von meinem Gottesbegriff überzeugen. Ich will allerdings darauf hinweisen, daß es Möglichkeiten gibt, von Gott zu reden, wo das Wort seinen Sinn behält und Gott nicht einfach ins Jenseits katapultiert wird, sondern wo das Wort Gott beispielsweise die Beschreibung einer Liebeserfahrung, einer Glückserfahrung sein kann.

Es gibt dafür aber auch andere Begriffe. Ich will etwa das ganz profane Wort Gemütlichkeit nennen. Ich meine jetzt nicht die Bierseligkeit damit. Sondern ich meine den Zustand, wenn es behaglich ist in der Welt. Wenn es angenehm ist, unter Menschen zu sein. Wenn man um die Ecke geht, und auf einmal kommt einem jemand entgegen und man freut sich, man spürt, es ist gut, daß er jetzt kommt. Man könnte jetzt sagen, den hat »Gott« oder »der Himmel« geschickt. Es gibt solche Momente. Vielleicht liegt es daran, daß wir vom Leben zu wenig erwarten und schon froh sind, wenn am Abend der Tag halbwegs ohne Schmerzen verlaufen ist, wenn mein Kind nicht krank geworden ist oder überfahren worden, wenn keine furchtbaren Dinge geschehen sind und die allgemeinen weltpolitischen Befürchtungen nicht wahr geworden sind. Wenn wir dann sogar etwas Schönes erleben dürfen. Dann ist das so ein Luxus, in unserem Ozonloch- und Atomkraft-Bewußtsein, daß wir dann sagen: Das ist himmlisch. So schlecht ist es schon auf der Erde, daß wir mit dem Wort irdisch nur noch Negatives verbinden. Und das andere, das auch irdisch ist, nennen wir dann überirdisch.

Mich interessieren Menschen und nicht Ideologien und Glaubensbekenntnisse

Gespräch mit *Angelika Mechtel*

1943 in Dresden geboren, begann für Angelika Mechtel ihre schriftstellerische Karriere mit der Mitgliedschaft in der Gruppe 61, einer Vereinigung von Schriftstellern, die sich der literarischen Gestaltung insbesondere der industriellen Arbeitswelt widmete. Mit 25 veröffentlicht sie ihren ersten Erzählungenband »Die feinen Totengräber« (1968), 1971 folgt der Roman »Kaputte Spiele«, in dem die Autorin sich mit der Generation marginalisierter Jugendlicher in den 60er Jahren auseinandersetzt. Ihren vorläufigen Höhepunkt erreicht diese Form gesellschaftskritischer, die Lebenswelt der Industriegesellschaft thematisierender Literatur mit den ebenfalls 1971 erschienenen »Hochhaus-Geschichten«, in denen die Autorin mit makaberer Lakonie die Brutalität alltäglicher Existenz in der Wohlstands- und Industriegesellschaft erfahrbar macht.

Über ihre literarischen Anfänge sagte die Autorin einmal in einem »Selbstporträt«: »Eigentlich habe ich harmlos angefangen, als Kind habe ich Kinderbücher geschrieben, in der Pubertät romantische Lyrik. Und erst als ich zum ersten Mal für zwei Mark fünfzig in der Fabrik aushilfsweise arbeiten mußte, fing ich an zu begreifen und bewußt zu schreiben. Ich habe als Zimmermädchen Betten gemacht, oben, im billigsten Stockwerk, wo die Leute Hähnchenskelette in die Papierkörbe werfen, habe Hotelschuhe geputzt, im Zeitungslager der Bahnhofsbuchhandlung als Hilfsarbeiterin Zeitungsartikel ›geköpft‹ und gezählt, auf dem Paketbahnhof von abends 21 Uhr bis morgens um 6 Pakete verladen und bin dann ›aufgestiegen‹ zur kaufmännischen Angestellten. Ich kenne also die ›Welt der Arbeit‹, aber auch die literarische Exotik, die sehr oft damit verbunden wird« (Loccumer Protokolle 26/1979).

Ein neues Thema läßt der 1972 erschienene Roman »Friß Vogel« erkennen. Er ist ein biographischer Schlüsselroman, in dem Angelika Mechtel die Geschichte ihres Vaters, des Journalisten Walter Mechtel, beschreibt, der bei Ausübung seiner Korrespondententätigkeit in Aden erschossen worden war. Der Roman zeichnet ein vernichtend-kritisches Bild von der Arbeitsatmosphäre in deutschen Rundfunkanstalten, vor allem vom politischen Druck der Anpassung, dem die Mitarbeiter ausgesetzt sind. Ihre Hauptfigur läßt die Autorin sagen: »Es ist kein Fehler, nach oben zu kommen und das soziale Milieu, aus dem man stammt, hinter sich lassen zu wollen. Aber ich habe einen gravierenden Fehler begangen. Anstatt mit meiner Existenz, meinem Willen zur Überwindung sozialer Schranken, die Umstände zu verändern, die eine solche Überwindung erst nötig machen, oder zumindest zur Veränderung beitragen, habe ich mich blind angepaßt. Habe nach dem Sprichwort ›Friß Vogel oder stirb‹ ohne nachzudenken gefressen, was man mir hinwarf. Ein paar Brokken vom Tisch derer, zu denen ich unbedingt aufsteigen wollte. Der Macht wegen, des Ansehens wegen und des privilegierten Lebens wegen.«

Eine erste Auseinandersetzung mit Religion, vor allem ihrer katholischen Kindheit im Fränkischen, läßt die Autorin in dem autobiographisch gefärbten Roman »Wir sind arm, wir sind reich« (1977) erkennen. Das geschlossene katholische Milieu ihrer Kindheit in den 50er Jahren wird im Spiegel der Erinnerungen, Erlebnisse und Erfahrungen eines pubertierenden Mädchens geschildert, ohne daß dieses kirchliche Milieu nur kritisch gesehen würde. Intensiver dagegen ist die Auseinandersetzung mit Religion im 1983 erschienenen Roman »Gott und die Liedermacherin«. Anhand der Geschichte der Liedermacherin Julia Ritter, die sich auf einer von einem deutschen Kulturinstitut organisierten Tournee durch die USA befindet, wird der Zusammenhang von Männlichkeit und Gewalt, von Mythen und Feminismus diskutiert. Statt sich mit den Zuständen ihres Gastlandes zu identifizieren, beginnt die Heldin, während ihrer Bühnenauftritte nicht das gewünschte Repertoire zu bieten, sondern subversive Geschichten zu erzählen, die in einem neuen Schöpfungsmythos gipfeln, in dem die Entstehung des Patriarchats und der Beginn der Unterdrückung der Frau kritisch aufbereitet wird. Nach Deutschland zurückgekehrt, wird der respektlosen

Geschichtenerzählerin der Prozeß gemacht wegen »Verunglimpfung männlicher Werte«. Der Roman setzt dann auch mit diesem Prozeß ein, in dessen Verlauf die Geschichte der Julia rekonstruiert wird.

Die Kritik ist gerade mit diesem Roman hart ins Gericht gegangen. Von »Unglaubwürdigkeiten«, »Ungereimtheiten« und »Plattheiten« ist die Rede; das feine Ineinanderspiel von Realität und Sur-Realität habe Angelika Mechtel in anderen Texten schon viel geschickter gehandhabt: »Was an dem Geschichten-Erzählen dieser ›neuen Scheherazade‹, zu der Angelika Mechtel ihre Liedermacherin gerne hochstilisieren möchte, so provozierend sein soll, wird ebenfalls nicht klar, denn die Geschichten, die zwischen den einzelnen Roman-Kapiteln zu lesen sind, wirken eher harmlos als provozierend erotisch und satirisch« (I. Laurien).

Wie immer: Ansätze waren reichlich vorhanden, das Gespräch mit Angelika Mechtel zu suchen, zumal ihr umfangreiches literarisches Werk in der Tat als einziger »Protest gegen die fortschreitende Versachlichung gesellschaftlicher Beziehungen« (B. Neumann) beschrieben werden kann. Dies zeigt sich nicht zuletzt an ihrem Engagement für marginalisierte Gruppen der Gesellschaft. 1972 legte sie »Gespräche und Dokumente« über »alte Schriftsteller in der Bundesrepublik« vor, 1975 berichtete sie über die Situation der Mütter und Frauen von Strafgefangenen in einem »Plädoyer für uns«. Was Ingeborg Drewitz damals über das Schriftsteller-Buch sagte, charakterisiert das Engagement dieser Autorin bis heute: »So sind alle Antworten, die Angelika Mechtel zusammengetragen hat, erschütternd, wenngleich auffällt, daß nur wenige unter den Antwortenden ihre Situation zu reflektieren imstande sind, befangen in einem ungebrochenen Elitebewußtsein. Immerhin bleibt festzustellen, und das ist der erregende Aspekt des Buches, mit welcher Leichtfertigkeit die Umwelt über die hinweggeht, die sie vielleicht einmal verehrt hat. Wie vergeßlich die Leser, die Verleger, die Redakteure, die Gemeinden, die Honoratioren und immer wieder die Leser sind. Was, der lebt noch?, zitiert Angelika Mechtel, ein Zitat, das nachdenklich macht.«

Gegen die Vergeßlichkeit anzuschreiben, gegen die eigene Vergänglichkeit sich zu stemmen, ist auch Zweck des autobiographischen »Krebstagebuchs«, das Angelika Mechtel 1990 unter dem Titel »Jeden Tag will ich leben« vorlegt. Es enthält bemerkenswerte Aussagen zur Frage nach dem Sinn, zur Rolle des Trostes und der Religion. Der zweite Teil des vorliegenden Gespräches konzentriert sich denn auch nicht zufällig darauf. Die Krankheitsgeschichte ist für die Autorin Anlaß, über ihr bisheriges Leben nachzudenken, die Frage nach dem Sinn der Arbeit, nach der Kraft, die das Leben trägt, nach Trostbedürftigkeit und Sterblichkeitsgewißheit zu stellen. In einer der eindrücklichsten Passagen aus diesem Tagebuch wird deutlich, wie Angelika Mechtel um Fragen wie Lebenswillen, Angst, Vertrauen, Glauben, Sterblichkeit ringt, ohne daß sie an religiöse Vertröstung Konzessionen machen will. Ihr Hauptinteresse gilt in der Tat »Menschen« und »nicht Ideologien und Glaubensbekenntnissen«.

»9. November 1987

Sich blindwütig aufzulehnen ist, denke ich, unsinnig; Kraftvergeudung.
Auflehnung hilft nicht gegen diese Krankheit.
Der Lebenswille mag helfen.
Wichtig, denke ich, ist es, zu akzeptieren, was geschah und noch geschieht. Sich einlassen auf den Gedanken, nur noch begrenzte Lebenszeit zur Verfügung zu haben. Sich damit vertraut machen.
Vertrauen haben.
Vertrauen herstellen.
Lernen, Vertrauen in die Zeit zu haben, die zu leben bleibt.
Der Sterblichkeit vertrauen.
Vertrauen bedeutet nicht: einen Sinn machen.
Sie könnte die ewig falsche Frage sein, die nach dem Sinn des Lebens. Nach Sinn überhaupt. Sinn macht es nur, darüber nachzudenken, warum wir meinen, alles müßte seinen Sinn haben.
Vertrauen.
Das heißt auch: ohne Angst leben.
Das heißt: ohne Verzweiflung.
Geborgenheit im täglichen Umgang mit diesem Sich-vertraut-Machen. Mit dem Ende. Mit der Sterblichkeit.

Wann?

Ein bißchen bange sein vor diesem Wann?

Noch bin ich es.

Morgen vielleicht schon nicht mehr. Das Bangesein akzeptieren.

Den Lebenswillen trotzdem nicht aufgeben.

Lebenswille ist nicht Auflehnung.

Auflehnung bedeutet Kampf. Ein Kampf, der nur dann zu gewinnen wäre, wenn der Untergang der Krebszellen im Körper bereits vorprogrammiert ist. Ein sinnloser Kampf also. Denn der Krebs hat seine eigenen Gesetze. Diese Krankheit hat ihre Selbständigkeit. Ich denke, sie verläuft nach Gesetzen, die schon festliegen, ehe der Krebs ausbricht.

Also: Fatalismus?

Für mich ist der Begriff Fatalismus negativ.

Die Ergebenheit ins Schicksal assoziiert Unterwürfigkeit, Unselbständigkeit, Abhängigkeit.

Laß den Fatalismus weg.

Verständige dich mit dir selbst. Verständigung und Einigung.

Sag: das Schicksal akzeptieren.

Nicht: sich ergeben. Nicht: sich damit abfinden.

Zorn ist erlaubt.

Die Wut.

Nicht: das Selbstmitleid.

Nicht: der seelische Zusammenbruch.

Nicht: die intellektuelle Blockade.

Du bist es doch? Ja. Ich bin es. Das Ich. In der Einheit von Körper, Seele und Geist. Der Lebenswille entsteht in dieser Einheit – denke ich mir. Möglicherweise ist es so. Ich weiß es nicht. Ich vermute.

Alle Vermutungen sind zulässig. Sie sind kreativ. Sie machen Mut. Noch hab ich ihn, den Mut, gleichermaßen wie den Lebenswillen. Das ›noch‹ sollte ich streichen.

Lebenslust: die Neugierde gehört dazu. Die Abenteuerlust. Lust zu arbeiten. Lust auf Liebe. Neue Einfälle für die Arbeit: Sie fliegen mir im Augenblick zu. Ich schmiede Pläne. Reiselust. Ein Gefühl von Stärke. Das gibt mir die Ruhe, die ich brauche, um am Schrecken nicht zu erschrecken.

Aber sie darf nicht aufgesetzt sein, die Lebenslust. Ich denke, sie muß im Unterbewußtsein fest verankert sein. Ich hoffe, sie ist es. Hoffe es, Weiß es nicht.
Möglicherweise spiele ich mir selbst etwas vor.
Ich wäre so gerne uralt geworden.«

Das nachfolgende Gespräch erschien am 31. Mai 1991.

Frau Mechtel, Sie haben in etwa zwanzig Jahren ein umfangreiches Werk vorgelegt: sieben Romane geschrieben, viele Erzählungen, Kinderbücher, Sachbücher. Was war der Impuls zu schreiben, der Auslöser, der aus der 25jährigen Angelika Mechtel eine Schriftstellerin gemacht hat.
Ja, vor 23 Jahren, also 1968, erschienen »Die feinen Totengräber«, mein erster Band Erzählungen. Der Auslöser zu schreiben liegt aber in der Kindheit. Ich habe etwa mit sieben angefangen, Märchen zu erfinden und wußte sehr früh, daß ich nichts anderes wollte, als Geschichten erzählen. Ich wuchs in einem Elternhaus auf, in dem dieser Wunsch akzeptiert wurde. Mein Vater war Journalist, meine Mutter Schauspielerin, ein Bruder meiner Mutter Schriftsteller. Meine Eltern haben stolz beobachtet und mich unterstützt. Als 14jährige wußte ich: Ich will schreiben und sonst nichts und habe mich geweigert, über irgendeine Berufsausbildung nachzudenken. Für mich stand der Weg, mit kindlicher Sturheit betrachtet, ja fest. Als 16jährige war ich entschlossen, meinen Lebensunterhalt übers Geschichtenschreiben zu verdienen und ich versuchte, meine Eltern zu überreden, mich von der Schule zu nehmen. Dazu muß man wissen, daß es damals noch die Möglichkeit gab, mit Kurzgeschichten im Wochenendfeuilleton der Tageszeitungen Geld zu verdienen. Meine Eltern haben das natürlich nicht akzeptiert. Aber als 18- und 19jährige habe ich es dann doch getan: Ich hatte die Schule »geschmissen« und verschickte Gedichte, Kurzgeschichten und Impressionen an die Feuilletons, und sie wurden tatsächlich gedruckt.
Was waren die Probleme, mit denen Sie sich thematisch auseinandergesetzt haben?

Es ging nicht um Probleme. Ich wollte einfach nur so schreiben, wie es mir gefiel und wie es aber auch den Redakteuren gefallen konnte. Es waren impressionistische Themen wie etwa die Beschreibung eines Regentages, und es gab nichts, was auch nur annähernd mit Sozialkritik hätte zu tun haben können. Es war so, wie wohl jeder junge Mensch anfängt zu schreiben: um sich erst einmal der eigenen Fähigkeiten zu vergewissern. Zum kritischen Schreiben kam ich erst, als ich mich gezwungen sah, Aushilfsjobs anzunehmen. Ich hatte sehr jung geheiratet und bereits mit 19 ein Kind und dazu einen Mann, der nicht in der Lage war, die Familie zu ernähren. Also war ich – die behütete und bürgerlich erzogene Tochter, ohne Abitur, aber doch mit zwölf Jahren Schulbildung – gezwungen, miese Jobs anzunehmen, weil ich ja keinerlei Ausbildung hatte. So war ich auf einmal mit einfachen Frauen konfrontiert, lernte ihr soziales Umfeld kennen, erfuhr, wie sie empfinden, fühlen, wie sie denken und wie sie mit Ungerechtigkeiten umgehen. Erste Erlebnisse dieser Art hatte ich zum Beispiel bei der Bahnpost in München, wo ich in der Nachtschicht Pakete in Güterwaggons verlud. Damals war die zweite Tochter gerade drei Monate alt. Ich ging abends um neun aus dem Haus und war morgens zwischen fünf und sechs zum ersten Frühstück des Babys wieder zurück. Ich hatte mit Frauen zu tun, denen es ganz ähnlich ging, die aber, anders als ich, nie wieder aus dieser Enge herauskommen konnten, die keine Chance hatten, während ich ja meinen Traum vom Schreiben hatte. Sie ließen sich anschreien und schikanieren und haben ihre unterdrückte Wut dann in der Kantine herausgelassen, wenn wir unter uns waren. Für mich war das ein Schlüsselerlebnis.

Ist das der Hintergrund für Ihren ersten Roman »Kaputte Spiele«?

Diese Erfahrung ist in »Kaputte Spiele« natürlich auch verarbeitet. Zunächst aber fing ich an, Kurzgeschichten zu schreiben, es entstand zum Beispiel der Text »Schichtwechsel«, eine ziemlich melodramatische Kurzgeschichte, die beschreibt, wie eine Frau in der miesen Atmosphäre einer Kantine immer wieder versichert, sie ginge nur wegen der Kinder arbeiten. Das war eine der Frauen, denen ich begegnet war. Mit dieser Geschichte stellte ich mich dann in Würzburg beim Fränkischen Schriftstellerverband zum ersten Mal in der Öffentlichkeit vor. Max von der Grün saß im Publikum. Er ist derjenige, der mich sozusagen entdeckt hat. Das war 1965. Von der Grün holte mich zur »Gruppe 61«. Damals kamen auch Günter Wallraff und Erika Runge dazu, wenn ich mich richtig erinnere. Die Prozedur war ganz ähnlich wie bei der »Gruppe 47«. Man stellte sich mit einem Text vor, und dieser Text wurde dann von den anwesenden Kollegen, Kritikern und Verlegern unter die Lupe genommen. Ich trug dort also diesen Text vor, den ich heute nur noch als melodramatisch bezeichnen kann. Aber ich wurde damit in die Gruppe integriert als eine Autorin, die über die Arbeitswelt schreibt. Ich war gerade mal 22 und natürlich happy. Durch die Begegnung mit der »Gruppe 61« habe ich dann tatsächlich begonnen, mich mit der Arbeitswelt über meine persönlichen Erlebnisse hinaus auseinanderzusetzen und wohl eine bestimmte Prägung über die Gruppe bekommen. Meine Weltanschauung, meine Ausrichtung nach »links«, auf soziale Themen, beruht letzlich auf der Begegung mit der Gruppe 61.

Wenn Sie sagen »Weltanschauung«: Was ist damit noch gemeint außer dem sozialkritischen Schreiben? Gab es auch eine theoretische Auseinandersetzung, eine philosophische Fundierung?

Kaum. Ich war eine junge Frau, eigentlich noch eine Jugendliche, die, wie auch immer, die Familie ernähren mußte und zwei kleine Kinder hatte. Deshalb blieb wenig Zeit, sich mit Theorien auseinanderzusetzen. Ich glaube, ich habe mich Zeit meines Lebens mit Menschen auseinandergesetzt, sozialen Umfeldern, mit ihren Reaktionen auf soziale Ungerechtigkeiten. Natürlich gab es auch die Diskussionen mit Kollegen und Kolleginnen bei der Gruppe oder bei anderen Gelegenheiten. In gewisser Weise habe ich Glück gehabt. Ich habe Marx nie zu Ende gelesen. Ich habe zwar versucht, in den Marxismus hineinzufinden, habe aber nie so hineingefunden, wie das über die Uni lief. Mein Weltbild wurde also nicht im Theorieverfahren aufgestülpt. Ich orientiere mich am Menschen, nicht an einer Idee.

Wenn hinter dem kritischen Schreiben auch eine Vision und Utopie steht, warum ist das nicht direkt in die Literatur eingegangen? Wenn ich Ihre nachfolgenden Romane »Das gläserne Paradies« oder »Friß Vogel« aus dem Jahr 1972 oder »Wir sind arm,

wir sind reich« aus dem Jahr 1976 betrachte, dann ist Ihr schrift-
stellerischer Ehrgeiz darauf gerichtet, die sozialen Krisen und die
komplexen Beziehungsprobleme zwischen Menschen zu be-
schreiben, nicht aber die Utopie einer gerechten Gesellschaft.
Ja, das ist richtig, aber Sie dürfen den Charakter von Belletristik
nicht unterschlagen. Dann müssen Sie Essays oder Sachbücher
schreiben, wenn Sie solche Utopien ganz direkt herüberbringen
wollen. Wenn ich einen Roman schreibe, dann ist es vorrangig,
eine Geschichte zu erzählen, die Psychologie von Personen zu
entwerfen und im Hinterkopf meine Utopie nicht zu vergessen.
So versuche ich festzumachen, wo Krisen in unserer Gesellschaft
entstehen und wie ich ansetzen und zeigen kann, daß die Gesellschaft, so, wie sie heute existiert, nicht gerecht und nicht
menschlich-sozial ist. Wenn Sie meine Romane daraufhin ab-
klopfen, finden Sie immer wieder solche Konstellationen. In
»Friß Vogel«, zum Beispiel, ist es die Hierarchiestruktur und die
Manipulationsmöglichkeit durch das Fernsehen. »Das gläserne
Paradies« ist eine Satire auf das gesättigte westdeutsche Bürger-
tum. Ich habe meine Utopie sozusagen in ein Handlungsmuster
umgesetzt. Das hat natürlich dazu geführt, daß man mir »Stempel« aufgedrückt hat, zunächst den Stempel »sozialkritische Autorin«, später war es die »feministische Autorin«, man ist ja
schnell mit Etiketten zur Hand. Etikette sind oft falsch. Und
wenn nicht, verstellen sie den Blick auf andere Facetten.
Nun haben Sie das Frauenthema ja unter anderem in der Doku-
mentation »Frauen und Mütter von Strafgefangenen berichten«
im Jahre 1975 aufgegriffen.
Ja. Aber das Thema Frau ist bereits in meinen ersten Erzählungen 1968 präsent. Lesen Sie »Die feinen Totengräber« und
zählen Sie einmal, wie viele Frauenfiguren und wie viele Männer-
figuren im Mittelpunkt stehen. Ich glaube, es kommt nur eine
einzige Männerfigur vor, alle anderen sind Frauenfiguren. Literarisch aufgearbeitet sind es Alltagsprobleme von Unterdrük-
kung und Gewalt gegen Frauen. 1968 gab es noch keine nennens-
werte Frauenbewegung bei uns.
Das Buch »Frauen und Mütter von Strafgefangenen« gehört ein-
deutig in den sozialkritischen Bereich hinein, es ist eine Auseinandersetzung mit der Gesellschaft, in der ich lebe, und eine Par-

teinahme für Schwächere, für sozial Benachteiligte. Frauen und Mütter habe ich deshalb gewählt, weil Männer sehr viel häufiger im Gefängnis sitzen als Frauen, und wenn es umgekehrt ist, wenn also eine Ehefrau ins Gefängnis kommt, macht der Mann sich ganz schnell aus dem Staub. Hätte ich also ein Buch über »Männer und Söhne von Strafgefangenen« publizieren wollen, hätte ich wahrscheinlich kaum jemanden angetroffen, der bereit gewesen wäre, Auskunft zu geben. Hinzu kommt, daß die Ehefrauen durch die Inhaftierung ihrer Ehemänner doppelt belastet und diskriminiert werden. Sie müssen auf der einen Seite ihre Kinder allein über Wasser halten, auch finanziell, und werden gleichzeitig von der Gesellschaft geächtet, weil der Mann straffällig wurde. Mütter interessierten mich deshalb, weil ich herausfinden wollte, wie weit sie zu ihren Söhnen halten. Sie tun es beinahe bedingungslos – ein typisch weibliches Problem.

Lassen Sie uns über den Problemkomplex Religion und Kirche reden. Es gibt in Ihren Büchern, vor allem in den Romanen wie etwa »Wir sind arm, wir sind reich« einige Passagen, die sich auf Kirchenbesuche beziehen. Deshalb interessiert mich zunächst die Frage, wie Ihre religiöse Prägung und Erziehung ausgesehen hat.

Ich bin katholisch getauft worden. Ich bin in den Religionsunterricht und jeden Sonntag zur Kirche geschickt worden. Ich habe an Erstkommunion und Firmung teilgenommen. Ich habe als Kind die religiösen Handlungen der Familie vollziehen müssen. Mein Vater war der Katholik der Familie. Meine Mutter war evangelisch erzogen, aber aus der Kirche ausgetreten; sie ist heute zum Katholizismus konvertiert. Mein Vater ging zwar nicht zur Kirche, aber er ordnete an, daß ich vor dem Essen das Tischgebet sprach. Und ich habe es als Zumutung empfunden, daß mich die Erwachsenen vorsprechen ließen und mir dann auch noch sagten, daß ich lispelte oder zu schnell sprach oder dies oder das. Sonntags wurde ich zur Kindermesse geschickt, obwohl ich doch eigentlich noch gar nicht richtig wach war und obwohl ich viel lieber mit einem Buch im Bett geblieben wäre. Nach der Messe fuhren wir raus ins Grüne. Da war mein Vater dann dabei. Und er hatte jeden Sonntag die gleiche Ausrede, wenn ich ihn fragte: er müsse als Journalist bis spät in die Nacht hinein arbeiten und sei deswegen am Sonntagmorgen zu müde, um in die Kirche zu gehen.

Ich wurde benutzt, und es war mir klar, daß ich benutzt wurde: Spätestens, als ich mit vierzehn in Würzburg bei den Ursulinen angemeldet wurde. Mein Vater hatte eine Stellung als stellvertretender Chefredakteur bei der katholischen Tageszeitung *Fränkisches Volksblatt* angenommen. Es gab drei Mädchengymnasien zu dieser Zeit in Würzburg, die Ursulinen, die Englischen Fräulein und das Städtische Mozartgymnasium. Mein Vater spekulierte wohl damit, eines Tages nicht nur stellvertretender, sondern tatsächlich Chefredakteur zu werden. Mich aufs Städtische Gymnasium zu schicken, hätte seiner Karriere abträglich sein können. Er benutzte nicht nur mich, er benutzte auch die katholische Schiene.

Ich möchte eine Stelle aus dem Roman »Wir sind arm, wir sind reich« aufgreifen, eine Kirchenszene: »Wir nahmen die Plätze in der letzten Reihe, die nicht durch Namensschilder der Pfarrmitglieder gekennzeichnet waren. Frauen beteten auf der linken, Männer auf der rechten Seite oder auf der Empore. Keinen Sonntag konnte ich mich an den Gemälden in der Kuppel über dem Altar sattsehen, wo gold, rosa, Maria Verkündigung dargestellt war. Wir beteten um Regen und um Sonnenschein.« Dann heißt es im letzten Satz: »Ich verlor jede Bedrängnis durch Schuldgefühle, die mich sonst unablässig beim Betreten einer Kirche überfielen.« Hier fällt auf, daß die Kirchen-Erfahrung durchaus positiv ist. Das Stichwort der Schuldgefühle interessiert mich. Was steckt dahinter, und warum ist es in dieser Szene anders?

Es ist eine Erfahrung aus meiner Kindheit in den Sommerferien in Bayern. Nun habe ich diese Szene in den Roman eingebaut, und sie hat eine dramaturgische Funktion. Sie dürfen jetzt nicht, nur weil dieses Kirchenerlebnis auch ein persönliches ist, ungebrochen Rückschlüsse ziehen.

Wenn Sie aber von mir wissen wollen, wie die katholische Erziehung, so, wie ich sie genossen habe, auf mich gewirkt hat, dann muß ich sagen, daß sie bei mir ziemlich viel kaputtgemacht hat. Ich habe sehr früh viele Widersprüche, Ungereimtheiten und – um es deutlich zu sagen – soviel Verlogenheit gesehen, daß ich, nachdem ich in der Pubertät noch die Phase durchgemacht hatte, in der ich wie viele Mädchen Nonne werden wollte, danach endgültig fertig war mit dem Glauben in jeder Art. Ich wollte nichts mehr, absolut nichts mehr, damit zu tun haben. Die katholische Religion vermittelt bereits kleinen Kindern, die zum Beispiel auf die Erstkommunion vorbereitet werden, eine solche ungeheure Bürde an Schuldgefühlen, daß es verwunderlich ist, wie dies Kinder dann, wenn sie erwachsen sind, ohne Neurosen damit leben können.

Sie sind aus der Kirche ausgetreten. Wann war das?

Ich war wohl Anfang 30. So genau weiß ich das nicht mehr. Es ist nebensächlich. Ich könnte Ihnen auch nicht sagen, von welchem Zeitpunkt an ich nicht mehr geglaubt habe. Ich weiß nur, daß ich irgendwann begriffen habe, daß der Mensch, nur der Mensch allein, verantwortlich ist für das, was hier auf dieser Welt passiert. Und daß er sich vor dieser Verantwortung nicht drücken kann, indem er sich auf eine höhere Instanz beruft. Ich würde mich nicht als Atheistin bezeichnen. Denn Atheistin zu sein würde bedeuten, daß ich Gott leugne. Aber ich kann nicht etwas leugnen, was für mich gar nicht vorhanden ist.

In dem Roman »Gott und die Liedermacherin«, den Sie 1983 geschrieben haben, setzen Sie sich in engagierter Weise mit der Gottesfrage auseinander. Ich meine das nicht in dem Sinne, daß die Liedermacherin, die die Heldin des Romans ist, religiöse Bedürfnisse hätte, aber sie setzt sich mit der Frage auseinander, wie die Welt entstanden ist. Sie erzählen in dem Buch die Genesis-Geschichte neu: Die Erschaffung der Eva, die Erschaffung des Adam. Sie setzen sich kritisch mit biblischen Traditionen auseinander, aus der Perspektive der Frau, der feministischen Theologie. Erzählen Sie, wie es zu diesem Buch gekommen ist, und was die Strategie dieses Buches ist.

Um mit Letzterem anzufangen: Es wird ja nicht nur die Genesis-Geschichte im Sinne der feministischen Theologie neu erzählt oder uminterpretiert, sondern auch auf die griechische Mythologie und auf die deutsche Märchenmythologie zurückgegriffen. In dem Buch geht es nicht – wie es bei dem Titel, auf den ich mich eingelassen habe, naheliegt – um die Auseinandersetzung mit einem Gottesbild wie auch immer, sondern es geht um die Auseinandersetzung mit den männlichen Bildern von der Entstehung der Welt und männlichen Vorstellungen, wie diese Welt zu behandeln sei. Strategie des Buches ist es, zu zeigen, was aus der Welt bei einer solchen Behandlung wird.

Der Anlaß des Buches ist übrigens ganz banal. Über das *Goethe-Institut* hatte ich Gelegenheit, zum ersten Mal in die USA zu reisen. Es war die Zeit, in der amerikanische Generäle mit Überlegungen in die Öffentlichkeit traten, daß ein begrenzter Atomkrieg in Europa führbar sei. Es erschreckte mich zu erfahren, daß man Religiosität wirklich noch wie zur Zeit der Kreuzzüge mißbrauchen kann. Ich habe ein Jahr gebraucht, um an diesen Roman überhaupt herangehen zu können. Ich mußte ein »Kleid« finden, mit dem ich mir das Erschrecken über die Religionserfahrung, die ich auf der Reise gemacht hatte, von der Seele schreiben konnte. Mich schreibend damit auseinanderzusetzen ist ja dann auch gleichzeitig eine Art Therapie. Schließlich entstand der »Überbau« mit Genesis, griechischer Mythologie und deutscher Märchenmythologie, weil es darin ähnliche Denkansätze gibt.

Der Roman hat zwei Schichten: einmal die gesellschaftskritische Seite, wo der Gott der Macht entlarvt wird und die Ideologie, daß Amerika selber wie Gott sein will, der Götze des Nationalismus. Die andere Ebene ist mythisch angelegt. Das veranlaßt mich zu der Frage: Was ist Ihre Theorie von der Entstehung der Welt? Haben die Menschen Gott erfunden? Sie erzählen jedenfalls die Genesis so, daß Eva mit Gottvater geschlafen habe, Adam dann unfreiwillig gezeugt wurde, denn dieser wurde ja eine Art Konkurrent Gottes. Ist das Satire, ist das eine neue Mythologie?

Um Gottes willen, nein, keine neue Mythologie.

Aber welche Funktion haben diese mythischen Passagen dann?

Es sind keine mythischen Passagen, sondern es ist umgekehrt die Entblätterung der Mythen. Sie soll zeigen, daß man diese Geschichten auch anders herum erzählen kann, daß man andere Ansätze finden kann, daß man sie aus dem männlichen Blickwinkel des Erzählens herausnehmen kann und in einen weiblichen Blickwinkel setzen kann, ohne daß deshalb gesagt wird, daß dieser weibliche Blickwinkel der bessere ist. Wenn ich in Kurzform erzähle, daß der erste Mensch eben nicht Adam war, sondern

Eva und diese Eva auch nur aus einer Ungeschicklichkeit Gottes heraus entstanden ist, zeigt das eigentlich schon die ganze Ironie – und die Leser wissen gleichzeitig, daß man die Geschichte eben auch anders herum erzählen könnte.

Durch die Neufassung der Mythen sagen Sie also indirekt, Gott ist eine Erfindung des Menschen?

Das habe ich nicht gesagt, das sagen Sie. Aber ich könnte es so sagen.

Warum? Was bleibt dann von Gott übrig?

Gott ist eine Leitplanke, an der man entlangfahren kann, um auf diese Weise sein Leben etwas leichter zu bewältigen. Jede Religion wird von mir respektiert, solange sie nicht tötet, solange sie den Menschen nicht unterdrückt. Und unsere Religion hat das letzten Endes oft getan. Andererseits tun das aber die einfachen Gläubigen nicht, ob sie nun Muslime, Hindus oder Christen oder Buddhisten sind. Ich respektiere jede Form der Religion und sehe sie als eine psychologische Hilfe an, mit dem Leben fertig zu werden. Natürlich sind die Religionen von Menschen gemacht. Von wem sonst? Ich maße mir dabei nicht an zu sagen, ich bin sicher, daß es keinen Gott gibt. Ich maße mir allerdings für mich an zu sagen, ich bin sicher, daß es für mich keinen Gott gibt, keine höhere Autorität. Ich bin selbst für mich verantwortlich und für das, was um mich herum geschieht. Ich bin verantwortlich für jede unterlassene Hilfeleistung, auch in intellektueller Hinsicht.

Sie sagen »Gott« und gleichzeitig »höhere Autorität«. Ich bin mir nicht sicher, ob das identisch ist. Wird zum Beispiel in der Verkündigung Jesu Gott einfach nur als Autorität dargestellt? Im Gleichnis vom Vater des verlorenen Sohnes ist Gott keineswegs eine unnahbare Autorität, sondern er ist derjenige, der sich barmherzig dem öffnet, der bedürftig ist.

Das ist eine von vielen Geschichten. Der Religionsverkünder Jesus hat versucht, die sanfteren Stränge des Gottesbildes freizulegen.

Jedenfalls gibt es auch Gottesbilder, wo Gott keineswegs nur eine Autorität ist…

…natürlich gibt es die. Aber Gott im Christentum ist eine Autorität, das können Sie mir nicht ausreden.

Es gibt Vertreter und Vertreterinnen des Christentums, an denen deutlich wird, daß Gott mehr der friedliche Befreier ist und nicht der Übervater, der im Himmel sitzt und die Menschen straft und nach Gut und Böse verurteilt. Ich denke an Franz von Assisi oder an Martin Luther King. Es gibt Gotteserfahrungen, die sich aus urchristlichen Traditionen speisen.

Sie haben mich gefragt, warum ich immer von höherer Autorität spreche. Und meine Antwort ist: Das hat mit der christlichen Kultur zu tun, die uns umgibt und in der ich großgeworden bin. Denken Sie an den Papst, der von sich sagt, er sei das irdische Sprachrohr Gottes.

Ich kann als Theologe, als glaubender Mensch, der versucht, kritisch gegenüber mancherlei Verzerrungen zu sein, den christlichen Glauben nur dann begründen, wenn ich auf die Gestalt Jesu zurückgehe. Und dann komme ich zu dem Schluß, daß die urchristliche Erfahrung nicht identisch mit der Erfahrung Gottes als eines autoritären Übervaters ist.

Das bestreite ich nicht. Allerdings würde ich Sie dann fragen, warum Sie nach wie vor Katholik sind.

Ich lebe in dieser Glaubensgemeinschaft und leide auch an deren Widersprüchen. Ich muß als Christ und Katholik nicht alles in der Kirche schlucken. Ich halte aber nichts davon, einfach auszusteigen aus dieser Glaubenstradition und Glaubensgeschichte. Ich kann da genausowenig aussteigen, wie ich als Deutscher aus der Geschichte Deutschlands aussteigen kann. Als Deutscher kann ich mich auch nur definieren in Spannungen und Widersprüchen zu dem, was in der Geschichte daraus gemacht wurde. Auch als Mann arbeite ich, wenn ich die patriarchale Herrschaftsgeschichte ansehe, an den Widersprüchen und Problemen, trotzdem versuche ich, mein Mann-Sein zu akzeptieren.

Als Katholik und Christ kommt es mir weniger auf den Papst an, als vielmehr auf die Gestalt Jesu, an dessen Botschaft ich mich zurückbinde. Das ist übrigens der Grundgedanke der modernen katholischen Theologie nach dem Konzil: Daß es nämlich möglich ist, die verkrusteten Strukturen der Kirche aufzubrechen, indem man zurückgeht auf die ursprüngliche Gestalt Jesu. Nehmen sie mir die Frage nicht übel, aber könnte es sein, daß Ihre Kritik an Kirche und Katholizismus sich aus Ihren Erfahrungen der

*Kindheit speist und daß Sie die Entwicklung, die die katholische
Theologie gemacht hat, in den letzten 20 Jahren seit dem Konzil,
gar nicht zur Kenntis genommen haben?*

Das stimmt, und ich habe es deshalb nur am Rande wahrgenommen, weil es mich nicht interessiert. Mich interessieren Menschen und nicht Ideologien oder Glaubensbekenntnisse. Als Autorin ist für mich die Psychologie des Menschen interessant. Für mich ist interessant, wie er sich auflehnt. Für mich ist sein Freiheitswille interessant. Für mich ist interessant, mit welchen Strategien Menschen immer wieder unterdrückt werden, und ich beurteile diese Strategien. Wir kommen wieder zurück auf den Aspekt der Gerechtigkeit. Ich orientiere mich an dem, was ich sozial sehe, erlebe und nachvollziehen kann …

Sie sprechen davon, daß Sie eine Vision oder Utopie von Gerechtigkeit haben und nicht aufhören, an etwas zu glauben, nämlich daß die Gesellschaft besser werden könnte …

…daß sie veränderbar ist, und zwar veränderbar zum Besseren hin, zu mehr Gerechtigkeit hin.

Woher nehmen Sie die Kraft dazu, wenn Sie gleichzeitig sagen, Gott ist eine psychologische Krücke, auf die ich verzichten kann?

Ich habe von Leitplanke gesprochen. Damit meine ich aber nicht, daß das für viele Menschen nicht ungeheuer wichtig ist. Der Glaube ist psychologisch notwendig. Viele Menschen brauchen auch die Wertesetzung und moralische Haltepunkte, zum Beispiel die Haltung, erst einmal mit Vertrauen auf andere Menschen zuzugehen. Die christliche Religion macht daraus Liebe. Anders ausgedrückt heißt das, einem Menschen erst einmal positiv gegenüberzustehen. Daß ich ihn nicht betrüge. Diese Wertvorstellungen sind seit zweitausend Jahren in die Kultur eingegangen, es ist für mich eine Prägung weit über die 48 Jahre hinaus, die ich jetzt lebe. Das kann ich nicht verleugnen, und das will ich auch gar nicht.

Viele Menschen brauchen ein Gottesbild, um mit der Schwierigkeit des Lebens fertig zu werden. Und wenn ich hinzufüge, daß ich ein solches Bild nicht brauche, ist das nicht arrogant gemeint. Ich will mich damit auf keinen Fall über andere erheben.

Woher kommt, trotz allem was passiert, trotz allem Zynismus, mit dem wir es zu tun haben, die Kraft, an die Veränderbarkeit zu glauben?

Ich fange langsam an, daran zu zweifeln. Danach haben Sie mich nicht gefragt, aber ich beginne, an meinem Weltbild zu zweifeln. Das hat etwas mit Älterwerden zu tun. Das hat auch mit der Entwicklung der Welt zu tun, aber vor allen Dingen mit dem Älterwerden. Je älter man wird, desto mehr Vergleiche kann man ziehen, da man immer mehr Erfahrungen sammelt. Deshalb beginne ich zu zweifeln, ob mein Bild vom Menschen, nämlich daß der Mensch im Grunde gut und entwicklungsfähig ist, ob dieses Bild wirklich stimmt. Und ich bin mir auch klar darüber, daß der blanke Sarkasmus übrigbleiben könnte, wenn ich eines Tages das Kapitel der Veränderbarkeit des Menschen zuklappe.

Ich fände es schlimm, wenn Angelika Mechtel anfinge, Zynikerin zu werden...

...warten Sie es ab!

Ich möchte auf ein letztes Buch zu sprechen kommen, und zwar auf Ihr Krebs-Tagebuch »Jeden Tag will ich leben« aus dem Jahr 1990. In dem Buch beschreiben Sie Ihre eigene Krankheitsgeschichte. Mich interessieren jetzt weniger die Details, sondern die innere Auseinandersetzung. Ich habe das Buch mit Spannung gelesen, etwa zum Stichwort Sinnfrage. Sie sagen in dem Buch: »Die Sinnfrage könnte die ewig falsche Frage sein. Sinn macht es nur, darüber nachzudenken, warum wir meinen, alles müßte seinen Sinn haben. Vertrauen. Das heißt auch: ohne Angst leben. Das heißt: ohne Verzweiflung. Geborgenheit im täglichen Umgang mit diesem Sich-Vertraut-Machen. Mit dem Ende. Mit der Sterblichkeit.« Mich hat diese ehrliche Position sehr beeindruckt; ohne religiöse Vertröstung zu leben und ohne eine höhere Instanz das Leben zu bewältigen. Trotzdem möchte ich fragen: Ist die Frage nach dem Sinn nicht möglicherweise zu rasch erledigt? Das ganze Buch selbst strömt ja den Glauben und das Vertrauen aus, daß Schreiben Sinn macht, daß die Krankheitsgeschichte Sinn macht, daß die Bewältigung der Krankheit Sinn macht. Warum wird die Sinnfrage hier so weggeschoben?

Sie wird nicht weggeschoben. Wenn Sie die Sprache genau nehmen, haben Sie schon die beiden Bedeutungen, die in »*der* Sinn des

Lebens« und »etwas hat Sinn« stecken. Das sind zwei völlig verschiedene Dinge. Wir werden in unserer westlichen Kultur davon geprägt, nach Lebenssinn zu suchen, in welcher Richtung auch immer. Für einen Katholiken ist der Sinn des Lebens möglicherweise der Tod, der Übergang ins ewige Leben, für einen Materialisten vielleicht eher, daß es sich auszahlt, wenn er in Pension gegangen ist. Die Sinnfrage läßt sich endlos erweitern. Ich habe das nicht abgetan, sondern die Protokolle, aus denen Sie vorlesen, enthalten die Erkenntnis, daß es wichtig ist, von dieser Prägung wegzukommen. Wenn ich von dieser Prägung wegkomme, wird der Schrecken des Todes geringer. Da ich nicht davon überzeugt bin, daß es ein ewiges Leben gibt, ist für mich mit dem Tod tatsächlich alles beendet, ich selbst bin am Endpunkt angekommen, und es nutzt mir gar nichts, wenn nach meinem Tod Literatur übrigbleibt. Davon habe ich nichts. Wenn ich also diese Frage »Was für einen Sinn hat mein Leben gehabt?« einfach mit »Das Leben hat keinen Sinn« beantworte, dann kann ich auch nicht sagen, ich hätte mein Ziel verfehlt. Ich entlaste mich gewissermaßen selbst.

Aber wieso hat das Leben keinen Sinn?

Die Antwort ist, daß das Leben in sich seinen Sinn hat. Das Leben hat durch jeden Tag, und durch die Art, wie ich diese 24 Stunden verbringe, einen Sinn. Ich kann aber nicht sagen, das ist *der* Sinn des Lebens. Es gibt viele Antworten. Denn der Lebensprozeß sind ja nicht nur Sie und ich, sondern ist alles, was an Leben um uns herum vor sich geht.

Was mich beeindruckt hat, ist die Absage an religiöse Vertröstung. Sie sagen in diesem Buch sogar: »Selbst eine Göttin, hätte ich sie für mich erschaffen, wäre in dieser Situation nichts als ein kreativer, phantasievoller Lustzuwachs und keine Zuflucht. Das schmerzt.«

Ich finde das wunderbar, daß Sie diese Stelle herausgefunden haben.

Die Stelle finde ich deshalb wichtig, weil hier Glaube eine religiöse Überwelt bezeichnet. Auf der anderen Seite reden wir doch auch in unserem Gespräch ständig von »Glauben«. Ihr ganzes Buch spricht doch im Grunde von einem Glauben an das Leben.

Ja, ich würde es aber nicht einen Glauben an das Leben nennen, sondern ich würde sagen, ich bejahe das Leben. Ohne das können Sie nicht existieren. Sie sind nicht existenzfähig, wenn Sie das Leben nicht bejahen.

Warum haben Sie Angst vor dem Wort Glauben?

Weil Glauben Vermuten heißt und nicht Wissen. Ich weiß, daß ich das Leben bejahe und ich weiß, daß das Leben auch bejaht werden muß, wenn es weitergehen soll, es ist unsere einzige Chance auf diesem Erdball. Wenn wir weiter so wie bisher mit dem Leben umgehen, erleben wir die nächsten fünfzig Jahre nicht mehr. Dann ist der Planet ruiniert.

Ich lese Ihnen noch eine andere Textpassage vor. Das ist die Stelle, wo Sie nach der zweiten Operation zum ersten Mal die Erfahrung von Erotik und Sexualität erwähnen: »Wie nach einem langen Schwimmen bei Sonne und in klarem blaugrünen Meerwasser ein bißchen vom Wind aufgepeitscht, dieses Schmusen. Ich fühle mich gesund. Jetzt: Himmel! Könnte ich beten, ich betete darum, daß es nicht nur ein Gefühl ist.« Das sind verschlüsselte Sätze. Ich will Ihnen nichts unterstellen, aber ich meine, hier ist mehr gesagt, als dasteht. Das Wort Himmel ist nicht nur die banale Floskel Himmel, sondern die steht in einer einzigen Zeile mit Ausrufezeichen. Das ist eine Chiffre. Und dann sagen Sie: »Könnte ich beten.« Das ist eine Glückserfahrung, die Sie festhalten wollen. Das drückt auch der Konjunktiv aus. »Könnte ich beten, ich betete darum, daß es nicht nur ein Gefühl ist«, daß es also eine Realität ist, die uns trägt? Habe ich Sie richtig interpretiert?

Sie dürfen interpretieren. Meine ganzen Bücher sind voll mit Chiffren, und meine Art zu schreiben ist assoziativ, und das soll auch beim Leser Assoziationen wecken. Das erreichen Sie, indem Sie Lücken lassen, indem Sie mehrere Interpretationsmöglichkeiten anbieten. Das gibt es übrigens sehr deutlich auch im Alten Testament, im Neuen nicht mehr so stark. Ich gestehe Ihnen jede Art der Interpretation zu, auch wenn sie falsch wäre, da ich das ja provozieren will. Wenn ich die falschen Interpretationen provoziere, dann liegt es an mir, dann habe ich die falschen Bilder verwendet. Sie haben aber richtig interpretiert.

Der Mensch sollte so leben, als gäbe es Gott

Gespräch mit *Rolf Hochhuth*

Nach wie vor in katholischen Kreisen hochumstritten ist das Stück von Rolf Hochhuth (geb. 1931 in Eschwege), das ihn mit einem Schlag weltberühmt machte: das Drama »Der Stellvertreter«, uraufgeführt am 20. Februar 1963 in Berlin. Manche innerhalb des deutschen Katholizismus haben es diesem Autor protestantischer Provenienz bis heute nicht verziehen, daß er vor aller Weltöffentlichkeit so massiv das Versagen von Papst Pius XII. in der Frage der nationalsozialistischen Judenvernichtung angeprangert hatte.

Dabei war die geistige Grundintention dieses Stückes durchaus nicht religionskritisch oder zynisch, sondern gewissermaßen urchristlich. Nicht »die Kirche« stellte Hochhuth in Frage, sondern ein bestimmtes Verhalten von Kirche (gewidmet ist sein Stück zwei katholischen Märtyrer-Priestern aus der Nazi-Zeit: Pater Maximilian Kolbe und Domprobst Bernhard Lichtenberg). Nicht das Papsttum »als solches« attackierte dieses Stück, sondern eine ganz bestimmte Politik eines ganz bestimmten »Stellvertreters« Christi. Diesem »Stellvertreter« stellt Hochhuth eine alternative Figur gegenüber, einen fiktiven Jesuitenpater, der zum wahren »Stellvertreter Christi« dadurch wird, daß er mit den Juden freiwillig den Gang in die Verbrennungsöfen nach Auschwitz antritt.

Damit war eine Richtung vorgegeben, der Rolf Hochhuth treu bleiben sollte. Denn auch seine folgenden Theaterstücke, so kirchenkritisch sie angelegt waren, hatten nicht das Interesse, das Christliche denunziatorisch zu entlarven. Im Gegenteil: immer wieder stellt Hochhuth radikal christlich handelnde Figuren auf die Bühne, so den anglikanischen Bischof Bell in seinem Churchill-Stück »Soldaten« (1967) oder einen guatemaltekischen katholischen Bischof in der Tragödie »Guerillas« (1970). Und umgekehrt zeigt Hochhuth an zahlreichen Priester- und Pfarrerfiguren seiner Stücke die Diskrepanz von christlicher Radikalität und bürgerlicher Anpassung: so in »Die Hebamme« (1971) die Gestalt eines evangelischen Pfarrers, der sich zu einer Art »Scheckbuch-Pfarrer« entwickelt hat, nur darauf fixiert, Millionen für seine kirchlichen Bauvorhaben zusammenzubekommen; so in »Lysistrate und die Nato« (1973) einen orthodoxen Popen, der seiner eigenen Ehefrau 11 Kinder zeugte, »die Frau« dementsprechend auf ihre »gottgewollten« Aufgaben reduziert und einen Strafantrag gegen die Heldin des Stückes stellt, die Frauen für eine Sex-Streik gewinnt, damit ihre Männer von der Idee ablassen, ihr Land an die NATO zu verscherbeln, die auf einer griechischen Insel einen Stützpunkt der 6. Flotte einrichten will. Und ebenso fragwürdig ist jener Monsignore Siebenstiel in dem Stück »Unbefleckte Empfängnis« (1988) – ein Drama um das Problem von Leihmutterschaft –, dem nicht die seelische Not betroffener Frauen, sondern einzig und allein die Frage wichtig ist, was hier an Geldgeschäften getrieben wird.

Die religiöse Problematik ist also allen Stücken Hochhuths immanent, wenn auch keines seiner Stücke eine direkte religiöse Botschaft enthält. Treu seinem literarischen Programm, gerade den Vergessenen der Geschichte Stimme zu verleihen, gerade den Gesichtslosen ihr Gesicht zurückzugeben, beschreibt Hochhuth immer wieder Gestalten von religiöser Radikalität. So steht im Zentrum seiner Erzählung »Berliner Antigone« eine Frau in Berlin, die – selbst nicht religiös – etwas Unerhörtes tat, indem sie ihren Bruder bestattete, der als politischer Widerständler gegen das Nazi-Regime selbst ein Begräbnis verwirkt hatte. Diese Frau war von einem Satz der Bibel nicht mehr losgekommen: »Man muß Gott mehr gehorchen als den Menschen.« Und im Zentrum seines Buches »Tell 38« (1979) steht der junge Schweizer Maurice Bavaud, ein Theologiestudent, der sich 1938 aufgemacht hatte, den Führer Adolf Hitler zu erschießen, weil er »in der Persönlichkeit des Führers eine Gefahr für die Menschheit« gesehen hatte. Hochhuth entreißt mit seinem Buch diesen Tell der Hitlerzeit der Vergessenheit, einen ganz und gar religiösen Menschen, der seine Tat als Auftrag Gottes verstand, in religiöser Radikalität seinen Weg ging – und 1941 auf Führerbefehl hingerichtet wurde.

Absolut radikal ist auch eine Gestalt der Bibel, die Hochhuth auf die Bühne des 20. Jahrhunderts transponiert: »Judith« (1984). Sein Drama setzt den Fall, daß ein amerikanischer Präsident ein schon 12 Jahre ruhendes Giftgasprogramm für die *künftige* Kriegsführung wieder auflegt und mit 6 Milliarden Dollar für die nächsten 5 Jahre hochputscht. Für Hochhuth war damit ein neuer Holofernes im 20. Jahrhundert aufgestanden, schlimmer noch als der biblische Tyrann, da es nun um das Schicksal der gesamten Menschheit geht, die hier in eine Art chemisch-bakteriologische Geiselhaft genommen zu sein scheint. Gegen diesen Holofernes setzt er eine Judith, die im Namen Gottes zu einem neuen Tyrannenmord bereit ist. Entscheidend ist hier die Selbstaussage der Hochhuthschen Judith: »Gott will es – sonst dächte ich das nicht... *wer* Gott ist, weiß niemand, *wo* er ist, sieht jeder: in den Mitmenschen, die er nicht dazu erschuf, daß Menschen sie abschaffen.«

So kann man das Hochhuthsche Dramenwerk mit Fug und Recht als eine Dramatik der Theodizee beschreiben, weil alle seine Stücke, bis hin zu seinem allerneuesten, »Sommer 14. Ein Totentanz« (1990), die Frage nach dem Sinn der Geschichte oder nach der Moralität menschlichen Handelns aufwerfen. In diesem Sinn ist das Hochhuthsche Werk nicht religiös, wohl aber in höchstem Maße religiös relevant.

Seine Auseinandersetzung mit Fragen von Sinn und Hoffnung hat Hochhuth auch in seiner Lyrik zum Ausdruck gebracht. Zwei Gedichte aus dem Gedichtband »Schwarze Segel« (1986) sind wichtig, auf die das Gespräch Bezug nimmt. Das eine trägt den Titel »Kinderfrage«:

> ›»Warum starb er so jung? Und so ein guter Mensch:
> das ist nicht anständig von Gott!‹
>
> Was einem Schüler sagen,
> der diese Frage stellt?
> Wenn *Kinder* Gott anklagen,
> so richtet das die Welt.
> Hat er nicht recht, der Junge,
> der erst zwölf Jahre ist?
> Ich hatte auf der Zunge

Doch schwieg ich: Wieso bist
Du überzeugt gewesen,
was Gott tut, das sei gut?
Ich sagte: ›Hast gelesen,
was Jahr für Jahr die Wut
(so heißt's) der Elemente
mit Maus und Maat versenkt?

Denkst Du, durch Gottes Hände?
Gott hat das nicht verhängt!
Natur – nicht: ›Gottes Plan‹,
die läßt ein Schiff verschwinden,
zerbrechen im Orkan
– doch andre heimwärts finden…
Der Junge rief und lachte:

›Kann Gott nichts Böses tun?‹
Ein Kind belügen? Machte
doch Glaube es immun!
Gott oder Krebs: Wer's treibt,
die Frage Böses – Gutes,
nicht sie, die schlimmere bleibt:
Gott oder Krebs: *was* tut es!«

Das andere Gedicht trägt den Titel »Schopenhauer« und drückt
das bis heute gültige »Glaubensbekenntnis« Rolf Hochhuths
aus: seinen Glauben an das Mitleid mit den geschundenen, vergessenen, zu kurz gekommenen Opfern der Geschichte:

»›Wo liegen deine größten Gefahren?
Im Mitleiden‹
Nietzsche: ›Fröhliche Wissenschaft‹

Was er lehrte, sei abgetan,
hat Nietzsche gedichtet.
Wir, die Nietzsches Schüler sahn,
die Europa fast vernichtet,
wissen, es kam umgekehrt:

Mitleid, das der Danziger lehrte,
blieb da doch als einziger Wert
– nicht: die ›Umwertung der Werte‹…
Blonde Bestien: was die taugen,
sah man auf verbrannter Erde!

›Übermenschen‹ sollen die Augen,
ihre Hybris zu beweinen,
doch sonst nichts, nichts sonst behalten.
Mitleid! ›Herren‹-Völker, die's verneinen,
sind zu richten, aufzuspalten!«

Das nachfolgende Gespräch erschien am 15. November 1991

Herr Hochhuth, Sie haben unlängst den Elisabeth-Langgässer-Preis verliehen bekommen. Hat es Sie überrascht, daß Sie ausgerechnet einen Preis bekommen haben, der mit dem Namen einer engagierten Katholikin verbunden ist?
Natürlich war ich sehr überrascht. Ich war sogar erschrocken und habe das in meiner Dankrede auch begründet. Denn gerade das hohe Wort der Toleranz »In unseres Vaters Haus sind viele Wohnungen«, was mir den Zugang zu Christen und erst recht zu Katholiken ermöglicht, wurde ja von Elisabeth Langgässer ziemlich schroff in Abrede gestellt. Es gibt, etwa in vielen Briefen an Carl Zuckmayer oder über ihn an Horst Lang oder andere Literaten der 50er Jahre, ganz harsche Äußerungen von ihr, in denen sie genau diese Art von Toleranz als total unzureichend für einen Christen ablehnt.
Haben Sie diesen Preis auch als ein Stück Wiedergutmachung verstanden für das, was Katholiken Ihnen in den letzten Jahren an Kritik haben widerfahren lassen?
Nein, weil ich auch immer mehr gemerkt habe, wie sehr ich die Katholiken getroffen habe, ohne daß ich es wollte. Kürzlich hatte ich in Regensburg eine Lesung und hatte zwei Erlebnisse, die mir noch einmal verdeutlicht haben, wie sehr ich die Leute getroffen haben muß. Ich war zum ersten Mal in dieser herrlichen Stadt, die im Zweiten Weltkrieg bis auf die Messer-

173

schmidtwerke nicht bombardiert worden ist. Zum einen wurde eine ganze Reihe von Plakaten mit meinem Bild für die Lesung abgerissen, was mir seit vielen Jahren nicht mehr passiert war. Zum anderen wurde mir erzählt, daß genau vor 46 Jahren kurz vor der deutschen Kapitulation ein hoher Geistlicher, ich denke, er war Domkapitular, von den Nazis bestialisch umgebracht wurde. Er hatte mit Erfolg versucht, die Stadt vor der Zerstörung zu retten. Die Nazis haben die Leiche aufgehängt, um dem Volk weiszumachen, man habe ihn hingerichtet. In Wirklichkeit hat man ihn anscheinend schon im Verhör totgeschlagen. Das hat mich betroffen gemacht, weil da das Schicksal eines Priesters lebendig wird, der sich wie andere Märtyrer zur Rettung seiner Gemeinde entschlossen hat, obwohl jeder wußte, daß darauf die Todesstrafe stand und sie auch noch vollstreckt werden konnte, wenn die Amerikaner nicht schnell genug einrückten. Das hat mir gezeigt, daß da in der katholischen Welt der Elisabeth Langgässer eine Menge Beziehungen zu dem sind, was ich schreibe und denke, auch wenn sie die Art von Liberalität, wie ich sie lebe, ablehnt.

Viele Katholiken nehmen Ihnen bis heute übel, daß Sie vor gut 30 Jahren den »Stellvertreter« geschrieben haben...

...Bundeskanzler Kohl hat sich noch vor zwei Jahren in Rom öffentlich dafür entschuldigt.

Übelgenommen wird Ihnen die massive Kritik an Papst Pius XII. und an seiner Rolle, die er in der Judenfrage gespielt hat. Warum kritisieren viele Katholiken Sie nach wie vor so scharf? Was steckt dahinter?

Ich denke, die deutschen Katholiken haben sich gerade mit diesem Papst besonders stark identifiziert. Das war in anderen Ländern nicht der Fall, abgesehen vielleicht von der Erzdiözese New York, wo Pius XII. aufgrund der Propaganda von Kardinal Francis Joseph Spellmann, der mein Stück damals in Grund und Boden verdammt hat, ebenfalls sehr angesehen war. Das muß ich respektieren, aber mir wäre es lieber gewesen, die deutschen Katholiken hätten sich so leidenschaftlich mit Johannes XXIII. identifiziert. Daß die deutschen Katholiken so sehr an ihm hingen, mag auf die Tatsache zurückzuführen sein, daß Pius als Nuntius Pacelli in München und Berlin schon eine sehr prominente Figur war. Kardinal Spellmann hatte übrigens an der katholischen Kirche in der 5th Avenue einen Glaskasten aufgestellt, in dem er wie Madame Tusseau diesen Pius zeigte – sehr makaber. Dazu ließ er sich die Originalgewänder des verstorbenen Papstes von Rom geben und dessen Hände und Gesicht mit Wachs imitieren. Da fragt man sich natürlich, warum gerade von diesem Papst. Man weiß ja, daß das Weiße Haus während des Krieges Konflikte mit Pius hatte. Roosevelt schickte den katholischen Großindustriellen Taylor als seinen Sonderemissär zu Pius – der Heilige Stuhl hatte noch keine diplomatischen Beziehungen zum Weißen Haus. Taylor hatte die Aufgabe, den Papst aus seiner Passivität herauszubringen und ihn zu einer aktiven »protestantischen« Rolle gegen Hitlerdeutschland zu veranlassen. Aber das einzige, was Pius XII. damals verdammte, waren die Bombenangriffe auf Rom.

Wenn man Ihre Biographie nicht kennt, könnte man denken, daß »Der Stellvertreter« von einem Katholiken geschrieben ist, der, sagen wir, seine antikatholischen Affekte aus der Kindheit oder Jugend mit diesem Stück abreagiert. Aber Sie sind Protestant. Wie sind Sie religiös oder kirchlich erzogen worden?
Ich würde sagen: lau evangelisch. Ich wurde konfirmiert. Dabei erinnere ich mich, daß meine Eltern Familien, die aus der Kirche ausgetreten sind, leise verachtet haben, weil klar war, daß solche Kirchenaustritte gar nichts mit Religion zu tun hatten, sondern nur ein Kotau vor den Nazis waren. Es gab ja damals auch so etwas, was später in der Ostzone Jugendweihe hieß, und man war zwangsverpflichtet, da mitzumachen. Bei mir kam es aber nicht mehr dazu, weil die Amerikaner rechtzeitig vor Ostern, wo nicht nur die Konfirmation, sondern auch diese »Weihe« stattfinden sollte, in meiner Geburtsstadt Eschwege einrückten. Ich wurde am 1. April 1945 14 Jahre alt, am 3. April kamen die Amerikaner, am 4. April haben sie meinen Onkel, Holzapfel, zum Bürgermeister ernannt, an Stelle des Nazi-Bürgermeisters. Die »Jugendweihe« wurde abgesagt.
Vor allem viele protestantische Familien waren aus der Kirche ausgetreten. Es gab daneben in Eschwege einen katholischen Pfarrer, Falkenhahn, der trug, wenn er so durch die Stadt ging, auf seinem schwarzen Rock – er nannte ihn etwas altmodisch

seinen Bratenrock – das Zeichen des Eisernen Kreuzes Erster Klasse, das er im Ersten Weltkrieg bekommen hatte. Er war ein äußerlich sehr populärer Mann, auch bei Protestanten. Eines Tages kam er ins Krankenzimmer meiner Großmutter, die im Krankenhaus lag. Sie sagte: Aber, Herr Pfarrer, Sie wissen doch, ich gehöre gar nicht zu ihren... Ach, sagte er, das ist doch ganz gleichgültig! Und setzte sich an ihr Bett. Er hat sie besucht wie eine Katholikin. Das waren Respektspersonen, die in der damaligen Zeit wohl auch Protestanten verwirrt haben, gegen die Kirche zu stänkern. Eine andere Begebenheit, an die ich mich erinnere: Mein Bruder hatte im Jungvolk einen Fähnleinführer namens Weppler. Der Junge ist später gefallen. Sein Vater war Kreispfarrer. Er hat dann aus Haß gegen die Nazis, die seinen Sohn auf dem Gewissen hatten, gesagt: Das waren gar nicht die Russen, die in Stalingrad die Katastrophe herbeigeführt haben, sondern – es war der Führer. Solche Äußerungen reichten damals für die Guillotine. Kreispfarrer Weppler hatte aber das Glück, daß er in Kassel vor einen menschlichen Richter kam, der ihn zu sechs Jahren Zuchthaus verurteilte. Seine Rolle als Kreispfarrer mußte dann Pfarrer Hochhuth übernehmen – ein entfernter Verwandter von mir. Ich habe eine Menge Vorfahren, die Pfarrer waren. Es gibt sehr viele Hochhuths – und übrigens auch Heinemanns – in Eschwege, die zum Protestantismus dieser Stadt gehören; es gab jedenfalls fast immer einen Pfarrer, der Hochhuth hieß. Wer als Protestant etwas auf sich hielt, wäre nicht aus der Kirche ausgetreten. Katholiken sowieso nicht, Protestanten aber auch nicht. Einer meiner besten Freunde war der Sohn dieses Pfarrers Hochhuth, Martin Hochhuth. Der ist heute auch Pfarrer in Witzenhausen – so wie sein Großvater Pfarrer war und sein Urgroßvater.

Wie kommt ein lau erzogener Protestant dazu, ein Stück über einen katholischen Papst...

...alle Protestanten sind lau erzogen. Es gibt doch praktisch keine strengen Protestanten...

Wie aber kommen Sie dazu, ein Stück über einen katholischen Papst zu schreiben?

Ich nehme an, es war die außerordentliche Hochstilisierung der katholischen Kirche in der Nachkriegszeit. Es gab zwei große

Lebenslügen bei Gründung der Bundesrepublik und in den Nachkriegsjahren. Die eine war die, daß die bösen Bürger die Nazis heraufbeschworen hätten, während die anständigen Arbeiter natürlich keine Nazis waren. Dies war keineswegs der Fall. In einer Kleinstadt wie Eschwege, wo jeder von jedem jedes weiß, wußte man selbstverständlich, daß zum Beispiel die Arbeiter und Kutscher meines Großvaters, die links von der SPD standen und der KPD nahestanden, spätestens am 1. März '33 in die SA gingen. Die Nazis waren ja nicht so blöd, wie sich uns das jetzt darstellt, sondern die Nazis haben ja solche Leute bewußt umworben. Und dann wurden das plötzlich Herren, weil sie ab 1933 neben dem Herrn Fabrikantensohn zu Pferde saßen und am Sonntag ausreiten konnten. Es gab ja den Witz, den ich auch in den »Stellvertreter« eingebaut habe, daß die meisten SA-Männer schon hinter den roten Fahnen hergelaufen sind, als noch gar kein Hakenkreuz daraufgenäht war. Die zweite Lebenslüge war, daß die Kirche *der* Widerstand gewesen sein soll. Sicher gab es einzelne Märtyrergestalten, etwa den protestantischen Pfarrer Schneider, der in Buchenwald umgekommen ist, die vielen Katholiken in KZs, oder die Geschichte des Regensburger Pfarrers. Aber der große Klerus hat doch mitgemacht. Und es gab verschiedene Autoren, die auf mich einen gewaltigen Eindruck machten, etwa Reinhold Schneider, von dem ich sehr viel gelesen habe. Friedrich Heer hat in der »Revue«, die damals eine namhafte Wochenzeitung war, sofort nach der Uraufführung des »Stellvertreters« durch Erwin Piscator geschrieben, er hätte mein Stück längst gekannt, bevor Hochhuth es geschrieben hätte – und zwar durch seinen Freund Reinhold Schneider, der ihm dieses Thema immer wieder vorgetragen habe. Er, Schneider, hätte das niemals schreiben können, weil Pius XII. zu ihm persönlich so außerordentlich liebenswürdig und gütig gewesen sei.

Schneider hat ja dann durchaus papstkritische Dramen geschrieben.

Aber er hat sie in die Vergangenheit verlegt.

Als Sie den »Stellvertreter« schrieben, waren Sie 31 Jahr alt. Für heutige Leser, für die das längst Geschichte ist, wäre es interessant zu erfahren, was der Auslöser war.

Das Manuskript hat zwei volle Jahre herumgelegen. Ich glaube, daß ich den wesentlichen Impetus durch die Arbeiten von Poljakov und Josef Wulf bekommen habe. Es gab mehrere Dokumentensammlungen von diesen beiden polnischen Juden, die später nach Paris beziehungsweise nach Berlin gingen. Wulf war Rabbinersohn, der auch äußerst kritisch über die polnischen Katholiken urteilte. Er sagte, das konnte Hitler wohl nur in Polen machen, wo jeder gute Katholik die Juden für einige Zlotys an die Nazis auslieferte, wo der Antisemitismus so war, daß man ihn ganz normal fand. In einem der beiden Poljakov-Wulf-Bücher »Das Dritte Reich und die Juden« und »Das Dritte Reich und seine Diener« war der Versuch Kurt Gersteins dokumentiert, in der päpstlichen Nuntiatur in Berlin seine Nachricht über die Greuel der Nazis dem Vatikan zu überbringen und an die große Glocke der Weltöffentlichkeit zu hängen. Als ich das las, habe ich mich gewaltig über das Verhalten des Vatikans aufgeregt. In einem der Bände war auch der Brief von Ernst von Weizsäcker an das Auswärtige Amt in Berlin vom Oktober 1943 abgedruckt. Zitat: »Der Papst hat sich, obwohl dem Vernehmen nach von verschiedenen Seiten bestürmt, zu keiner demonstrativen Äußerung gegen den Abtransport der Juden hinreißen lassen. Obgleich er damit rechnen muß, daß ihm diese Haltung von seiten unserer Gegner nachgetragen wird, hat er auch in dieser heiklen Frage alles getan, um das Verhältnis zu der deutschen Regierung nicht zu belasten. Da hier in Rom weitere Aktionen in der Judenfrage nicht mehr durchzuführen sein dürften, kann also damit gerechnet werden, daß diese für das deutsch-vatikanische Verhältnis unangenehme Frage liquidiert ist.« Der Osservatore Romano hat nämlich am 25. Oktober ein offiziöses Kommuniqué über die Liebestätigkeit des Papstes veröffentlicht, in welchem es in dem für das vatikanische Blatt bezeichnenden Stil, das heißt reichlich gewunden und unklar, heißt, der Papst lasse seine väterliche Fürsorge allen Menschen ohne Unterschied der Nationalität und Rasse angedeihen. Gegen die Veröffentlichung sind Einwendungen um so weniger zu erheben, als ihr Wortlaut von den wenigsten als spezieller Hinweis auf die Judenfrage verstanden werden wird.

Ich wollte eigentlich eine Novelle über den Versuch Gersteins schreiben, in die Nuntiatur einzudringen. Als ich damit schon angefangen hatte, wurde mir plötzlich klar, daß das eine klassische Exposition für ein Drama ist, der ich gar nichts hinzufügen muß. Dann lief der dramatische Dialog von selbst. Schwierigkeiten gab es nur mit der sprachlichen Umsetzung. Ich wollte weg von dem Wochenschau-Dokumentarismus, und das gelang dann, nachdem ich die Monologe der Deportierten im Waggon geschrieben hatte. Das habe ich dann verschiedenen Fachleuten gezeigt, zum Beispiel dem Anglisten Professor Schneider in Münster, und zwar deshalb, weil wir in Deutschland nur ein Vorbild hatten für ein Drama in freien Rhythmen, nämlich den »Rosenkavalier« von Hugo von Hofmannsthal aus dem Jahr 1911, das aber als Operette mit seinen Rokoko-Schnörkeln für mich als Vorbild ungeeignet war. Allmählich habe ich dann meine Sprache gefunden und hatte das Gefühl, daß ich kein naturalistisches Wochenschau-Stück schreibe. Dabei ist interessant, daß die am strengsten rhythmisierte Prosa im »Stellvertreter«, nämlich die Monologe im Waggon, das erste war, was ich in dieser Form geschrieben habe. Später war ich glücklich und geschmeichelt, als mir Schauspieler sagten, daß sie es wegen dieser Rhythmisierung leichter lernen konnten.

Die Gegenfigur zum Papst in diesem Stück ist die erfundene Figur des Jesuitenpaters Riccardo Fontana; der steht für eine radikale Christusnachfolge, die bis in die Verbrennungsöfen nach Auschwitz geht. Wer steckt dahinter? Wie kommt ein Dramatiker dazu, eine solche Figur zu schaffen?

Das war einfach das Weiterdenken des Gedankens vom Stellvertreter. Ich fuhr damals immer nach Münster, wo meine Frau studierte, und habe das auf einem Spaziergang mit ihr entwickelt. Es ist gar nichts Originelles, daß ein Priester, wie ich ihn als Figur gezeichnet habe, zu der Folgerung kommt: Wenn der Papst sogar Gott vertreten kann, dann wird es mir als armem Priester ja möglich sein, den Papst zu vertreten, dort, wo er stehen müßte, nämlich bei den Opfern. Das wird dann auch in einem Symbol ausgedrückt, nämlich daß Riccardo sich den Judenstern an die Stelle hält, wo die Juden ihn auf der Kleidung tragen mußten.

Der Untertitel zum »Stellvertreter« heißt »Ein christliches Trauer-

spiel«. Was ist die geistige, die religiöse Aussage dieses Stük-
kes?

Um es einfach zu sagen: Es ist ein Appell an das Mitleid. Ich
denke, daß Nietzsches Beschimpfung des Mitleids ein Hammer
ist, den er gegen die Tradition des Humanismus in Stellung gebracht hat. Ich habe sogar, unter dem Titel »Schopenhauer«, ein
Gedicht gegen Nietzsche geschrieben. Darin heißt es: »Es kam
umgekehrt: Mitleid, das der Danziger lehrte, blieb da doch als
einziger Wert, nicht die Umwertung der Werte.« Schopenhauer
hat ja das Mitleid ins Zentrum seiner Ethik gestellt, und das haben große Dichter wie Gerhart Hauptmann gemacht und andere große Künstler wie Käthe Kollwitz. Was bleibt dem Geist
in einer Situation wie dem Zweiten Weltkrieg noch anderes zu
tun übrig?

Wie muß man das verstehen: Ist Mitleid eine rein Schopenhau-
ersche Vorstellung bei Ihnen, also eine nachchristliche Haltung?
Ist es ein »Mitleid ohne Gott«, oder ist es eine christliche Hal-
tung, geht es um religiöse Fundierung?

Ich würde sagen: Wenn Gott nicht existiert, dann ist es um so
nötiger, Mitleid zu haben und zu praktizieren, weil dann der
Mensch auf Erden der seelischen und materiellen Hilfe bedarf.
Wenn es aber Gott gibt, dann kann natürlich auch dieses
»Liebe deinen Nächsten wie dich selbst« nur als Mitleidsappell
aufgefaßt werden und nicht im Widerspruch zu ihm stehen.
Wir haben doch so viele Ideologien, auch Religionen, den
»Bach hinunter« gehen sehen – aber das ist doch geblieben, ob
das nun kirchlich oder weltlich ist. Ich weiß auch gar nicht,
warum jede Generation von Autoren sich einbilden sollte, daß
sie die Grundlagen der Ethik ändern müsse. Wieso denn
eigentlich?

Darf ich Sie dann direkt fragen: Existiert Gott für Sie?

Ich habe neulich mit dem Herausgeber der Werke von Jaspers
darüber gesprochen und gesagt: Gott existiert schon deshalb,
weil wir uns nicht selber gemacht haben können. Er hat das bezweifelt. Ich meine, der Mensch sollte so leben, daß er dieser
Frage auch aus dem Wege gehen kann, wenn er seiner Sache
nicht sicher ist. Er sollte so leben, als gäbe es Gott. Und sollte es
Gott nicht geben, ist der Appell an das Ethos noch nötiger.

Es gibt natürlich Momente, etwa wenn man ein Geschichtsbuch liest, in denen man sagt, es kann Gott nicht geben. Es gibt da eine Geschichte, die mich in meiner Jugend sehr betroffen gemacht hat. Paul Melchior war Kinderarzt in der Altstadt von Kassel. Dann kam im Oktober 1943 die Verbrennung der Kasseler Altstadt durch die britischen Bomber – und da hat dieser Arzt Melchior seine Patientenkartei weggeworfen, weil von seinen Patienten in der Kasseler Altstadt kein Kind mehr lebte. Dann fragt man sich, wo ist denn Gott, wenn so etwas möglich ist. Diese Frage kommt ja eigentlich nie zur Ruhe. Gott sei Dank gibt es umgekehrt genauso viele Vorkommnisse, auch in der Geschichte, die zeigen können, daß es Gott gibt.

Zum Beispiel?

Zum Beispiel die unerhörten »Zufälle«, die Menschen in den schauerlichsten Situationen haben überleben lassen. Das ist eine Frage, der man vielleicht gar nicht zu sehr auf den Grund gehen sollte. Man muß nur das Buch »Du hast mich heimgesucht bei Nacht« von Helmut Gollwitzer, Käthe Kuhn und Reinhold Schneider lesen. Diese Briefbände belegen, daß die Leute, die einen Glauben haben, leichter zum Schafott gingen und nicht so restlos kaputt durch Hoffnungslosigkeit waren wie die anderen; allein das rechtfertigt Gott oder den Glauben an ihn. Sigmund Freud hat 1927 in einem Brief geschrieben, er glaube, daß die Metaphysik einmal als Überbleibsel alter Zeiten verachtet werden würde. Er habe nicht nur kein Vermögen und keine Veranlagung dafür, sondern auch keine Achtung vor ihr. Das halte ich für falsch. Ich glaube, daß man in bürgerlich geregelten Zeitläufen vielleicht noch so denken konnte, aber nicht in der Not. Obwohl Freud ja den Ersten Weltkrieg erlebt hat, war er doch als alter Mann in Wien persönlich weit vom Schuß. In der Nazi-Zeit durfte er nach London emigrieren, während zwei oder drei Schwestern von ihm in Auschwitz vergast wurden. Ich finde, nach dem Erlebnis des »Dritten Reichs« ist die Abschwörung des Metaphysischen ungeheuer leichtfertig, ja beinahe lächerlich.

Im fünften Akt des »Stellvertreters« gibt es eine theologische Auseinandersetzung, in der der »Doktor« zu Pater Riccardo sagt: »Schöpfer, Schöpfung und Geschöpf sind widerlegt durch Auschwitz.« Was sagen Sie gegen diesen Satz als Autor Rolf Hochhuth,

als Mensch, als jemand, der Geschichte erlebt hat? Stimmt dieser
Satz? Oder ist Gott nicht widerlegt durch Auschwitz?

Ich habe versucht, den Doktor, der ja ein Mengele-Typ war, so zu zeichnen, wie es Schopenhauer von einem Dramatiker verlangt. Schopenhauer hat ja in seiner Ästhetik geschrieben, nur die schlechten Dramatiker machten es so, daß sie den Teufel zeichneten und sich dann daneben stellten und mit dem Zeigefinger auf ihn wiesen. In Wahrheit muß man es so machen, daß jede Bühnenfigur ihr Recht hat, solange sie redet. Sie muß total von ihrem Standpunkt aus, der ganz falsch sein kann, überzeugen und zu überzeugen versuchen. Ich habe leider Gottes bei der Zeichnung des Doktors schlagendere Argumente gehabt als bei der Zeichnung des Riccardo. Der von Ihnen zitierte Satz ist nicht zufällig im Gedächtnis geblieben: eben weil er schlagend ist. Aber deshalb muß er nicht stimmen. Riccardo antwortet ihm dann: »Da es den Teufel gibt, gibt es auch Gott, sonst hätten Ihresgleichen längst gesiegt.« Diese Hoffnung müssen wir uns erhalten, und es ist vielleicht gar keine Hoffnung, es ist vielleicht einfach eine Beobachtung, daß auch das Böseste eben das Tapferste als seinen Widerpart heraufzwingt. Im ersten Akt sagt der Nuntius zu Riccardo einen wichtigen Satz: »Wann immer in Europa eine Macht zur Allmacht gedrängt hat, hat sich ihr aus dem tiefsten Wesenskern Europas eine Position entgegengestellt, die sie dann letztlich besiegt hat.« Und so ist es tatsächlich gewesen. Denken Sie an das katholische Spanien und die Armada, die im Begriff war, die Hegemonie zu erlangen, aber dann kam England und hat sie vernichtet. Später war es Ludwig XIV., dann war es Napoleon, dann waren es die Deutschen unter Wilhelm und, obwohl ich die beiden ungern vergleiche, Hitler. Ich weiß noch genau, wie mir in meiner Konfirmationsstunde im Jahre 1946 der aus dem Zuchthaus entlassene Pfarrer Weppler lächerlich vorkam, weil er sagte: Wenn Stalins Rußland nicht zusammenbricht, würde er an der Gnade Gottes zweifeln. Ich dachte, so darf man politische Ereignisse nicht auf Gott verlagern und Gott haftbar machen für solche Figuren wie Stalin. Heute sieht das ganz anders aus, es ist genau so gekommen, auch wenn man es nicht geglaubt hat. Und wer hätte gedacht, daß wir heute jederzeit unbehelligt nach Stralsund fahren können und daß Litauen sich von der Sowjetunion gelöst hat?

Offenbar ist es in der Geschichte doch so angelegt, daß die Normalität über den Schrecken siegt. Nur darf man nicht nach dem Preis fragen. Sich vorzustellen, daß dieser eine Tick von Hitler, der Antisemitismus, ihn um die Weltherrschaft gebracht hat und daß das im Sinne Hegels die »List der Vernunft« ist, ist wahnsinnig zu denken, und dann kann es eigentlich Gott nicht geben, wenn der Umweg zur Vernunft sechs Millionen Juden waren. Aber Tatsache ist, daß 1930 die gesamte erste Klasse der Weltphysik im deutschen Göttingen versammelt war, bis auf den Italiener Enrico Fermi, der aber auch ins alliierte Lager gegangen ist, weil er eine jüdische Frau hatte und vor Mussolinis antisemitischen Gesetzen wegging. Aber sonst waren alle in Göttingen, nicht nur Otto Hahn und Max Planck, die in Deutschland geblieben sind, sondern auch die, die später die Atombombe gebaut haben, Einstein, Oppenheimer, Teller. Und die Deutschen hatten etwas, was die Amerikaner überhaupt nicht hatten, nämlich Raketenbauer wie Wernher von Braun. Hitler hätte nicht nur die Atombombe gehabt, sondern er hätte auch die Atomrakete gehabt und hätte die Welt erpressen können. Aber der Antisemitismus hat ihn um die Weltherrschaft gebracht. Wenn man sich so etwas vorstellt, dann fragt man natürlich, wie ist das vereinbar mit einem Gott, der Güte, Menschlichkeit, Gnade walten läßt. Das ist eigentlich unvorstellbar.

Es ist wichtig, sich die Figuren genau anzusehen, die Sie entworfen haben. Riccardo Fontana haben wir erwähnt, dazu kommen andere christliche Helden: In »Soldaten« zeichnen Sie das Bild des anglikanischen Bischofs Bell, der Churchill Widerstand entgegensetzt und sich gegen Bombardierungen von Städten und die Massenvernichtung von Zivilisten ausspricht; in »Guerillas« zeigen Sie einen Bischof, der auf der Seite des Befreiungskampfes steht; in »Judith« eine Frau, die aus religiöser Überzeugung Tyrannenmord begeht; in der »Berliner Antigone« eine Frau, die nach dem Motto handelt: Man muß Gott mehr gehorchen als den Menschen; in »Tell 38« einen Schweizer Theologiestudenten, der auf dem Weg ist, Hitler zu ermorden... Das sind durchweg kraftvolle religiöse Figuren. Das legt Rückschlüsse für Ihr Bild von Christen nahe. Würden Sie sich als Christ bezeichnen?

Wenn man Christ sein könnte, ohne an die Auferstehung des Fleisches zu glauben: dann ja.

Sehen wir einmal vom Glauben an die Auferstehung ab. Was heißt dann Christ sein für Sie?

Christ sein heißt, die Lehre der Bergpredigt als das oberste Sittengesetz anzuerkennen. Das ist Ihnen vermutlich aber nicht genug...

...das ist nicht wenig, vor allem, wenn man versucht, das zu leben. Die Bergpredigt als oberstes Sittengesetz anzuerkennen: Was verlangt das von einem selbst, von der Kirche, von der Gesellschaft?

Man kann von der Kirche natürlich nicht verlangen, was man selber nicht tut. Die Kirche ist ja nur ein Gebäude. Es gibt aber viele Beispiele aus dem politischen Bereich, wo die Forderungen des Sittengesetzes nicht erfüllt wurden, etwa das Verhalten des Weißen Hauses im Golfkrieg, bei dem sich mir zum ersten Mal der Verdacht der Marxisten – den ich immer abgelehnt habe – zu bestätigen schien, nämlich daß wirtschaftliche Interessen die Haupttriebfeder für Kriege sei. Denn wo könnte sonst der Grund liegen, die Kuwaiter vor Hussein zu retten, nicht aber die Kurden. Auch wenn es platt klingt, aber die einen haben Öl unterm Hintern, und die anderen nur Wüstensand unter den Füßen. Wenn heute ein junger Mensch, der ja zu den Vorgängen im Nazi-Deutschland keinen unmittelbaren Bezug mehr hat, den »Stellvertreter« liest und von dort Bezüge herstellt, was heute mit anderen Menschen und Menschengruppen gemacht wird, dann hat das Werk seine Daseinsberechtigung. Ich werde manchmal gefragt, warum schreiben Sie dem Papst nicht wegen der Kurden. Aber es ist nicht sinnvoll, alles gleichzusetzen. Außerdem hat heute jeder die Freiheit, das laut zu sagen.

Ich möchte von der allgemeinen politischen Ebene auf die private Ebene zurückkommen. Sie sagen, die Bergpredigt sei im Öffentlichen wie im Privaten als oberstes Sittengesetz anzuerkennen. Das öffentlich zu fordern scheint leicht zu sein. Aber wenn Sie jemand fragt, ein junger Mensch beispielsweise, wie die Bergpredigt im ganz privaten Leben umzusetzen sei – was würden Sie ihm antworten? Was müßte sich konkret im Leben ändern?

Man müßte sich von unserem Haupttrieb, dem Erwerb, wegbewegen auf ein überpersönliches Ziel hin. Das ist natürlich sehr schwer, und als Familienvater kann man das vielleicht gar nicht. Kann es ein Theologe? Jedenfalls hat einer, der dieser Erwerbsgesellschaft untersteht und unterstehen muß – nicht nur, weil er seine Kinder ernähren muß, sondern weil er sich gar nicht artikulieren und profilieren kann – kaum eine andere Wahl. Das gilt natürlich auch für mich selbst. Ich mache zum Beispiel zu viel Journalismus und schreibe zu wenige Stücke. Die Ursache dafür ist nicht unbedingt der Erwerbstrieb – ich habe an den Stücken ja auch viel Geld verdient –, sondern es ist auch das Bedürfnis, mitreden zu wollen. Die Ideale werden unter den Bedingungen der Konkurrenz einer Wettbewerbs- und Erwerbsgesellschaft immer wieder verraten, müssen notwendigerweise auch in einem Schriftstellerleben verraten werden. Ich weiß nicht, ob es möglich ist, in unserer Gesellschaft zu leben und sich ohne Scham auf die Bergpredigt zu beziehen. Es ist wahrscheinlich ein zu hochgestecktes Ziel. Aber es muß einen Horizont geben, damit man überhaupt noch weiterdenkt.

Bei der Frage nach dem Christsein haben Sie die Auferstehung ausgenommen. Was ist das Problem mit der Auferstehung?

Sie überfordert meine Vorstellungskraft. An das Absurde kann ich eben nicht glauben. Ich habe Menschen sterben sehen, die in ihrem Sterben Erlebnisse gehabt haben müssen, die sie im Leben nicht hatten. Ich bin überzeugt, daß da etwas daran ist und wir das nicht mit dem Hinweis auf Medikamente, auf irgendwelche Phantasmagorien abtun können. Als meine Großmutter 1947 starb, wurde ein Patient noch nicht in dem Maß unter Medikamente gesetzt wie heute, und trotzdem ist da viel geschehen in dieser Frau. Da geschieht offenbar Erstaunliches. Aber das ist noch nicht die Auferstehung des Fleisches.

Ist der Gottesglaube nicht notwendigerweise verbunden mit dem Glauben an ein Leben nach dem Tod?

Nein, man kann durchaus denken: Gott hat uns 60 oder 80 Jahre Zeit gegeben, vielen auch nicht so lange, und diese Zeit muß reichen, sich zu realisieren. Man kann mit Goethe sagen, daß es im Leben auf das Leben ankommt und nicht auf ein Resultat desselben. Oder, was Goethe auch gesagt hat: Man reise nicht anzukommen, sondern zu reisen.

Ist es das, was Sie persönlich glauben?
Das ist weniger eine Frage des Glaubens, sondern das erfahre ich immer wieder. Ich darf noch ein Wort zitieren, das zunächst pessimistisch auf mich gewirkt hat, aber vielleicht ist es das gar nicht. Es stammt von Bismarck: »Mit dem Leben ist es wie mit dem Zähneziehen. Man wartet und wartet gespannt, was eigentlich noch kommen müßte, und das war's dann schon.«
Das finde ich fabelhaft. Das wurde mir klar in den Tagen, als ich mich meinem 60. Geburtstag näherte. Wir leben ja alle doch in dieser Welt irgendwie auch auf ein Ziel hin, etwas, was wir noch vorhaben, was wir noch tun wollen. Jedenfalls gingen mir meine Eltern durch den Kopf, und ich dachte daran, was sie in ihren letzten Jahren, in denen sie noch gesund waren, gemacht haben, als sie noch reisten. Das war in den 50er und 60er Jahren. Wo ist das nun alles hin? Es ist nichts mehr davon da. Aber weil nun greifbar nichts mehr da ist, außer dem Haus, in dem sie gelebt haben, kann ich das trotzdem in keiner Weise für sinnlos halten. Wir projizieren ja in unseren Gottesvorstellungen Forderungen an ihn hinein, die uns gar nicht zukommen. Aber vielleicht gehört das zum Leben, daß wir uns im Sinne dieser Bismarckschen Formulierung nur behaupten können, weil wir dauernd irgendeine Erwartungshaltung haben. Es geschieht ja auch vieles. Man erlebt, wie ein Sohn das Examen gemacht hat oder durchfällt. Es geschieht ja laufend so viel, daß wir vollauf interessant beschäftigt sind und daß wir zu vielem doch ja sagen können – ob das eine Arbeit ist, die unterm Schreibtisch liegt oder ob wir schön mit einer Frau schlafen oder ob wir uns freuen, weil wir ein Enkelkind bekommen haben: Es geschieht immer genug. Wahrscheinlich ist das unsere ganz große Unbescheidenheit, daß wir eben immer noch etwas Neues erwarten, etwas anderes und nicht einsehen, daß es genug war.
Wir müssen einsehen, daß der Mensch auch nur eine Naturgeschichte hat und für seine Nachwelt nicht mehr hoffen darf als da draußen der Baum oder als sein Hund. Aber das ist in gar keiner Weise ein Beweis gegen Gott. Wieso sind wir eigentlich nicht zufrieden, wenn wir leben konnten wie ein Baum in der Gewißheit, daß wir zwar nicht 200 Jahre alt werden, sondern nur 70, aber daß wir unser Leben gehabt haben als Geschenk mit vielen

Möglichkeiten. Natürlich wird alles gedämpft durch die Trauer über die, denen das Leben und alle Möglichkeiten genommen wurden, weil sie mit 32 Jahren im Auto starben oder an Krebs. Da fängt es dann wieder an, daß man hadert und sagt: Ja, wie kommt Gott dazu, so etwas zuzulassen, wenn es ihn gibt.

Ich habe ein Gedicht mit dem Titel »Kinderfrage« geschrieben. Ich war in Salzburg, als die erwartete Nachricht kam, daß mein 51jähriger Bruder an einem Gehirntumor gestorben ist. Ich rief meine Söhne in Basel an, um sie zu benachrichtigen. Der Fritz war am Telefon, er war damals zwölf. Er sagte: »Der Onkel Gerd? So ein anständiger Mensch. Das ist nicht anständig von Gott!« Daraus habe ich ein Gedicht gemacht. Dabei habe ich es nicht abfällig gemeint, als ich es Kinderfrage nannte. Wir wissen ja inzwischen, daß die Kinder glücklicher sind, weil sie noch die Unbefangenheit haben, Fragen zu stellen, während wir eigentlich nur verdrängen – und mit unseren Antworten auch nicht weiterkommen.

Wenn ich Sie richtig verstehe, würden Sie für sich sagen: Es gilt, sich mit der geschenkten Zeit zufriedenzugeben. Und die Frage, was mit denen ist, die nicht so viele Chancen hatten, wie Sie, muß sie offenbleiben?

Sie ist ja nicht zu beantworten. Mich hat eine Äußerung des Jesuitenpaters Breuning schockiert. Der Kölner Jesuit Karl Breuning hatte mich als einer der ersten nach dem »Stellvertreter« zu einer Diskussion eingeladen. Ich weiß noch, daß ich damals mit einer Hose voll Angst von Gütersloh, wo ich damals wohnte, zu dieser Diskussion nach Köln reiste. Ich hatte keine Ahnung, daß die Jesuiten zur kritischen Elite in der Kirche gehörten und war überrascht, daß fast alle im Kölner Kolleg wesentlich kritischer über Pius XII. dachten als ich. Aus diesem Anlaß gingen Briefe zwischen Breuning und mir hin und her. Und einmal sagte mir Breuning, was mich schockierte, daß er Albert Schweitzer mit seinen Reden von der »Ehrfurcht vor dem Leben« doch für eine recht hochstilisierte, läppische Figur halte. Wir kamen auch auf Auschwitz und Hiroshima zu sprechen, und Breuning sagte, die Opfer seien ja alle bei Gott, ihr Schicksal sei sehr schlimm, aber nicht umsonst, sie seien alle aufbewahrt sozusagen. Da hatte ich plötzlich ein Haßgefühl gegen ihn. Bei der Heimfahrt in der Eisenbahn dachte ich darüber nach, was er eigentlich gesagt hat. Und ich fragte mich: Redet der so, weil er Priester ist, redet der so, weil er zum Beispiel nicht mit einer Frau schlafen darf und keine Kinder hat und es deshalb auch nicht so nötig findet, daß bei anderen Leuten das Leben glücklich oder zumindest normal verläuft, daß sie ihr Leben ausleben dürfen bis zu einem Alter, das man normalerweise erwarten darf? Ich fand diese Haltung unerhört erbarmungslos, einfach alles Irdische, das den Menschen in der Geschichte widerfährt, für zweitrangig zu erklären und die Erwartung entgegenzusetzen, im Jenseits dafür entschädigt zu werden. Vielleicht fand ich das so zynisch, weil ich schon damals an das Jenseits im fleischlichen Sinne nicht glauben konnte, aber ich vermutete darüber hinaus auch, daß vielleicht hier das Unrecht des Zölibats zum Ausdruck kommt. Weil die Betroffenen nicht wie andere das normale Leben mitleben dürfen, führt das zu einer verständlichen »finalen Erbitterung«.

Wenn ich einen Bogen schlage zwischen dem »Stellvertreter« und Ihrem neuesten Stück »Sommer 14 – ein Totentanz«, in dem es wieder um die geschichtliche Problematik, nämlich den Ausbruch des Ersten Weltkriegs, geht, dann drängt sich mir als Formel auf: Sie sind ein Dramatiker der Theodizeefrage.

Wie kommen Sie darauf?

Ich denke, daß die Theodizeefrage, also die Frage nach dem letzten Sinn der Geschichte und schließlich auch nach der Rechtfertigung Gottes angesichts des geschichtlichen Leids, in aller Gebrochenheit doch eine unausgesprochene oder ausgesprochene Grundfrage bei Ihnen ist. Wird Ihnen das gerecht?

Wie kommt man eigentlich dazu, für sich oder für seine Seele diesen Ewigkeitsanspruch zu stellen? Wenn man sich mit der Endlichkeit abfindet, ist das keine schmerzliche Resignation, sondern es ist einfach nur Einsicht. Ich frage: Wie kommt man dazu? Das hängt auch mit der Einsicht zusammen, den Menschen nicht unbedingt als die Krone der Schöpfung zu sehen, sondern die Schöpfung ist die Krone des Weltalls, und der Mensch ist ein Teil davon. Unlängst war ich mit einem Journalisten in Zürich essen. Er war dem Leben zugewandt, aber ich stellte fest, er aß kein Fleisch mehr. Er sagte, er habe ein Buch rezensieren wollen und sei deshalb zur eigenen Anschauung in den Züricher Schlachthof gegangen. Und seitdem ißt er kein Fleisch mehr, weil er der Meinung ist, Tiere merken, daß sie hingerichtet werden. Ich fand seine Einstellungsänderung sehr sympathisch, das ist im Grunde auch Mitleid. Auch wenn die Schäferhunde meiner Frau leiden, dann leidet die Familie mit. Das könnte man auch für ruchlos halten und sagen, für das Geld könntet ihr genauso ein Kind aus Chile bei euch aufnehmen. Na gut. Das ist auch richtig. Aber man hört, wenn man älter wird, auf, die Dinge zu sehr auf eine Formel bringen und glätten zu wollen. Mich hat eine Formulierung von Goethe beeindruckt, er schrieb, die Menschen wollen immer, daß man »zu ihnen harmonieren« solle. Ich habe das auch nie getan. Ich habe mir die Leute angehört, und ihre Meinung war für mich interessant oder nicht interessant. Ich habe auch nicht versucht, sie zu überreden. Wenn man jemanden vorsätzlich überreden will, dann erfährt man kaum etwas von ihm.

Sie haben, anders als die meisten Dramatiker der Gegenwartsliteratur, mit der »Judith« eine biblische Figur ins Zentrum gestellt. Welches Verhältnis haben Sie zu biblischen Figuren? Was interessiert Sie an diesen Figuren?

Wenn man über das politische Drama von Aischylos bis zu Jean-Paul Sartres »Die schmutzigen Hände« nachdenkt, dann stellt man fest, daß in dieser Tradition die guten wie die böswilligen Hauptfiguren eine starke Legitimation mitbringen, die alles das, was ein Zeitgenosse in ihrem Gewande oder in ihrem Geiste vollzieht, von vornherein überzeugender macht. Auch meine »Berliner Antigone« kommt mir immer vor wie eine biblische Figur – es ist aber keine –, und zwar, weil es einfach eine ethische Figur ist. Irgendein amerikanisches Mädchen, ob nun Diplomatentochter oder Verkäuferin, die wie die »Judith« in meinem Stück einen Mord am amerikanischen Präsidenten plant, würde viel ungefestigter sein, als es die Judith dank des großen Vorbildes im Alten Testament ist.

Ich habe immer vorgehabt, ein Stück über »Arbeitgeber« zu schreiben. Schon 1963 ging ich zu Reinhard Mohn von Bertelsmann und sagte zu ihm: Herr Mohn, ich gebe Ihnen mein Ehrenwort, der Arbeitgeber, über den ich schreiben will, sind nicht Sie. Mohn sagte: Ich habe als Arbeitgeber kein schlechtes Gewissen.

Das muß er übrigens auch nicht haben, weil er ein sehr sozialer Arbeitgeber ist, einer der Unternehmer in unserer Republik, die schon ganz früh alle Angestellten an ihren Werken mit Volksaktien und Gewinnausschüttungen beteiligt haben. Ich will damit zweierlei sagen. Zum einen kommen im »Arbeitgeber« David und Bathseba und der Urias vor. Aber man darf zweitens biblische Gestalten nicht einfach deshalb, weil es eindrucksvolle Gestalten sind, in unsere Zeit versetzen wollen. Wenn sie irgendeinen historischen Vorgang nehmen, der Sie als Romanhandlung oder auch als Geschichtsbuch interessiert, dann ist es zwecklos, diesen Vorgang einfach in unsere Zeit zu projizieren und irgendein historisches Drama zu schreiben. Das geht nicht mehr. Es muß so sein, daß der Zuschauer oder der Leser denkt: Wie ist es heute? Ich hätte die »Berliner Antigone« auch nicht geschrieben, wenn ich nicht am Jahrestag des Attentats auf Hitler in der Zeitschrift »Parlament« gelesen hätte, daß Hitler eben genau wie der Herrscher Kreon aus dem griechischen Drama »Antigone« denselben Befehl gegeben hat, nämlich politischen Verbrechern das Begräbnis zu verweigern. Das hatte ich bis dahin nicht gewußt. Es war damals so, daß die prominenten Widerständler wie Stauffenberg und Witzleben verbrannt wurden, die Unbekannten kamen in die Anatomie der Universitäten. Und erst als mir klarwurde, daß Hitler als erster Herrscher der Neuzeit diesen Kreonbefehl wiederholt hat, wußte ich, daß die Antigone eine legitime Figur in der Welt des Zweiten Weltkrieges und unseres Jahrhunderts ist.

Genauso ist es mit dem Urias-Brief. Jeder Arbeitgeber hatte im Kriege die Möglichkeit, Angestellte und Arbeiter »uk« zu stellen, das heißt unabkömmlich. Das Begehren war nicht immer erfolgreich, aber der Unternehmer konnte sagen, Herr Soundso kann nicht zum Wehrdienst eingezogen werden, denn er ist in der Eigenschaft als Chemiker bei der Granatenherstellung unabkömmlich. Wenn das wehrpolitisch gerechtfertigt schien, brauchte der Betreffende nicht an die Front. Und erst als ich das wußte, wußte ich auch, daß diese Dreiecksgeschichte von David, Bathseba und Urias in unsere Zeit fällt und so ihre Wirkung entfaltet. Ich habe einen solchen Mann erfunden, einen Industriellen aus dem Ruhrgebiet, der sehr klug ist und genau weiß, daß er mit dem Waffenbau demnächst nichts mehr verdienen wird. Unter dem Eindruck der alliierten Bombenangriffe auf das Ruhrgebiet ist ihm klar, daß der Krieg verloren werden wird. Er liebt die Frau seines Oberingenieurs, der natürlich Müller oder Schulze heißen wird, aber es ist Urias. Urias ist ein unaufmerksamer Ehemann und ein genialischer Grübler und Erfinder. Er hat einen Kunststoff entwickelt, von dem dieser kluge Unternehmer-David weiß, daß er den ganzen Friedensmarkt beherrschen wird, deshalb sagt der Unternehmer zu ihm: Wir werden die Sache gemeinsam machen, Sie werden mein Teilhaber, ich bringe das Geld und Sie das Hirn. Aber der Ingenieur-Urias entgegnet: Ich brauche Sie nicht, es genügt, daß Sie meine Frau haben. Ich bekomme auf diese Erfindung jeden Kredit, Sie können mich am Arsch lecken. Und dann wird er nicht mehr uk gestellt. Er wird einberufen und kommt natürlich um.

Diese Geschichte würde ich gern schreiben. Der Stoff hat ein festes Gehäuse, weil er das mythologische Ebenbild hat, das biblische Vorbild.

Hat also die Übernahme der biblischen Stoffe hier keinen religiösen Hintergrund?

Es ist eine empörend unreligiöse Geschichte, allerdings schon in der Bibel selber. Der Kulturwissenschaftler Jacob Burckhardt, der sein Theologiestudium abbrach und dann Geschichte studierte, hat einmal mit Blick auf das Alte Testament vom »erstaunlich gottlosen« Buch des Predigers Salomo gesprochen. Salomo ist ja nicht nur der Sohn dieses Paares David und Bathseba, sondern auch der Mörder seiner Brüder aus erster Ehe. Diese Geschichten sind deshalb so eindrucksvoll, weil sie sich bis heute ständig wiederholen. Ich selbst kenne viele Fälle, in denen die Kinder aus erster Ehe ihren Vater anzeigen mußten, weil der sie zugunsten seiner zweiten Frau betrügt und ums Erbe prellen will. Und das war schon so im Alten Testament. David ordnet noch an, daß der Sohn der Bathseba, der spätere weise König Salomo, sein Nachfolger wird und nicht deren Kinder aus erster Ehe. Alles, was heute von Belang ist, hat sich auch damals schon ereignet. Die Frage ist, wieso diese im Hinblick auf das Schicksal des Urias und der Kinder furchtbare und im Kern areligiöse Geschichte von David und Bathseba überhaupt in den Kanon der religiösen Geschichten aufgenommen worden ist. Möglicherweise wird der Prediger Salomo aber gerade wegen dieser realistischen Schilderung zum »überzeugendsten Geschichtsbuch«, für das ihn der Bibelübersetzer De Wette hält.

Ich möchte noch einmal auf das Neue Testament zu sprechen kommen. Wir haben festgestellt, daß im »Stellvertreter« der Jesuitenpater Riccardo Fontana eine Figur in der radikalen Christusnachfolge ist, so wie auch viele andere Gestalten in Ihren Stücken. Ein Jesusdrama zu schreiben – könnte Sie das herausfordern?

Erwin Piscator, der das Stück als Intendant der Freien Volksbühne in Berlin inszeniert hat, wollte das. Als ich meine Bedenken anmeldete, hat er sich Peter Weiß dazu auserkoren, das zu tun. Wenn Piscator nicht so früh gestorben wäre, hätte einer von uns beiden wahrscheinlich das Jesusdrama geschrieben. Piscator war ja der geborene Protestant; er stammt aus einer berühmten Bibelübersetzerfamilie. Es gibt die aus dem 17. Jahrhundert stammende »Piscatorbibel«.

Sie wollten das Stück nicht schreiben. Warum nicht?

Ich lehnte ab, weil mir der Gedanke der leiblichen Auferstehung nicht plausibel ist. Ich habe mich auch damals gefragt und zu Piscator gesagt: Wie kann ich einen Mann verherrlichen, der doch offenbar eine sehr große Anhängerschaft hatte, aber nichts getan hat, um Johannes den Täufer zu befreien? Piscator entgegnete: Darüber wissen wir doch gar nichts, das ist vielleicht einfach nicht überliefert. Piscator liebte die Jesusfigur, und er wollte sie als Rebell gegen unsere Zeit setzen. Auch den Anspruch der Gottessohnschaft empfinde ich als ungeheuerlich. Und mir vorzustellen, daß Jesus für viele Menschen nun wirklich der Sohn Gottes ist, und auf der anderen Seite liest man, daß er sich möglicherweise auch eingebildet hat, im Fleische der Sohn des römischen Soldaten Panthera zu sein...

...aber das ist eine sehr legendarische Überlieferung, eher eine Polemik gegen Jesus und keinesfalls das Zentrum der Auseinandersetzung mit Jesus. Aber was könnte das Zentrum sein, was müßte man ins Zentrum eines solchen Jesus-Stückes stellen?

Wenn ich ein solches Stück schriebe, würde es wohl wahrscheinlich doch polemisch, und zwar nicht gegen ihn selbst, sondern gegen das, was die Welt und das sogenannte christliche Abendland daraus gemacht hat, bis hin zum Großinquisitor. Wenn Jesus heute wiederkäme, dann wäre er zweifellos die ganz große Verlegenheit der Welt. Angefangen beim Vatikan, der in seinem Geiste handeln will – aber so zu handeln ist ja vielleicht auch gar nicht menschenmöglich.

Zur Vertiefung der Problematik von Theologie und Literatur sei auf folgende *Publikationen von Karl-Josef Kuschel* verwiesen:

Jesus in der deutschsprachigen Gegenwartsliteratur. Mit einem Vorwort von Walter Jens, Zürich-Gütersloh 1978. Taschenbuch-Ausgabe München 1987 (Serie Piper 627).

Stellvertreter Christi? Der Papst in der zeitgenössischen Literatur, Zürich-Gütersloh 1980.

Der andere Jesus. Ein Lesebuch moderner literarischer Texte, Zürich-Gütersloh 1983. Taschenbuch-Ausgabe München 1987 (Serie Piper 625).

Weil wir uns auf dieser Erde nicht ganz zu Hause fühlen. 12 Schriftsteller über Religion und Literatur, München 1985 (Serie Piper 414).

Theologie und Literatur. Zum Stand des Dialogs (zus. mit W. Jens und H. Küng), Kindler-Verlag München 1986.

Und Maria trat aus ihren Bildern. Literarische Texte, Herder-Verlag Freiburg/Br. 1990.

Geboren vor aller Zeit? Der Streit um Christi Ursprung, Piper-Verlag München 1990.

Wie kann denn ein Mensch schuldig werden? Literarische und theologische Perspektiven von Schuld (zus. mit U. Baumann), München 1990 (Serie Piper 1292).

»Vielleicht hält Gott sich einige Dichter«. Literarisch-theologische Portraits, Grünewald Verlag Mainz 1991.

Karl-Josef Kuschel

Geboren vor aller Zeit?
Der Streit um Christi Ursprung
834 Seiten. Leinen

Jesus von Nazareth – eine historische Figur? Das ist heute
unbestritten. Jesus von Nazareth aber – »Gottes Sohn von
Ewigkeit«, »aus Gott geboren vor aller Zeit«? Das hieße: Gott
und Mensch zugleich. Das ist für viele Menschen heute nicht
nur unverständlich, sondern schlicht unakzeptabel.
Hier setzt dieses Buch an.
Ein Buch, das eine Schlüsselfrage christlichen Glaubens
beantworten will und nach der Bedeutung für uns heute fragt:
Theologie als Antwort auf Lebensfragen.
Ein Buch, das ein erregendes Kapitel zeitgenössischer
Theologie nacherzählt ohne Fachjargon: Theologiegeschichte
als Konfliktsgeschichte.
Ein Buch, das Grundlagen einer biblisch begründeten,
interkulturellen und ökumenischen Christologie legt – im
Blick auf ein Gespräch mit den anderen Weltreligionen, den
Naturwissenschaften, der Kunst und der Literatur: Theologie
im Dialog.

PIPER

Karl-Josef Kuschel

Jesus in der deutschsprachigen Gegenwartsliteratur

Mit einem Geleitwort von Walter Jens und einem Vorwort zur Taschenbuchausgabe.
394 Seiten. Serie Piper 627

Karl-Josef Kuschel stellt am Schnittpunkt von Theologie und Literatur dar, wie die Jesus-Gestalt in der modernen Literatur gesehen wird. Er zeigt anhand wichtiger Texte (u. a. von Böll, Frisch, Dürrenmatt, Andersch, Handke, Seghers, Celan) welche überragende Bedeutung die Jesusfigur auch gerade für nicht-christliche Schriftsteller hat.

»Kuschel gelingt hier ein Unternehmen, wohl einzigartig im christlichen Schrifttum ...«
Zeitschrift für katholische Theologie

»Dieses Buch hält mehr, als der Titel verspricht ... Ein Buch, in dem die Dichtung so ernst genommen wird wie die Theologie.«
Elisabeth Endres, Frankfurter Allgemeine Zeitung

Der andere Jesus

Ein Lesebuch moderner literarischer Texte.
Hrsg. von Karl-Josef Kuschel. 413 Seiten. Serie Piper 625

Diese Sammlung von modernen literarischen Texten zeigt, daß Jesus von Nazareth die große Bezugsgestalt auch der zeitgenössischen Literatur ist. Dieser Jesus der Literaten ist freilich zumeist ein anderer als der traditioneller Kirchlichkeit. Über Literatur erschließt dieses Lesebuch einen neuen Zugang zur Gestalt des Nazareners. Es enthält Texte u. a. von: A. Andersch, I. Bachmann, H. Böll, W. Borchert. B. Brecht, P. Celan, H. Domin, I. Drewitz, F. Dürrenmatt, G. Eich, E. Fried, M. Frisch, G. Grass, P. Handke, S. Heym, W. Hildersheimer, R. Hochhuth, W. Jens, M. L. Kaschnitz, W. Koeppen, R. Kunze, K. Marti, L. Rinser, N. Sachs, W. Schnurre, A. Seghers, E. Zeller.

Weil wir uns auf dieser Erde nicht ganz zu Hause fühlen

Zwölf Schriftsteller über Religion und Literatur. In Zusammenarbeit mit Hartmut Musmann. 180 Seiten. Serie Piper 414

Karl-Josef Kuschels Fragestil ist unaufdringlich, unapologetisch. Literatur wird bei ihm nicht religiös vereinnahmt, sondern als Herausforderung an Theologie, Kirche und Christentum erschlossen.

Lust an der Erkenntnis

Die Theologie des 20. Jahrhunderts. Ein Lesebuch. Hrsg. und eingeleitet von Karl-Josef Kuschel. 506 Seiten. Serie Piper 646

Dieser zweite Band der Reihe »Lust an der Erkenntnis« will die Theologie unseres Jahrhunderts mit wichtigen Autoren und Themen vorstellen. Etwa 50 kürzere, repräsentative Texte zeigen die Entwicklung der modernen Theologie und eröffnen einen Zugang zum christlichen Denken unserer Zeit.

PIPER